当代大学生

实用法律实务

杨夫子 编

DANGDAI DAXUESHENG
SHIYONG FALÜ SHIWU

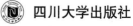 四川大学出版社

责任编辑:王　冰
责任校对:喻　震
封面设计:墨创文化
责任印制:王　炜

图书在版编目(CIP)数据

当代大学生实用法律实务 / 杨夫子编. —成都：
四川大学出版社，2018.11
ISBN 978-7-5690-2610-8

Ⅰ.①当… Ⅱ.①杨… Ⅲ.①法律-中国-青少年读
物 Ⅳ.①D920.5

中国版本图书馆 CIP 数据核字（2018）第 269842 号

书　名	**当代大学生实用法律实务**	
编　者	杨夫子	
出　版	四川大学出版社	
地　址	成都市一环路南一段 24 号 (610065)	
发　行	四川大学出版社	
书　号	ISBN 978-7-5690-2610-8	
印　刷	四川盛图彩色印刷有限公司	
成品尺寸	148 mm×210 mm	
印　张	9.5	
字　数	254 千字	
版　次	2018 年 11 月第 1 版	
印　次	2022 年 1 月第 4 次印刷	
定　价	39.00 元	

◆读者邮购本书,请与本社发行科联系。
电话:(028)85408408/(028)85401670/
(028)85408023 邮政编码:610065
◆本社图书如有印装质量问题,请
寄回出版社调换。
◆网址:http://press.scu.edu.cn

前　言

　　法制，是法律制度体系，包括一个国家全部的法律、法规，以及立法、执法、司法、守法和法律监督、法制教育等内容。法制教育能优化全民族的法律心理，培养全民族树立现代法制观念和依法办事的习惯，加速法制由意志本位向规律本位的转化，促进法制文明的形成。因此，重视和加强法制教育，是实现"依法治国，建立法治国家"这一目标的必然选择。

　　本书以大学生和青年朋友为阅读主体。在编写过程中引用了我国相关法律规定并选取了大量的案例，试图通过对浩如烟海的法律条文的高度概括，精确提炼出大学生应该掌握的最基本的法律理论知识，探索大学生迅速掌握法律理论知识的新途径。同时，也让相对枯燥乏味的法律理论知识变得通俗易懂。

　　在现代社会中，法律逐渐渗透至各个领域，并规范公民的行为。因此，良好的法律意识和法律行为应是学生素质教育的一个重要内容。编者希望这本书能给大学生朋友最大的帮助，为大家成长成才尽微薄之力。

　　由于本书编写时间仓促，资源有限，编者对许多法律问题未能深入展开讨论，许多观点尚待进一步斟酌，不当之处在所难免，敬请广大读者指正。

编　者

目　录

第一章 大学生与宪法

【案例】"违宪审查第一案"——孙志刚事件

2001年毕业于武汉科技学院艺术设计专业的大学生孙志刚，案前任职于广州达奇服装公司。2003年3月17日晚上，孙志刚在前往网吧的路上，因未携带任何证件被广州市天河区黄村街派出所民警李耀辉带回派出所对其是否"三无"人员进行甄别。孙被带回后，辩解自己有正当职业、固定住所和身份证，并打电话叫朋友成先生把他的身份证带到派出所来，但李耀辉却没有对孙的说法进行核实，也未同意孙的朋友"保领"孙志刚，更未将情况向派出所值班领导报告，导致孙被错误地当作拟收容人员送至广州市公安局天河区公安分局待遣所。3月18日晚，孙志刚称有病被送往市卫生部门负责的收容人员救治站诊治。3月19日晚至3月20日凌晨，孙志刚在该救治站206房遭连续殴打致重伤，而当晚值班护士曾伟林、邹丽萍没有如实将孙志刚被调入206房及被殴打的情况报告值班医生和通报接班护士，邹丽萍甚至在值班护理记录上作了孙志刚"本班睡眠六小时"的虚假记录，导致孙志刚未能得到及时救治，3月20日，孙志刚死于这家收容人员救治站。法医鉴定其因大面积软组织损伤致创伤性休克死亡。

孙志刚被殴打致死事件经广泛报道之后，引起了社会各界的广泛关注。在中央和广东省的督促下，该案件得以迅速侦破。2003年6月8日，广州市中级人民法院和广州市天河区人民法

1

院开始审理孙志刚案，结果是一名被告被判处死刑，其他被告分别被判处无期徒刑到有期徒刑不等的刑罚。同年5月，俞江等三名法学博士向全国人大常委会递交审查《城市流浪乞讨人员收容遣送办法》的建议书，认为收容遣送办法中限制公民人身自由的规定，与宪法和有关法律相抵触，应予以修改或撤销。随后，贺卫方、盛洪、沈岿、萧瀚、何海波5位著名法学家以中国公民的名义，联合上书全国人大常委会，就孙志刚案及收容遣送制度实施状况提请启动特别调查程序。2003年6月22日，国务院公布《城市生活无着的流浪乞讨人员救助管理办法》，该办法自2003年8月1日实施，同时宣布1982年国务院发布的《城市流浪乞讨人员收容遣送办法》废止。

（来源：四川长安网，http://www.sichuanpeace.org.cn/system/20141203/000098364.html）

第一节　公民与宪法

公民与宪法，自始至终都是一对不可分割的关联性概念。孙中山先生认为，宪法者，国家之构成法，人民权利之保障书也。在现代法治国家的所有法律中，只有宪法，才是"托公民之名为政府所立之规矩"。美国总统林肯曾经指出，有什么样的人民，就有什么样的政府。人们只有具备最基本的宪法素养，树立最基本的公民意识，才能真正建构一个良好的政府，才能真正成为国家权力的主人翁。因此，成熟的公民意识与完备的宪法制度设计，共同支撑着现代国家的良性发展。

一、宪法：现代公民的生活规范

法律发展史上，宪法是一个既古老又年轻的法律部门，它既是有形的制度，又是无形的文化。作为规范和配置国家权力的总体方案，宪法是近现代人类政治文明的重要成果，由宪法所型构的制度体系，即国家权力的分配制度、国家机构的组织制度、公民基本权利的保障制度等，是迄今为止人类所发明的最为优良的国家管理和社会管理方式。作为一种政治文化、一种生活理念，宪法滥觞于古希腊的政治哲学，其所蕴含的人民主权、基本人权、权力制约、法治等原则和精神，将人类政治文明的运行方式引领到法治的历史轨道，从而给人类生活赋予了自由的理念、民主的思想、法治的逻辑与人权的目标。

（一）公民：宪法的价值主体

所谓公民，是指具有一国国籍，并根据该国宪法和法律的规定，享受权利和承担义务的自然人。从强调人身依附的"专制身份社会"，到强调公民人格的"法治社会"，"人"经历了一个自身不断解放的过程。和文化意义的宪法一样，公民的概念也肇始于古希腊城邦时期。在其后很长的历史时期，公民身份是作为一种特权而存在的。出于商业的需要，中世纪晚期出现了公民与市民的区别，社会成员的政治权利和民事权利逐渐分离。如果说古希腊时期的"城邦公民"是垄断城邦政治权力，享有政治特权的"主动"公民，那么市民的出现，则是以契约精神、交易自由以及理性选择为基础的"消极"公民。随着市民概念的泛化，市民意识从一种低于公民的下位概念，逐渐与公民意识相汇聚，市民概念也演变为与公民相互融合的概念。

从公民概念的发展历程来看，公民概念的外延不断扩大，从少部分享有，最终扩大为一国之内拥有其国籍的全部居民。公民概念所代表的等级、特权等意识也不断减弱、趋于消失，现代公民的概念日渐丰满。经过了古典的"积极公民"至古罗马之"臣民"阶段，又融汇了中世纪后期"市民"的兴起，最后发展成现代意义上的公民。应该说，现代公民的内涵是多方面的，既有古典公民积极参与共同治理的一面，还有臣民忠实、服从以及被

动、安定的一面，亦有市民自由发展、理性选择、高扬权利观念
的一面。

现代法治国家则是建立在这样一种宪法理念之上：人（公
民）是社会之本，人与人之间是平等的；国家和政府是为公民服
务的，国家权力的终极目标，是为保障公民权利而存在。公民，
从"等级"的身份附庸，逐渐成为宪法的价值主体。现代宪法的
一切核心问题，均围绕"公民"而展开。

（二）现代公民的宪法观

大学生要做一个合格的现代公民，不仅要认识到公民在宪法
上的主体地位，还需要树立正确的宪法观。宪法是什么？宪法应
该是什么？这是涉及公民宪法观的两个基本问题。"宪法是什么"
回答的是宪法的定义问题，"宪法应该是什么"则探讨的是宪法
的本质问题。

对于"宪法是什么"，学者们立足于不同的视角，提出了不
同的认识。立足于宪法的内容，德国《梅耶百科辞典》认为，
"从社会学角度和宪法理论的意义上来说，一个国家的宪法是对
其政治权力的划分"。法国《拉鲁斯大百科全书》认为，"宪法规
定一个国家的一整套政治制度"。立足于宪法的法律特征，《美国
百科全书》认为："宪法是治理国家的根本法和基本原则的总
和。"日本《世界大百科事典》认为，宪法"是指与国家的组织
及活动有关的各种根本法规的总和"。立足于宪法的阶级本质，
我国学者通常都认为宪法是"集中表现统治阶级意志的国家根本
法"。

宪法的核心价值，是对公民地位的确认，对公民权利的保
障。对于"宪法应该是什么"，从法律特性上看，宪法是国家的
根本法；从价值理性上看，宪法是人权的根本保障书；从工具理
性上看，宪法是依法治权之法；从历史逻辑上看，宪法是人类政
治文明发展的产物。

1. 宪法是国家的根本法

宪法作为国家的根本法是宪法在法律上的特征，也是宪法与普通法律最重要的区别之一。

首先，在内容上，宪法规定了国家最根本、最重要的问题。诸如国家的性质、国家的政权组织形式和国家的结构形式、国家的基本国策、公民的基本权利和义务、国家机构的组织及其职权等最重要的问题，都在宪法中做出了明确规定。

其次，在法律效力上，宪法的法律效力最高。在任何成文宪法的国家中，宪法的法律效力都高于一般的法律，在国家法律体系中处于最高的法律地位。因此，宪法是制定普通法律法规的依据，任何普通法律法规都不得与宪法的原则和精神相违背；一切国家机关、社会团体和全体公民都必须以宪法为最高行为准则，并负有维护宪法尊严、保证宪法实施的职责。

最后，在制定和修改的程序上，宪法比其他法律更加严格。具体而言，制定和修改宪法的机关，往往是依法特别成立的，而并非普通立法机关；通过或批准宪法或者其修正案的程序，往往严于普通法律，一般要求由制宪机关或者国家立法机关成员的 2/3 以上或者 3/4 以上的多数表决通过，才能颁布施行，而普通法律则只要立法机关成员的过半数通过即可。

2. 宪法是人权的根本保障书

对于人权，可以从两个层面来理解和认识：一个是抽象的层面，另外一个是具体的层面。抽象意义的人权是指作为一个人应该享有的权利。但是，人不是抽象的，人是具体的，人是社会中的人，所以人权又具有其特殊性。人权是一国公民尊严和地位的体现，人权保障是一国民主与法治状况的反映。尽管在保障人权的实现过程中，诸多法律都具有重要作用，但唯有宪法才是人权的根本保障书。

从历史的发展来看，人权先于宪法出现。英国 1215 年《自由大宪章》、法国 1789 年《人权宣言》、苏俄 1918 年宪法及其一系列宪法性文件，都确认了对人权保障的内涵，也都是社会成员为确认其所争取的权利和巩固胜利成果而制定出来的。因此，人权是制定宪法的依据，宪法是人权运动的产物。

从价值意义上讲，保障人权是宪法的灵魂所在。法国 1789 年《人权宣言》宣布，凡权利无保障和分权未确立的社会就没有宪法。列宁也曾经指出，宪法就是一张写着人民权利的纸。宪法有多种多样的价值追求，但从公民主体性而言，保障人权是宪法最核心的价值追求。人权是法治社会区别于专制社会的一个本质特征。宪法以保障人权为根本指引，并以人权保障为最终归宿。只有在此基础上建立的社会秩序和政治秩序，才是民主和法治的，才能通过社会的全面发展，不断提高人在政治和社会关系中的地位和作用，不断实现人自身的解放。同时，宪法对人权的保障，使宪法在不断实现人的主体性价值的同时，也大大增强了自身的活力，使宪法真正得到公民的信仰，成为公民的生活规范。

从内容上看，宪法规范涉及国家生活的各个方面，但其基本内容主要分为两大块，即国家权力的依法行使和公民权利的有效保障。然而，这两大块并非地位平行的两部分，就它们之间的关系来说，公民权利的有效保障居于支配地位。

3. 宪法是依法治权之法

在人类国家发展的历程中，统治者治国理政的基本方式，经历了从人治到法治的发展过程。法治就是法的统治，就是法律支配权力、权力服从法律，所以法治的核心应该是依法治权。其中，宪法对国家权力的规范和配置居于基础性地位，是依法治权之法。

从权力的来源上讲，国家的一切权力属于人民。宪法是民主事实法律化的基本形式，而民主就是"人民的权力""人民当家作主"或"大多数人的统治"。既然宪法的宗旨是保障公民权利，也就必须保障人民已经掌握的民主权利和已经获得的主权者地位。因此，人民通过民主的途径、通过宪法的方式，将其拥有的权力授予给政府来行使；任何人都不得行使宪法所没有明确授予的权力。

同时，在权力的配置和运作上，众所周知，国家机构是国家权力的承担者、组织者和行使者。而宪法则设置整个国家机构体系，赋予不同的国家机关以相应的职能，规定国家机关行使职能和权力的程序、方式、方法。宪法通过对国家机构产生和运行的规制，实现对权力界限的限制、对权力运行的维护、对权力秩序的促进、对权力纠纷的解决。因此，宪法是依法治权之法。

4. 宪法是人类政治文明发展的产物

政治文明是文明的政治理念、文明的政治制度、文明的政治行为、文明的政治目的的有机统一。把国家所有的政治生活都纳入宪法的轨道，这是现代政治文明最基本的特征、最核心的要素。当人类发展到一定历史阶段，统治者、管理者希望把政权设置、制度安排、政治行为，由具有至高无上法律效力的宪法进行规范、进行调整的时候，宪法也就应运而生。因此，宪法是人类社会政治文明发展到一定历史阶段的产物。

（三）宪法的生命在于融入公民生活

早在古希腊时期，著名思想家亚里士多德就提出，宪法不仅是政治法，而且是公民的生活规范。在他看来，宪法是城邦一切政治组织的依据。人们之所以要建立城邦，是因为人类生活的发展；城邦不仅为生活而存在，而且实在应该为优良的生活而存在；就公民个人以及社会全体来说，其主要目的也在于谋求优良的生活。亚里士多德的论断，将公民的私人生活领域与公共权力的运行相结合，提供了一条认识理想宪法的路径。

宪法来源于生活，它不仅是为了生活而存在，而且是为了优良的生活而存在。因此，宪法与人民的衣食住行密切相关。西语有谚："风能进，雨能进，国王不能进。"这说明公共权力和私人权利有着明确界限。如果说人民的衣食住行完全属于公民个人的私域，那么这个私域的空间范围往往是由公共权力来界定的。在宪法学的视野中，公权边界和个人私域是一个问题的两个方面。在假定社会空间恒定的前提下，公权边界之外的领域就是个人私域，两者呈反比例关系，即公权干预的范围越大，公民个人的私域就越小。虽然人们常说公民权利是公共权力的当然界限，但事实上，人们私人空间的大小并不取决于个人的主观愿望，而是取决于公共权力的干预范围；而公共权力对于公民生活的干预范围和干预方式，正是宪法规定的核心内容。

在公权无所不在的社会，就没有私人空间。生活在一个没有私人空间的社会的人民，断不可能有任何的尊严和体面。因此，为保持私人空间和公权边界的平衡，防止公共权力肆虐私人领域，宪法需要为公共权力设定明确界限，使政府权力接受法律的控制，确保政府权力在法治的轨道上运行，并强调政府须有所为，有所不为。宪法存在的目的，就是要求政府对人民负责，要求政府尊重公民个人的生活方式，要求政府关心人民的事业和生活，要求政府为公民个人的全面发展创造必要的条件。当政府的作为或不作为妨碍了公民的身心发展和完善时，人民就有权利要求政府为其提供必要的救济渠道，并追究政府相关部门的法律责任。

宪法必须有效地关怀人民的生活，否则它就形同虚设。事实上，宪法对公民生活的影响是多方面的。首先，在法治国家中，国家的一切权力属于人民。而人民行使国家权力的主要途径，就是通过宪法确认国家政权的归属，授予并且规范国家机关以权力，从而表明公民在国家中的地位和作用，表明国家权力运行的出发点及其归宿与公民意志和利益的关系。其次，现代公民生活，强调国家履行越来越多的义务。这种国家义务，广泛涵盖公民在政治、经济、文化、社会等各个领域的活动。宪法通过规定国家的基本制度和基本国策，给公民的生活提供明确的指引。最后，权利是利益的法律表现形式，而宪法则是人权的根本保障书。公民良好的生活方式，就是权利得到政府和他人的尊重和保障，利益得到不断确认、维护和强化的过程。宪法通过规定公民的基本权利和义务，直接、全面地将宪法与公民生活紧密地融为一体。

二、现代宪法的原则

宪法是法，而法是价值性与规范性的有机统一。我们认识宪法，首先要了解宪法所蕴含的价值与精神。宪法所确立的一系列基本原则，集中体现了宪法的核心价值和基本精神。考察世界各国宪法的理论与实践，公认的宪法基本原则主要包括人民主权原则、基本人权原则、权力制约原则和法治原则。这四大基本原则同样构成了我国现行宪法的内在精神，成为我国社会主义宪法的基本支柱。

（一）人民主权原则

主权就是指国家的最高权力。最早系统论述国家主权的法国古典法学家让·博丹认为，主权是"绝对的永恒的权力"。真正对宪法的产生、宪法的内容和实践产生重大影响的主要还是法国启蒙思想家卢梭提出的人民主权思想，其基本内涵是国家的最高权力属于人民。自1776年美国《独立宣言》宣布"政府的正当权力得自被统治者的同意"、1789年法国《人权宣言》明确宣告"整个国家主权的本源寄托于国民，任何团体任何个人都不得行使主权所未明白授予的权力"以来，人民主权原则正式成为各国宪法的基本原则。

我国《宪法》第二条明确规定，"中华人民共和国的一切权力属于人民"。而"一切权力属于人民"的内涵就是人民主权原

则。除了明确宣告人民享有国家的一切权力外，我国宪法还通过
各种具体的制度来保障人民行使国家权力。人民行使国家权力有
直接和间接两种形式：一是间接的代议制形式。比如我国宪法规
定，中华人民共和国的一切权力属于人民。人民行使国家权力的
机关是全国人民代表大会和地方各级人民代表大会。二是直接的
形式。如我国《宪法》第二条还规定，"人民依照法律规定，通
过各种途径和形式，管理国家事务，管理经济和文化事业，管理
社会事务"。此外，人民主权作为宪法的一项抽象原则，还表现
为公民享有政治、经济、社会和文化生活中广泛的权利和自由。
我国宪法第二章就对此进行了全面规定，这也是宪法实现人民主
权的重要途径。

（二）基本人权原则

人权是人作为人所应该享有的权利，是一个人为满足其生存
和发展需要而应当享有的权利。基本人权原则作为宪法原则的实
质，是使基本人权成为宪法的出发点和归宿，成为判断宪法是否
为"良宪"的重要标准。从西方启蒙思想家在 17、18 世纪提出
"天赋人权"开始，人权的内容即随着时代的发展不断地扩充和
发展。资产阶级天赋人权学说和人权理论最早得到体现和规范化
的，是美国 1776 年《独立宣言》和法国 1789 年《人权宣言》。
法国和美国宪法所开创的对基本人权原则的规定模式，对世界各
国的人权立宪都产生了重要影响。继美、法之后，各资本主义国
家宪法都相继确认了基本人权原则。

虽然马克思主义学者关于人权的性质、来源等认识与资产阶
级启蒙思想家有所差异，但对"人权是宪法的基本价值"这一事
实都不予否认。因此，社会主义国家的宪法也理所当然地成为公
民权利的保障书。我国现行宪法既明确规定了基本人权原则，又
以公民基本权利的形式规定基本人权的具体内容。我国宪法在
2004 年修正时，在第三十三条中增加了一款"国家尊重和保障

人权"的总揽条款和兜底条款，明确宣告了基本人权原则。同时，我国宪法还专章规定了"公民的基本权利和义务"，详细列举了公民在政治、经济、文化和社会生活方面广泛的权利和自由。

（三）权力制约原则

所谓权力制约，就是指国家权力的各个部分之间相互监督、彼此牵制，以保障公民权利的原则。具体而言，权力制约必须以宪法为依据，以分权或权力分工为前提，以制衡或监督为基础，以实现权力秩序为外在形式，以保障人权为目的。

权力制约包括一个由分权思想向权力制约原则和权力制约制度发展的动态过程。最早提出分权理论的，是古希腊的亚里士多德，其在《政治学》一书中明确指出："一切政体都有三个要素——议事职能、行政职能和审判职能。"近代分权学说由洛克首倡，孟德斯鸠完成，并最终奠定了立法、行政和司法"三权分立"的理论基础。与资本主义国家的权力制约原则主要体现为以"三权分立"为基础的分权和制衡不同，社会主义国家宪法中的权力制约主要体现为以"民主集中制"为基础的权力分工和监督原则。"分权制衡"和"制约监督"是有一定区别的。"分权制衡"要求权力之间的关系首先是独立的、同位阶的，只有如此，才能达到互相牵制和互相平衡的目的。"制约和监督"则强调权力的分工不同，但彼此间不是相互牵制的均衡权力，而是一种不同权力分工之间的相互监督。

我国《宪法》主要通过以下几方面规定了国家权力的分工与监督原则：第一，人民享有对人民代表、国家机关及其工作人员的选举权和监督权。在人民代表和国家机关及其工作人员的关系上，规定人民代表要由人民选举产生，对人民负责，受人民监督。人民有权对国家机关及其工作人员提出批评、建议、控告、检举等，重在以人民权利的势能控制国家权力的动能。第二，享有最高国家权力的人民代表机关对其他国家机关的监督。如我国《宪法》第三条规定，"国家行政机关、审判机关、检察机关都由人民代表大会产生，对它负责，受它监督"。第三，为充分保证宪法和法律的实施，规定行政机关和司法机关在本系统内实行监督和制约。如我国《宪法》第一百二十七条规定，"最高人民法院监督地方各级人民法院和专门人民法院的审判工作，上级人民法院监督下级人民法院的审判工作"。第一百三十五条规定，"人民法院、人民检察院和公安机关办理刑事案件，应当分工负责，互相配合，互相制约，以保证准确有效地执行法律"。第四，国家机关之间实行权力分工。如我国宪法第三章明确规定了我国国家机构的组成和职能分工，遵循了现代国家关于权力分工的基本原理和基本范式。

（四）法治原则

法治也称"法的统治"，主要是指统治阶级按照民主原则把国家事务法律化、制度化，并严格依法进行管理的一种治国理论、制度体系和运行状态。宪法层面的法治原则，至少可以具体化为宪法至上、依法治国、法律面前人人平等、法制统一、正当程序、政党法治、依法行政和司法独立等一系列原则。

我国1999年3月15日由九届全国人大第二次会议所通过的宪法修正案，明确规定"中华人民共和国实行依法治国，建设社会主义法治国家"。从而从总体上确立了我国的治国方略。除此以外，现行宪法的其他不少条款也体现了法治精神，具体内容有：在序言中郑重宣告中国要建设"富强民主文明和谐美丽"的国家，要发展社会主义民主，健全社会主义法制。确认宪法具有最高的法律效力，一切政党、团体、组织和个人必须在宪法和法律范围内活动。在总纲中明文规定："国家维护社会主义法制的统一和尊严""任何组织或个人不得有超越宪法和法律的特权"。在"公民的基本权利和义务"一章中确认"中华人民共和国公民在法律面前一律平等""公民的人身自由不受侵犯""公民的人格尊严不受侵犯"等。在"国家机构"一章中规定，人民法院、人民检察院和监察委员会依法独立行使职权，不受社会团体、行政机关和个人的干涉。

第二节 宪法规定的国家制度和国家机构

尽管宪法的内容涉及政治、经济、文化、社会等各个方面，但其最核心的内容无外乎两个方面，即规范国家权力与保障公民权利，前者是前提，后者是核心。如果没有对国家权力的规范，公民权利是无法得到保障的。

随着宪法政治的不断发展，各国宪法也越来越重视并完善自身的国策条款，即由宪法确立和规定国家有关经济、社会、文化、教育、环境等方面宏观的、基本的原则、规则和制度。当然，这些国策条款往往和国家基本制度、公民基本权利融合在一起，成为宪法赋予国家的法律义务。

一、国家制度

国家制度是一个国家的统治阶级通过宪法、法律规定的有关国家性质和国家形式等方面的制度的总称。在一个国家的宪法中，国家制度居于极为重要的地位。它不仅表明国家政权特定的阶级本质，而且为国家政权的运转、国家职能的实现提供保障。

（一）我国的国体

国体就是国家性质，是国家的阶级本质。我国现行《宪法》第一条规定："中华人民共和国是工人阶级领导的、以工农联盟为基础的人民民主专政的社会主义国家。"这一规定表明，我国的国体是工人阶级领导的、以工农联盟为基础的人民民主专政，其实质是无产阶级专政。

人民民主专政理论是中国共产党在领导中国革命过程中，将马克思主义关于无产阶级专政的理论同中国国情相结合，对无产阶级专政理论的丰富和创造性发展。第一，人民民主专政是民主与专政的结合，也就是对人民实行民主和对敌人实行专政两方面的结合。在人民内部实行民主，是实现对敌人专政的前提；对敌人实行专政，又是对人民民主的有力保障。这两方面相互依存、互为条件、缺一不可。

第二，人民民主专政以工人阶级为领导、工农联盟为基础。一方面，我国的工人阶级是人民民主专政的领导力量。这是由中国工人阶级的性质和历史使命决定的。而且，我国工人阶级同农民具有天然的联系，便于结成工农联盟。另一方面，工农联盟是我国人民民主专政的基础。我国工人阶级和农民阶级都是劳动者阶级，而且占我国人口总数的绝大多数，是我国革命和建设的根本力量。加强工农联盟是我国实现社会主义现代化的根本保证。而作为社会主义现代化建设的一支重要力量，知识分子早已成为我国工人阶级的一部分，也成为社会主义建设事业的依靠力量之一。我国宪法在序言中明确规定，"社会主义的建设事业必须依靠工人、农民和知识分子"。

第三，爱国统一战线是人民民主专政的重要特征。统一战线是我国在工农联盟基础上，为了获得最广泛的同盟军以壮大自己的力量，同其他革命阶级以及一切可以团结的人所结成的政治联盟。中国共产党领导的统一战线曾是我国新民主主义革命取得胜利的三大法宝之一。在现阶段，爱国统一战线是中国共产党领导的，有各民主党派和各人民团体参加的，包括全体社会主义劳动者、社会主义事业的建设者、拥护社会主义的爱国者，拥护祖国统一和致力于中华民族伟大复兴的爱国者的广泛的爱国统一战线。

（二）我国的政体和政权组织形式

政体是指拥有国家主权的统治阶级实现其国家主权的宏观体制，而政权组织形式则是指实现国家权力的机关以及各机关之间的相互关系，因而它实际上是指国家机关的组织体系，或者说是指国家机构的内部构成形式。政体是对政权组织形式的抽象和概括，政权组织形式则是政体的具体化。

社会主义国家的政体都是共和政体，其政权组织形式都是人民代表大会制度。我国宪法明确规定，国家的一切权力属于人民。人民行使国家权力的机关是全国人民代表大会和地方各级人民代表大会。国家行政机关、监察机关、审判机关、检察机关都由人民代表大会产生，对它负责，受它监督。因此，人民代表大会制度就是我国的政权组织形式。

人民代表大会制度是指拥有国家权力的我国人民根据民主集中制原则，通过民主选举组成全国人民代表大会和地方各级人民代表大会，并以人民代表大会为基础，建立全部国家机构，对人民负责，受人民监督，以实现人民当家作主的政治制度。历史经验表明，人民代表大会制度具有极大的优越性：首先，人民代表大会制度适合中国的国情，因而具有很强的生命力。其次，人民代表大会制度便于人民参与国家管理。再次，人民代表大会制度便于统一地行使国家权力。最后，人民代表大会制度既能保证中央的集中统一领导，又能保证地方主动性和积极性的发挥。

人民代表大会制度是我国的根本政治制度，是社会主义民主政治的根本制度载体，也是党治国理政的根本途径。因此，我们必须不断健全和完善人民代表大会制度，切实加强人民代表大会制度建设，理顺各级人大及其常委会与其他机关组织的关系，保证人民代表大会及其常委会依法履行职能，保证立法和决策更好地体现人民的意志，优化人大常委会组成人员的结构，从而树立人民代表大会制度的权威，充分发挥它的实际作用。

（三）我国的政党制度

中国共产党领导的多党合作制度是一项具有中国特色的社会主义政党制度，是我国民主制度的重要组成部分。中国是一个存在多个党派的国家，但中国特色的政党制度却明显区别于西方国家的两党制和多党制，而且在性质上也区别于某些西方国家多党制下一党长期独立执政的政党制度。目前，除执政的中国共产党外，还有八个民主党派，它们是中国国民党革命委员会、中国民主同盟、中国民主建国会、中国民主促进会、中国农工民主党、中国致公党、九三学社、台湾民主自治同盟。我国现行宪法在1993年修改时，在宪法序言第十自然段末尾增加了"中国共产党领导的多党合作和政治协商制度将长期存在和发展"。这就为中国特色的政党制度明确了宪法依据。

中国共产党的领导是多党合作制度的核心。主要体现在：第一，中国共产党在中国各政党中居于领导地位，各民主党派接受中国共产党的领导。第二，在国家政权中，中国共产党是执政党，各民主党派是参政党，中国共产党与各民主党派是亲密友党。第三，中国共产党和各民主党派都以四项基本原则为共同的行动准则，各政党共同致力于中国特色社会主义事业。第四，中国共产党与各民主党派之间实行政治协商，并坚持"长期共存、互相监督、肝胆相照、荣辱与共"的方针。第五，中国共产党和各民主党派都有宪法规定范围内的政治自由、组织独立和法律地位平等。各政党都必须以宪法为根本活动准则，负有维护宪法尊严、保障宪法实施的职责。

目前，各民主党派参政的基本内容主要有参加国家政权，参加国家大政方针和国家领导人人选的协商，参加国家事务的管理，包括各民主党派负责人参加重大国事活动，以及中共中央和国家领导人与外宾的重要会见等，参与国家方针、政策、法律、法规的制定执行。现阶段，中国共产党同各民主党派和无党派人士进行合作和协商的形式：一是以会议形式进行政治协商，主要通过民主协商会、谈心会、座谈会．对中共中央提出的大政方针进行协商，通报或交流重要情况，传达重要文件，听取政策建议；二是民主党派和无党派人士积极通过国家权力机关参政议政；三是由民主党派和无党派人士担任各级政府及司法机关的领导职务，与中国共产党的党员领导干部合作共事，等等。

中国政治协商会议是多党合作与政治协商的重要形式之一。人民政协不仅是我国爱国统一战线的组织形式，也是中国共产党与各民主党派和各界人士长期合作的重要组织形式，同时也是实行中国共产党领导的多党合作和政治协商制度，发扬人民民主，联系人民群众的一种重要形式。正如我国现行《宪法》在序言中指出的："中国人民政治协商会议是有广泛代表性的统一战线组织，过去发挥了重要的历史作用，今后在国家政治生活、社会生活和对外友好活动中，在进行社会主义现代化建设、维护国家的统一和团结的斗争中，将进一步发挥它的重要作用。"

（四）我国的国家结构形式

国家结构形式是指国家整体与其组成部分之间、中央政权与地方政权之间相互关系的形式。国家结构形式主要有单一制和联邦制两大类型。我国《宪法》序言规定，"中华人民共和国是全国各族人民共同缔造的统一的多民族国家"。这一规定表明，我国实行单一制的国家结构形式。在单一制国家中，国家由若干普通行政单位或自治单位、特别行政区等组成，全国只有一部宪法，只有一个中央国家机关体系（包括立法机关、行政机关和司法机关）；各行政单位或自治单位均受中央统一领导，不能脱离中央而独立；各行政单位或自治单位所拥有的权力都由中央以法律形式授予；国家整体是代表国家进行国际交往的唯一主体；每个公民只有一个统一的国籍。

我国采用单一制，是由长期实行单一制的历史传统与民族分布、民族成分状况等因素决定的。在我国实行单一制，有利于国家的独立和统一，有利于国家的发展和社会主义建设，有利于各民族的共同繁荣和发展。我国《宪法》第三十条规定，"中华人民共和国的行政区域划分如下：（一）全国分为省、自治区、直辖市；（二）省、自治区分为自治州、县、自治县、市；（三）县、自治县分为乡、民族乡、镇。直辖市和较大的市分为区、县。自治州分为县、自治县、市。自治区、自治州、自治县都是民族自治地方"。第三十一条规定，"国家在必要时得设立特别行政区。在特别行政区内实行的制度按照具体情况由全国人民代表大会以法律规定"。

我国单一制的基本特点包括在实行中央集权的同时，又根据行政区划层级赋予地方一定的自主权；在中央统一领导下，实行民族区域自治；在国家主权统一的前提下，实行特别行政区制度；在宪法和法律的框架内，实行基层群众自治制度。现行《宪法》第四条规定："各少数民族聚居的地方实行区域自治，设立自治机关、行使自治权。各民族地方都是中华人民共和国不可分离的部分。"民族区域自治是民族自治与区域自治的结合，是指在中华人民共和国范围内，在中央政府的统一领导下，以少数民族聚居区为基础，建立相应的自治地方，设立自治机关，行使宪法和法律授予的自治权的政治制度。特别行政区制度也是我国的一项基本政治制度。特别行政区是指在中华人民共和国行政区域范围内设立的，享有特殊法律地位、实行资本主义制度和资本主义生活方式的地方行政区域。特别行政区相对于我国其他地方行政区域来说具有其独特之处：首先，实行"一国两制"，即"一个国家，两种制度"，亦即在统一的社会主义国家内，在中央政府的统一领导下，经过最高国家权力机关决定，可以容许香港、澳门等局部地方在相当长的时期内保持原有的资本主义社会经济制度和生活方式，不实行社会主义的制度和政策。其次，高度自治。特别行政区依照法律规定享有立法权、行政管理权、独立的司法权和终审权等高度自治权。最后，当地人管理。特别行政区的政权机关由当地永久性居民组成，实行"港人治港""澳人治澳"。

（五）我国的基本经济制度

经济制度是一国通过宪法和法律调整的以生产资料所有制形式为核心的各种基本经济关系的规则、原则和政策的总和。我国《宪法》第六条规定，"中华人民共和国的社会主义经济制度的基础是生产资料的社会主义公有制，即全民所有制和劳动群众集体所有制"。同时，"国家在社会主义初级阶段，坚持公有制为主体、多种所有制经济共同发展的基本经济制度，坚持按劳分配为主体、多种分配方式并存的分配制度"。

1. 社会主义公有制是我国经济制度的基础

生产资料所有制形式反映着国家制度的本质特征，是国家经济制度的基础。社会主义公有制决定了我国社会主义经济制度的性质和本质要求，因此必须在我国经济制度中占据主体地位。我国社会主义公有制经济的两种基本形式，是全民所有制经济和劳动群众集体所有制经济。

我国宪法规定，国有经济，即社会主义全民所有制经济，是国民经济中的主导力量。全民所有制经济，实际上就是社会主义国家代表全体人民占有生产资料的一种所有制经济形式。国家保障国有经济的巩固和发展。集体所有制是生产资料归集体经济组织内部的劳动者共同所有的一种所有制形式。目前，我国农村的主要经济形式就是农村集体所有制。同时，城镇中的手工业、工业、建筑业、运输业、商业、服务业等行业的各种形式的合作经济，都是社会主义劳动群众集体所有制经济。劳动群众集体所有制经济是我国社会主义公有制的重要组成部分，在我国国民经济中占有重要地位。我国《宪法》规定，"国家保护城乡集体经济组织的合法的权利和利益，鼓励、指导和帮助集体经济的发展"。

全民所有制和集体所有制是我国社会主义公有制的两种基本形式，但这并不意味着我国社会主义公有制只能通过上述两种纯粹的方式实现。改革开放以来，国家在改革国有经济体制，改制国有企业、建立现代企业制度的过程中，逐步确立了以股份制为核心的混合所有制经济。在确保国家和集体控股的前提下，各种股份合作制经济成为一种新的公有制实现形式。

2. 我国社会主义市场经济的重要组成部分

我国《宪法》第十一条规定，"在法律规定范围内的个体经济、私营经济等非公有制经济，是社会主义市场经济的重要组成部分"。目前，我国非公有制经济主要包括三大类：第一，个体经济。这是由城乡个体劳动者依法占有少量生产资料，并以个人及家庭成员的劳动为基础的一种经济形式。第二，私营经济。这是指私人占有生产资料，以雇佣劳动关系为基础，以营利为目的的一种经济形式。第三，中外合资企业、中外合作企业和外商独资企业。在社会主义初级阶段，个体经济、私营经济等非公有制经济将长期存在，成为我国社会主义市场经济的重要组成部分。我国《宪法》第十一条明确规定，"国家保护个体经济、私营经济等非公有制经济的合法的权利和利益。国家鼓励、支持和引导非公有制经济的发展，并对非公有制经济依法实行监督和管理"。

3. 我国的分配制度

作为社会经济制度的重要方面，分配制度是由生产资料所有制的性质决定的。与生产资料社会主义公有制相适应，我国实行按劳分配的分配制度。我国《宪法》规定，"社会主义公有制消灭人剥削人的制度，实行各尽所能、按劳分配的原则"。按劳分配，简言之，就是实行多劳多得、少劳少得的原则。由于我国实行的是公有制为主体、多种所有制经济共同发展的基本经济制度，因而按劳分配只是与社会主义公有制相适应的分配原则，其他的所有制经济形式则分别有与之相对应的分配方式。我国《宪法》进一步规定，国家在社会主义初级阶段，"坚持按劳分配为主体、多种分配方式并存的分配制度"。除了按劳分配这种主要方式外，个体经济中的个体劳动所得、股息收入、利息收入、租金收入、私营经济和三资企业利润分配等收益和分配形式，只要是合法所得，都应当允许和保护。

（六）我国的基本文化制度

文化制度一向是我国宪法的重要内容之一。我国《宪法修正案》第三十二条指出，我国将长期处于社会主义初级阶段。国家的根本任务是，沿着中国特色社会主义道路，集中力量进行社会主义现代化建设。中国各族人民将继续在中国共产党领导下，在马克思列宁主义、毛泽东思想、邓小平理论、'三个代表'重要思想、科学发展观、习近平新时代中国特色社会主义思想指引下，坚持人民民主专政，坚持社会主义道路，坚持改革开放，不断完善社会主义的各项制度，发展社会主义市场经济，发展社会主义民主，健全社会主义法治，贯彻新发展理念，自力更生，艰苦奋斗，逐步实现工业、农业、国防和科学技术的现代化，推动物质文明、政治文明、精神文明、社会文明、生态文明协调发展，把我国建设成为富强民主文明和谐美丽的社会主义现代化强国，实现中华民族伟大复兴。现代化是一个综合性的概念，文化的现代化建设理应是社会主义现代化建设的题中之意。为此，我国《宪法》第二十三条规定，"国家培养为社会主义服务的各种专业人才，扩大知识分子的队伍，创造条件，充分发挥他们在社会主义现代化建设中的作用"。具体而言，我国文化建设的主要途径，包括国家发展教育事业、国家发展科学事业、国家发展医疗卫生和体育事业、国家发展文学艺术及其他文化事业、加强思想道德建设等方面。

二、国家机构

国家机构是国家为实现其职能而建立起来的国家机关的体系。根据现行《宪法》的规定，我国的国家机构主要包括以下组成部分：全国人民代表大会及其常务委员会、中华人民共和国主席、国务院、中央军事委员会、地方各级人民代表大会和地方各级人民政府、民族自治地方的自治机关、国家监察委员会、人民法院和人民检察院。我国国家机构的组织和活动原则主要包括民主集中制原则，社会主义法治原则，责任制原则，联系群众、为人民服务原则，精简和效率原则。

（一）全国人民代表大会及其常务委员会

全国人民代表大会（简称全国人大）是我国的最高国家权力机关，是行使国家立法权的机关。全国人大由全国人民在普选基础上产生的代表组成，在我国国家机构体系中居于最高地位。全国人大每届任期 5 年。全国人大有权修改宪法并监督宪法的实施；有权制定和修改基本法律；有权选举、决定和罢免国家行政机关、监察机关、审判机关、检察机关、军事机关领导人；有权决定国家重大问题；有权监督其他国家机关的工作，其他中央国家机关都由全国人大产生并对它负责，受它监督；全国人大还有权行使"应当由最高国家权力机关行使的其他职权"。全国人大制定的法律和通过的决议，其他国家机关都必须遵守和执行。

全国人民代表大会常务委员会是全国人大的常设机关，是在全国人大闭会期间行使部分最高国家权力的机关，也是行使国家立法权的机关，受全国人大的领导和监督，向全国人大负责并报告工作；全国人大有权改变或撤销它的不适当的决议；它的组成人员由全国人大选举产生，也可以由全国人大罢免；它的每届任期与全国人大相同。

（二）中华人民共和国主席

中华人民共和国主席是中华人民共和国的代表，它由全国人大选举产生，根据全国人大及其常委会的决定行使国家元首的职权。我国《宪法》规定，"有选举权和被选举权的年满四十五周岁的中华人民共和国公民可以被选为中华人民共和国主席、副主席"。中华人民共和国主席、副主席每届任期同全国人民代表大会每届任期相同。我国国家主席有公布法律、发布命令、依法任免国务院组成人员、授予国家的勋章和荣誉称号等职权。

（三）国务院

我国《宪法》规定，国务院是中央人民政府，是最高国家权力机关的执行机关，是最高国家行政机关。国务院由全国人大选举产生，受它监督，向它负责并报告工作，在全国人大闭会期间，受全国人大常委会监督并向全国人大常委会负责。国务院的组成人员包括总理、副总理若干人、国务委员若干人、各部部长、各委员会主任、审计长和秘书长。国务院的任期同全国人大的任期相同，每届 5 年。国务院总理、副总理、国务委员连续任职不得超过两届。国务院实行总理负责制。国务院的职权主要包括：规定行政措施，制定行政法规，发布决定和命令；向全国人大及其常委会提出议案；统一领导国家行政机关的工作；领导和管理各项内政外交等行政工作；任免国家行政机关的领导人员以及全国人大及其常委会授予的其他职权等。

（四）中央军事委员会

军队是国家机器的重要组成部分。中华人民共和国中央军事委员会领导全国武装力量，是我国武装力量的最高领导机关，是中央国家机关体系中的一个独立机构。它从属于全国人大，对全国人大负责。中央军委由主席、副主席若干人、委员若干人组成，每届任期与全国人大每届任期相同。中央军委实行主席负责制，由主席向全国人大及其常委会负责。

（五）地方国家机构

1. 地方各级人民代表大会

地方各级人民代表大会指省、自治区、直辖市、自治州、市、县、自治县、市辖区、乡、民族乡、镇的人民代表大会。地方各级人大是本行政区域内的国家权力机关。在本行政区域内，同级人民政府、监察委员会、人民法院和人民检察院都由其产生，对它负责，受它监督。地方各级人大由人民选举的代表组成。乡、民族乡、镇、县、自治县、不设区的市、市辖区的人大代表由选民直接选举产生；省、自治区、直辖市、自治州、设区的市的人大代表由下级人大选举产生。地方各级人大每届任期5年。地方各级人大的职权包括部分立法方面的权限、决定地方重大事项、选举和罢免权，监督同级政府、监察委员会、法院和检察院的工作以及法律规定的其他职权。

县级以上地方各级人民代表大会常务委员会是本级人大的常设机关，是本级人大闭会期间行使地方国家权力的机关。它从属于本级人大，对本级人大负责并报告工作。县级以上地方人大常委会的职权主要包括重大事项决定权、人事任免权、监督权、部分立法方面的权限等职权。

2. 地方各级人民政府

我国《宪法》规定，地方各级人民政府是地方各级国家权力机关的执行机关，是地方各级国家行政机关。主要包括省、自治区、直辖市、自治州、市、县、自治县、市辖区、乡、民族乡、镇的人民政府。地方各级人民政府由同级人大产生，对同级人大及其常委会负责并报告工作。对同级国家权力机关通过的地方性法规和决议必须贯彻执行。同时，作为地方国家行政机关，地方各级人民政府要执行上级国家行政机关的决定和命令，服从上级人民政府的领导，向上一级人民政府负责。地方各级人民政府的任期与本级人大的任期相同，均为 5 年。

地方各级人民政府的职权主要包括：执行本级人大及其常委会的决定、决议和上级政府的决定和命令；制定行政措施，发布决定和命令；领导和管理所属工作部门和下级人民政府的工作；依法任免、培训、考核和奖惩行政机关工作人员；管理本行政区域内的经济、教育、科学等行政工作；保护公民各方面的权利；办理上级国家行政机关交办的其他事项。省、自治区、直辖市人民政府以及较大市的人民政府可以制定地方政府规章。

（六）审判机关和检察机关

1. 人民法院

根据我国宪法和法院组织法的规定，人民法院是国家的审判机关。我国各级人民法院基本上是以国家行政区划为基础设置，包括最高人民法院、地方各级人民法院和专门人民法院。地方各级人民法院包括高级人民法院、中级人民法院和基层人民法院。专门人民法院包括军事法院、铁路运输法院、海事法院、森林法院等。最高人民法院是最高审判和审判监督机关；省、自治区、直辖市设高级人民法院；省、自治区按地区设中级人民法院，直辖市、省辖市、自治区辖市、自治州均设中级人民法院；基层人民法院是在县、自治县、不设区的市、市辖区设立人民法院。人民法院由本级人大选举和决定的院长、副院长、审判员等组成，每届任期与本级人大任期相同，最高人民法院院长连续任职不得超过两届。我国实行的审判制度是四级两审终审制。人民法院独立行使审判权，不受行政机关、社会团体和个人的干涉。

2. 人民检察院

人民检察院是国家的法律监督机关。我国宪法和人民检察院组织法规定，各级人民检察院由检察长一人、副检察长和检察员若干组成。各级人民检察院检察长每届任期均为 5 年，最高人民检察院检察长连续任职不得超过两届。我国设立最高人民检察院、地方各级人民检察院和军事检察院等专门人民检察院。省一级人民检察院等根据工作需要，提请本级人大常委会批准，可以在工矿区、农垦区、林区等区域设置人民检察院，作为派出机构。我国《宪法》规定，人民检察院依照法律规定独立行使检察权，不受行政机关、社会团体和个人的干涉。

第三节　公民基本权利的保护和履行的基本义务

【案例】四川大学法学院学生蒋某诉央行成都分行"身高歧视"案

中国人民银行成都分行于 2001 年 12 月 23 日在《成都商报》上刊登《中国人民银行成都分行招录行员启事》：要求男性身高在 168 厘米以上、女性身高在 155 厘米以上，生源地不限。原告蒋某为四川大学法学院 2002 届学生，因不符合被告的上述规定，即以被告身高歧视条件侵犯了原告享有的宪法赋予的担任国家公职的平等权为由，起诉到四川省成都市武侯区人民法院。受案法院认为被告在招录对象规定身高条件不属于被告的行政行为范畴，且该行为的效力只有在招录行员的报名期间发生。而被告在该行为产生效力之前就撤销了对招录对象的身高条件规定，实际上并未给原告及其他相对人报名应试行员的权利造成损害，故认定该案不属于行政诉讼法规定的受案范围，裁定驳回原告蒋某的起诉。

（来源：《成都商报》，有删改）

一、公民基本权利

我国《宪法》规定，"凡具有中华人民共和国国籍的人都是中华人民共和国公民"。公民的基本权利和基本义务，是指由宪法规定的公民享有和履行的最主要的权利和义务，也叫宪法权利与宪法义务。与公民的一般法律权利相比，公民基本权利具有以下法律特征：第一，基本权利决定着公民在国家中的法律地位；第二，基本权利是公民在社会生活中最主要、最基本而又是公民不可缺少的权利；第三，基本权利具有母体性，它能派生出公民的一般权利；第四，基本权利具有稳定性和排他性，它与人的公民资格不可分，与人的法律平等地位不可分，因而是所谓"不证自明的权利"。

我国《宪法》规定，我国公民的基本权利主要包括以下几方面：

（一）平等权

平等权是我国公民最基本的一项权利。我国《宪法》规定，中华人民共和国公民在法律面前一律平等。据此，任何公民都一律平等地享有宪法和法律规定的权利，也都平等地履行宪法和法律规定的义务；任何公民的合法权益都一律平等地受到宪法和法律的保护；国家机关在适用法律上对任何公民一律平等，任何公民都不得有超越宪法和法律的特权。就广义而言，我国公民的平等权还包括民族平等、男女平等。其不仅仅包括在法律面前一律平等，而且包括经济、政治、社会、家庭等方面的平等。当然，只有实现了平等适用法律，其他各方面的平等才可能得到基本保障。

平等权对于大学生独立人格的塑造也尤为重要，可以表现为在同等条件下，大学生享受高校同等待遇而不受歧视的权利。作为一种总括性权利，平等权可以表现在大学生生活的方方面面，如受教育权、政治权利中的选举权和被选举权、监督权等诸多权利的平等享有和行使等。

（二）公民的政治权利和自由

公民参与，是现代法治国家的一个重要特征。公民如果不能参与国家政治生活和公共决策，就不能真正成为宪法的主体、国家权力的主人。事实上，公民参与不仅仅是实现公民权利的基本途径，也是公民作为国家权力的主人参与国家和社会管理的重要责任。大学生所具有的强烈的社会责任感和政治反应敏锐度，使大学生成为当代公民参与的重要主体。当前，大学生通过加入政党、参与选举、参加听证、进行诉讼，以及新兴的网络参与、微博问政等多种途径，发挥着越来越重要的政治参与、论政议政的作用。

为了确保公民参与，各国宪法都规定了公民广泛的政治权利和自由。所谓政治权利和自由，是指宪法规定公民依法享有的参加国家政治生活的权利和自由。我国宪法规定的公民的政治权利和自由有：

1. 选举权和被选举权

2003 年 11 月 9 日，北京大学硕士研究生殷俊在北大未名 BBS 上发布了竞选海淀区人大代表的自荐书。随后，英语系大四学生欧阳闻捷等三名学生也在网上发出了各自的竞选宣言。同年 11 月 10 日，清华大学法学院学生陈俊豪在水木清华 BBS 上也贴出了竞选宣言。据不完全统计，当时北京高校有 7 名学生宣布将参加海淀区人大代表的竞选。

选举是民主的重要形式。大学生选举班集体干部、选举学生社团负责人等，都是民主选举的组成部分，但这并非宪法层面的选举。宪法层面的选举，主要是关于国家代议机关代表与国家公职人员的选举；宪法意义的选举权与被选举权，则是公民参加国家管理的一种最基本手段，也是公民直接或间接行使国家权力的基本形式，体现了公民的国家主人翁地位。我国宪法和选举法规定，凡年满 18 周岁的公民，不分民族、种族、性别、职业、家庭出身、宗教信仰、教育程度、财产状况、居住期限，都有选举权和被选举权，只有极少数依法被剥夺政治权利的人除外。这就体现了我国选举制度的民主性和平等性。

　　我国的大学生绝大多数年满 18 周岁，因此，选举权和被选举权也是我国大学生最为重要的政治参与权利。与上述北大和清华的学生一样，越来越多的大学生开始注重行使自己的选举权利。在全国各级人大代表的选举中，也开始出现大学生代表的身影。1991 年出生的王晨在当选北京海淀区人大代表时，就是北京师范大学公共事业管理专业的在读学生。当然，由于知识背景、社会阅历、政治经验等多方面的原因，能够被选为人大代表的大学生目前还是凤毛麟角。要充分享有这项政治权利，大学生首先要着重注意行使好选举权。比如，大学生应该慎重对待自己的选民身份，投好神圣的选举票；大学生可以加强与被选举代表之间的联系，注重对其的监督；大学生可以通过选举出的人大代表，表达各种批评、意见和建议，等等。通过行使这些权利，大学生可以锻造自己的公民人格，为未来更广泛的政治参与夯实基础。

　　2. 政治自由

　　公民参与最基本的目的，就是提供信息、表达意见、发表评论等，其最高目标则是影响和促进公共政策和公共利益的实现。公民要想充分参与政治管理等公共生活，首先就要具备表达自己思想和意志的自由。如果一个公民连自己的想法都不能充分表达，又何谈其他的自由和权利呢？除了言论外，公民还可以通过行为和各种行动方式来表达自己的观点。因此，宪法规定，公民有言论、出版、集会、结社、游行、示威的自由。这是公民表达个人见解和意愿，进行正常社会活动，参与管理国家的一项基本权利。这就要求，我们每个大学生不仅要充分享受这种自由的权利，同时还要乐于表达、善于表达，为公共政策和公共利益的实现，充分发挥正向引导作用。

　　3. 监督权和取得赔偿权

　　据人民网舆情监测室 2011 年 12 月发布的《2011 年新浪微

博政务微博报告》，截至 2011 年 11 月初，通过新浪微博认证的各领域政府机构及官员微博已经达到了 19104 家，其中政府机构微博 10271 家，个人官方微博 8833 个。在地域上已经全面覆盖了全国 34 个省级行政区域。在对 9778 个党政机构进行分析后显示，从行政级别分布来看，政务微博呈现"金字塔"状，县处级以下政务微博规模最大（6799 个）、县处级（2515 个）、厅局级（429 个）、省部级（35 个）政务微博依次逐级减少。从主体看，1/3 左右为公安部门，其次为宣传、旅游、团委、司法等部门。

监督权是公民参与政治生活的另一项基本权利。既然公民是国家权力的主人，当然有权对国家权力的行使者——国家机关及其工作人员的行为进行监督。这种监督权体现在两个方面：一方面，公民具有批评、建议、申诉、控告等权利；另一方面，国家具有政务等方面信息公开的义务。信息公开是公民参与的前提和基础。网络和微博的飞速发展，不仅给公民实现政治自由提供了重要途径，也为政府信息公开、公民广泛监督提供了重要方式。政府部门通过政务微博进行信息公开、接受公民监督，只是政府信息公开的一种方式，但却是效率最高、成本最低一种方式。尽管政务微博出现的时间很短，但发展速度却很快。我们相信，随着网络和微博的进一步推广，公民行使监督权将会更加便捷和通畅。

我国《宪法》第四十一条还规定："由于国家机关和国家工作人员侵犯公民权利而受到损失的人，有依照法律规定取得赔偿的权利。"目前，我国《行政诉讼法》中规定了行政机关侵犯公民合法权益时负有赔偿的责任。1994 年 5 月 12 日八届人大七次会议通过的《国家赔偿法》，则将我国公民取得赔偿的宪法权利进一步具体化和法律化，以便"保障公民、法人和其他组织享有依法取得国家赔偿的权利，促进国家机关依法行使职权"。依照法律规定，国家机关和国家机关工作人员在行使职权中，有《国家赔偿法》规定的侵犯公民、法人和其他组织合法权益的情形，造成损害的，受害人有依照本法取得国家赔偿的权利。而且，承担赔偿义务的国家机关，应当及时履行赔偿义务。

（三）公民的人身自由

公民的人身自由和言论等表达自由一样，也是公民的基本权利之一。没有人身自由，公民就无法参加各种社会活动与享受其他权利。广义的人身自由权包括公民的人身、人格尊严和住宅不受侵犯，以及与人身自由密切联系的通信自由和通信秘密受法律保护。

1. 人身自由、人格尊严和住宅不受侵犯

1998 年 7 月 8 日，上海外国语大学学生钱缘带着侄子上街游玩，上午 10 点左右，她从上海屈臣氏日用品有限公司四川北路店出来时，店门口的报警器突然鸣响。随后，钱缘被该店保安人员强行带入该店办公室内。女保安人员在对钱缘进行全身检查后，要求钱缘脱裤检查。钱缘迫于无奈，在该女保安和另一女文员监视下，只好接受检查。在没有发现钱缘有偷盗行为后，女保安于 12 点左右允许钱缘离开。钱缘离开后，随即向上海市虹口区消费者保护协会投诉，之后又向媒体投稿反映商店非法搜身的情况。两周后，钱缘以侵犯人身权、名誉权为由，将上海屈臣氏日用品有限公司和上海屈臣氏日用品有限公司四川北路店告上法庭。要求被告公开赔礼道歉，赔偿精神损失费 50 万元。上海市虹口区人民法院于同年 7 月 20 日受理此案。

钱缘诉上海屈臣氏一案，主要涉及对公民人身自由和人格尊严权的侵犯问题。宪法规定，任何公民，非经人民检察院批准或者决定或者人民法院决定，并由公安机关包括国家安全机关执行，不受逮捕。宪法还规定，禁止非法拘禁或者以其他方式非法限制、剥夺公民的人身自由，禁止非法搜查公民的身体。人格尊严是公民人身权利的重要组成部分。宪法明确规定，公民的人格尊严不受侵犯，禁止用任何方法对公民进行侮辱、诽谤和诬告陷害；公民的住宅不受侵犯，禁止非法搜查或者非法侵入公民的住宅。

人格尊严所涉问题比较抽象，范围也比较广。在民法规定的具体的法律权利中，姓名权、名誉权、肖像权和人身权等人格权，都涉及宪法中的人格尊严。在本案中，商店保安无权限制公民人身自由，也无权搜查他人身体，更不要说强行要求顾客进行脱裤检查。虽然这种脱裤检查并非在大庭广众之下，看似对钱缘的人身、名誉等权利没有侵害，但这种行为却给钱缘的身心带来了极大伤害，事实上侵犯了钱缘在宪法层面的人格尊严。基于此，法院援用《宪法》第三十八条关于"人格尊严权"的条件，做出了要求被告赔礼道歉并赔偿原告精神损失费的判决结果。

2003年2月，大学刚毕业两年的湖北青年孙志刚应聘至广州一家服装公司工作。3月17口晚上，孙志刚在前往网吧的路上，因缺少暂住证又忘记携带身份证，被警察带至黄村街派出所。次日，孙被作为"三无"人员送往收容遣送中转站收容。当晚，孙志刚被收容站送往一家收容人员救治站。在救治站，孙志刚遭到工作人员以及其他收容人员的野蛮殴打，于3月20日上午死亡。4月25日，《南方都市报》以"被收容者孙志刚之死"为题，披露了孙志刚惨死事件，引起全国媒体和各界人士的强烈反响。同年6月22日，经国务院第12次常务会议通过的《城市生活无着的流浪乞讨人员救助管理办法》正式公布，并于2003年8月1日起施行。1982年5月12日国务院发布的《城市流浪乞讨人员收容遣送办法》同时废止。

宪法规定的公民基本权利，一方面要求国家权力、其他社会组织和个人不得随意侵犯；另一方面，这些基本权利条款也是课以国家的一种积极义务，要求国家采取一定措施，以保护公民基本权利不受侵犯。这种积极的保护义务体现在很多方面，立法是最重要的方式之一。这其中，既包括通过各种立法对基本权利进行保护、对侵害基本权利的行为进行制裁，同时也包括对立法本身进行合宪性审查。法是一种普遍性规则，如果法本身存在对基本权利的侵害条款，那么其社会危害性是十分巨大的。孙志刚案就是一个典型。既然人身自由是公民生活最基本的权利，那么对人身自由的限制也必须遵循最严格的规定。因此，我国立法法明确规定，对公民政治权利的剥夺、限制人身自由的强制措施和处罚，只能制定法律。只有全国人大及其常委会制定的法律，才能涉及对人身自由的限制性条款，其他的立法主体都不能制定相关规定。

在孙志刚案件中，《城市流浪乞讨人员收容遣送办法》是一部由国务院制定的行政法规，其立法初衷，是对"在城市乞讨和露宿街头生活无着落的人员"这一特定人群进行救济和安置。1991年，国务院发布了《关于收容遣送工作改革问题的意见》，将收容遣送的对象扩大到"三证"（身份证、暂住证、务工证）不全的流动人员。随着收容遣送工作的不断强化，收容遣送从一种社会救济制度逐渐演化成一种行政强制措施。伴之而生的，是收费牟利等诸多乱象。2000年我国《立法法》颁布实施后，收容遣送办法明显违反了上位法的规定，理应被废止。但由于我国法律备案审查机制不健全，这一违宪的办法直到孙志刚惨死后，才真正引起立法者的重视并进而被废止。

2. 通信自由和通信秘密受法律保护

薛燕戈系北京大学心理学系93级硕士研究生。1996年，经过多次考试和申请，美国密歇根大学教育学院通过电子邮件告诉薛燕戈已被该院录取。但是，薛燕戈迟迟未能收到该校正式的书面通知书，后来薛燕戈才发现，原因是有人冒充薛燕戈的名义，给密歇根大学的导师写了一封拒绝录取的信件，密歇根大学据此取消了薛燕戈的入学资格。经过薛燕戈和其男友的调查发现，拒绝信使用的是薛燕戈的同室好友张男的导师王苏的电子邮箱，而且发信人也很清楚薛燕戈在美导师和系主任的姓名以及密歇根大学的电子邮箱。经过反复查证，薛燕戈认为拒绝信为张男所发。在学校处理未果的情况下，薛燕戈向北京市海淀区人民法院提起诉讼。

1996 年前后，正是中国互联网逐渐兴起的时期。薛燕戈诉张男案，被称为"中国电子邮件侵权第一案"。本案的焦点，涉及公民的通信自由和通信秘密被侵犯的问题。而通信自由和通信秘密，是公民人身自由的重要组成部分。公民的通信自由和通信秘密受法律保护，除因国家安全或者追查刑事犯罪的需要，由公安机关或者检察机关依照法律规定的程序对通信进行检查外，任何组织和个人不得以任何理由侵犯公民的通信自由和通信秘密。随意私拆别人的信件是违法的，侵犯公民人身自由构成犯罪的，要受到刑事制裁。

本案是典型的侵犯公民通信自由和通信秘密权的案件，但案发之时，我国的邮政法等法律法规并没有将电子邮件纳入管辖范围；另外，宪法中虽然规定了公民有通信自由和通信秘密受法律保护的权利，但我国现阶段人民法院还很少直接援引宪法条文进行司法裁判。因此，薛燕戈最终以侵犯姓名权为由提起诉讼。法院在审理中认为，张男确系侵权，最后达成调解协议，张男向薛燕戈赔礼道歉并赔偿精神损害和经济损失。在向密歇根大学说明情况后，薛燕戈被重新录取。对于本案揭示的有关互联网侵犯公民通信自由和通信秘密权利的立法漏洞，公安部在 1997 年 12 月 30 日发布的《计算机信息网络国际联网安全保护管理办法》中进行了弥补。该办法第七条规定："用户的通信自由和通信秘密受法律保护。任何单位和个人不得违反法律规定，利用国际联网侵犯用户的通信自由和通信秘密。"

（四）公民的宗教信仰自由

宪法规定，我国公民有宗教信仰自由。宗教信仰自由的含义是指：每个公民都有按照自己意愿信仰宗教的自由，也有不信仰宗教的自由；有信仰这种宗教的自由，也有信仰那种宗教的自由；在同一宗教里，有信仰这个教派的自由，也有信仰那个教派的自由；有过去不信教而现在信教的自由，也有过去信教而现在不信教的自由。任何国家机关、社会团体和个人都不得强制公民信教或不信教，也不得歧视信教或不信教的公民。国家保护正常的宗教活动，但不允许任何人利用宗教活动进行破坏社会秩序、损害公民的身体健康和妨碍国家教育的活动。

（五）公民的社会经济权

社会经济权是指公民享有经济生活和物质利益方面的权利，是公民实现其他权利的物质基础。主要包括：

1. 公民的私有财产权和继承权

公民的私有财产权是指公民对其拥有的合法财产，有占有、使用、收益和处分的权利。这是维持人的生存所不可缺少的、不可剥夺的基本权利。财产权与生命权、自由权、平等权在现代宪政国家被并称为支撑公民基本权利体系的四大支柱。我国宪法规定，"公民的合法的私有财产不受侵犯""国家依照法律规定保护公民的私有财产权和继承权""国家为了公共利益的需要，可以依照法律规定对公民的私有财产实行征收或者征用并给予补偿"。这一规定从根本上肯定了公民的私有财产权在公民权利体系中的地位，确保了宪法对财产权保护的全面性和严肃性。

2. 劳动就业权

劳动就业权是指具有劳动能力的公民在法定劳动年龄内有参加社会劳动、获得劳动报酬或经营收入的权利。包括工作获得权、平等就业权和选择职业权。工作获得权一方面表现为要求国家和社会提供工作机会的权利，另一方面表现为对抗用人单位（雇主）非法解雇的权利。为劳动者提供就业机会是国家的基本义务。此外，为了维护劳动者的职业稳定，防止用人单位滥用解雇权，劳动法规定用人单位解除劳动合同须符合法定条件，并对劳动者给予经济补偿。平等就业权是指劳动者在劳动就业方面一律平等。它是宪法规定的法律面前人人平等的体现。我国《劳动法》规定，"劳动者就业，不因民族、种族、性别、宗教信仰不同而受歧视"（第 12 条）；"妇女享有与男子平等的就业权利"（第 13 条）。选择职业权是指劳动者在劳动就业方面，有自主选择职业的权利。劳动者通过与用人单位订立劳动合同，选择自己的职业。

3. 劳动报酬权

劳动报酬权是劳动者通过从事各种劳动获得合法收入的权利，包括工资协商权、工资请求权和工资支配权。工资协商权既包括劳动者与用人单位在订立劳动合同时协商工资水平，也包括工会代表职工与企业订立集体合同时确定企业的工资水平。工资请求权是指劳动者根据劳动合同或国家法律规定，有请求用人单位按时、足额支付工资的权利。工资支配权是指劳动者有独立支配自己工资的权利，任何人不得随意克扣劳动者工资。我国《劳动法》对工资作了专门规定，第 46 条规定："工资分配应当遵循按劳分配原则，实行同工同酬。工资水平在经济发展的基础上，逐步提高。"为了进一步保障劳动者的劳动报酬权，《劳动法》还规定实行最低工资保障制度。

4. 休息休假权

休息休假权是劳动者依法享有的在法定工作时间外休息和休假的权利。我国《劳动法》专章规定了劳动者的工作时间和休息休假制度。"国家实行劳动者每日工作时间不超过八小时，平均每周工作时间不超过四十四小时的工时制度"（第 36 条）；"用人单位应当保证劳动者每周至少休息一日"（第 38 条）；"节日期间应当依法安排劳动者休假"（第 40 条）；"国家实行带薪年休假制度"（第 45 条）。国务院 1995 年修订发布的《关于职工工作时间的规定》，将工作时间确定为每天工作 8 小时，每周工作 40 小时。国务院 1999 年修订发布的《全国年节及纪念日放假办法》，将全民的休假日从每年 7 天增加到 10 天。此外，《劳动法》对延长工作时间做了严格的限制。

5. 劳动保护权

劳动保护权是劳动者享有的、在劳动过程中获得安全与健康保护的权利，是保护劳动者生命健康权的重要措施。我国《劳动法》第六章专章规定了"劳动安全卫生"，明确规定"用人单位必须建立、健全劳动安全卫生制度，严格执行国家劳动安全卫生规程和标准，对劳动者进行劳动安全卫生教育，防止劳动过程中的事故，减少职业危害"（第 52 条）；"用人单位必须为劳动者提供符合国家规定的劳动安全卫生条件和必要的劳动防护用品，对从事有职业危害作业的劳动者应当定期进行健康检查"（第 54 条）。另外，《劳动法》第七章还专章规定了女职工和未成年工特殊保护，规定禁止安排女职工和未成年工从事法律禁忌从事的劳动，对女职工在经期、孕期、产期和哺乳期给予特殊保护。

6. 职业培训权

职业培训权是劳动者享有的通过职业培训而获得从事各种职业所需的专业技术知识和实际操作技能的权利，是保障劳动者实现就业权的一项重要制度。我国《劳动法》第八章专章规定了"职业培训"。规定"国家通过各种途径，采取各种措施，发展职业培训事业，开发劳动者的职业技能，提高劳动者素质，增强劳动者的就业能力和工作能力"（第 66 条）；"用人单位应当建立职业培训制度，按照国家规定提取和使用职业培训经费，根据本单位实际，有计划地对劳动者进行职业培训"（第 68 条）。

7. 社会保险权

社会保险是劳动者在暂时或永久丧失劳动能力和失业时，从国家和社会获得物质帮助的制度。职工福利是国家和社会为劳动者举办的各种福利事业。社会保险和福利是劳动权的一项重要内容,也是实现公民生存权的一项重要保障制度。我国《劳动法》第九章专章规定了"社会保险和福利",规定"国家发展社会保险事业,建立社会保险制度,设立社会保险基金,使劳动者在年老、患病、工伤、失业、生育等情况下获得物质帮助和补偿"(第70条);"国家发展社会福利事业,兴建公共福利设施,为劳动者休息、休假和疗养提供条件"(第76条)。

8. 提请劳动争议处理权

劳动争议是劳动关系当事人双方因劳动权利和劳动义务发生分歧而引起的争议。劳动争议处理制度是通过法律救济程序来保护劳动关系双方合法权益的一项重要制度。我国《劳动法》第十章对劳动争议作了明确规定,"用人单位与劳动者发生劳动争议,当事人可以依法申请调解、仲裁、提请诉讼,也可以协商解决"(第77条);"解决劳动争议,应当根据合法、公正、及时处理的原则,依法维护劳动争议当事人的合法权益"(第78条)。

9. 组织工会和参与民主管理权

工会是职工自愿结合的群众组织,劳动者组织和参与工会是公民结社自由权的充分体现。我国《劳动法》明确规定:"劳动者有权依法参加和组织工会。工会代表应维护劳动者的合法权益,依法独立自主地开展活动。"(第7条)1992年我国通过了新《工会法》,规定企业、事业单位、机关中以工资收入为主要生活来源的体力劳动者和脑力劳动者,都有依法参加和组织工会的权利。劳动者参与企业民主管理,是市场经济条件下社会生产力发展的必然要求,是经济民主的具体表现。《劳动法》明确规定,"劳动者依照法律规定,通过职工大会、职工代表大会或者其他形式,参与民主管理或者就保护劳动者合法权益与用人单位进行平等协商"(第8条)。

长期以来,我国十分重视对劳动者劳动权的保护。我国《宪法》第 42 条规定："中华人民共和国公民有劳动的权利和义务。国家通过各种途径，创造劳动就业条件，加强劳动保护，改善劳动条件，并在发展生产的基础上，提高劳动报酬和福利待遇。"1994 年 7 月，我国颁布了《中华人民共和国劳动法》，明确规定了劳动者的各项基本权利，构建了我国劳动权保护的基本框架。此外，我国还颁布了一系列保护劳动者劳动权的法律、行政法规、部门规章。如《工会法》《社会保险法》《职业病防治法》《安全生产法》《女职工劳动保护特别规定》《失业保险条例》《工伤保险条例》《企业劳动争议处理条例》《劳动保障监察条例》《集体合同规定》《违反和解除劳动合同的经济补偿办法》《企业最低工资规定》《未成年工特殊保护规定》等，形成了以宪法为基础、劳动法为核心，其他法律、行政法规、部门规章、地方性法规等为辅助的劳动权保护的法律体系。

（六）受教育的权利和义务

宪法规定，公民有受教育的权利和义务。公民享有受教育的权利和义务，主要指公民有在国家和社会提供的各类学校和机构中学习文化科学知识的权利；在一定条件下依法接受各种形式的教育的义务。主要包括：学龄前儿童有接受学前教育的机会；适龄儿童有接受初等教育的权利和义务；公民有接受中等教育、职业教育和高等教育的权利和机会；成年人有接受成人教育的权利；公民有从集体经济组织、国家企业事业组织和其他社会力量举办的教育机构接受教育的机会；就业前的公民有接受必要的劳动就业训练的权利和义务。

对于大学生而言，除了宪法赋予的受教育权外，《教育法》及《普通高等学校学生管理规定》进一步规定了受教育权的具体内容。主要包括听课权、考试权、学位权、学历权、择业权等具体权利。

（七）进行科学研究、文艺创作和其他文化活动的自由

宪法规定，公民有进行科学研究、文学艺术创造和其他文化活动的自由。进行科学研究、发展科学事业，是建设社会主义现代化国家的关键。文学艺术创作和其他文化事业是社会主义精神文明建设的重要内容。国家制定、实施《著作权法》《专利法》等相关法律法规，保障公民的这些权利，与发扬社会主义民主、实现社会主义现代化的宏伟目标息息相关。

（八）特定人的权利

我国宪法除对一切公民所应普遍享有的权利和自由作出全面的明确规定外，还对具有特定情况的公民设置专门规定，给予特别保护。这些特定人具体是指妇女、退休人员、军烈属、母亲、儿童、老人、青少年、华侨等。如宪法规定，我国妇女"在政治的、经济的、文化的、社会的和家庭的生活等各方面享有同男子平等的权利"。国家保护婚姻、家庭、母亲、儿童和老人。"国家依照法律规定实行企业事业组织的职工和国家机关工作人员的离退休制度。离退休人员的生活受到国家和社会的保障。""国家和社会保障残废军人的生活，抚恤烈士家属，优待军人家属。"国家保护华侨、归侨和侨眷的合法的权利和利益。

二、公民履行的基本义务

任何公民既是基本权利的享有主体，同时又是基本义务的承担主体。公民的基本义务是社会和国家对公民最基本、最重要的要求，也是一种对全社会和整个国家的义务。根据我国宪法规定，公民的基本义务主要有以下几个方面。

（一）维护国家统一和各民族团结

宪法规定，我国公民有维护国家统一和全国各民族团结的义

务。维护国家统一是指维护国家主权独立和领土完整。维护全国各民族的团结的义务，是指每个公民都有责任维护各民族之间的平等、团结和互助关系。国家统一和各民族团结是我们推进改革开放、建设中国特色社会主义事业的基础和前提。因此，全体公民必须自觉维护国家的统一和各民族的团结，坚决与任何破坏国家统一和破坏民族团结、制造民族分裂的言行做斗争。

（二）遵守宪法和法律，保守国家秘密，爱护公共财产，遵守劳动纪律，遵守公共秩序，尊重社会公德

只有遵守和实施宪法与法律，才能维护社会主义法制的统一和尊严；加强保密工作，严守国家秘密关系到国家的安全和利益；公共财产是建设社会主义、巩固国防、使国家日益繁荣富强的物质基础，也是使人民物质文化生活得以不断改善的源泉和享受各种权利、自由最根本的物质保证，必须要爱护公共财产；自觉地遵守劳动纪律，是整个社会有秩序地完成生产、工作和学习任务，有效地进行经济建设的重要保障；维护公共秩序，可以保护国家、集体和正当的个人利益，谋求社会正常运行；尊重社会公德，是社会主义精神文明建设的重要内容。

（三）维护祖国的安全、荣誉和利益

维护祖国安全、荣誉和利益，是爱国主义的具体体现，也是每一个中国公民的神圣职责。

（四）保卫祖国，依法服兵役和参加民兵组织

保卫祖国、抵抗侵略是每一个公民的神圣职责，依照法律服兵役和参加民兵组织是每个公民的光荣义务。青年学生也有服兵役的义务，应当积极报名参军，履行保卫国家、保卫社会主义现代化建设成果的光荣职责。

（五）依照法律纳税

税收是国家筹措资金的重要方式，是国民收入的重要来源。

每个公民都应自觉遵守和执行国家的税收法规和政策。任何偷税、漏税的做法都是错误的、违法的，国家要依法追究其法律责任，以维护国家的利益。

三、大学生的宪法信仰

信仰，一般来说是指人们对某种宗教或对某种主义极度信服和尊崇，并因而以之为行为准则。宪法信仰，则指人们在内心深处信服、尊崇宪法的情感，以及由此而在实践中自觉将宪法作为最高行为准则的信念。宪法信仰是对公众宪法情感的最高要求，是树立法律意识的最高层次，也是大学生公民意识的核心内容。因此，要想做一个合格公民，当代大学生就一定要树立宪法信仰，维护宪法权威。

（一）宪法信仰是公民意识的核心内容

作为一种社会意识形态，公民意识是公民个人对自己在国家中的地位的自我认识，具体表现为人们对"公民"作为国家政治、经济、法律等活动主体的一种心理认同与理性自觉。公民意识发生、发展于新时代，它既是作为宪法关系主体之一的公民对国家运行的主观评价，也是依据一定社会物质基础的客观感受。同时，公民意识必须具体物化为一定的制度设计，才能不断巩固发展，最终实现公民意识与国家建设的良性互动。从国家的发展经验来看，任何一种政治体制能够得以顺利运行，最终都必须依托于与该种政治体制相对应的政治价值和社会意识。失去社会意识的支持，任何强力手段都无法维持政治体制的有效运行。公民意识对于现代公民主体而言不可或缺，对于国家的运行与稳定具有极其重要的意义。在成熟的民主国家和体制内，从事任何涉及国家与社会的公共关系和公共事务，最优先和最根本的出发点是公民身份和公民意识的确立。

具体而言，公民意识包括权利意识、法律意识、责任意识、民主意识、法治意识、国家意识等多方面内容。而以宪法为核心的宪法意识、宪法观念与立基于此形成的宪法信仰，是公民意识的核心内容，当代大学生必须形成这样的宪法意识，树立这样的宪法信仰。

信仰是坚定、虔诚与不可动摇的内心确认。宪法信仰是理性与信仰的统一，它源自主体在不断接受宪法治理与保障过程中，所感受到的宪法的科学性、正义性、人道性，以及与自己本质利益的一致性；宪法信仰是公民发自内心形成的对宪法规范与宪法政治的认同感，是公民培育自身宪法观念、宪法意识、宪法思维的心理基础；宪法信仰是一种经过认知与评价后升华而成的情感选择，强调公民对宪法理想和宪法信念的追求；宪法信仰的形成，意味着公民已经内在形成与宪法制度和宪法价值导向相一致的价值取向与精神追求。法治社会的建构，需要全体社会成员尊重、认可和接受宪法，而对宪法的自觉尊重、认可和接受，则以对宪法的信仰为前提。

（二）树立宪法信仰，维护宪法权威

当代大学生树立对社会主义宪法的信仰，是建设社会主义法治国家对公民意识最高而终极的要求。宪法信仰是确保宪法由纸面上的法成为实践中的法，由政治的法成为生活的法，乃至成为公民精神中的法的先决条件，也是维持一国宪法制度权威的强大信念支柱。而尊崇宪法至上、尊重宪法权威、遵守宪法规则，既是培养当代大学生社会主义宪法信仰的内容与要求，也是大学生具备社会主义宪法信仰的现实表现与衡量标准。

1. 尊崇宪法至上

法律通过确立人们的行为规范，确保交往行为的有序性。而宪法确立人们之间的基本价值秩序，是社会关系良性运转的依据。公民与国家机关等各种社会主体行为的合宪性，是社会秩序得以保障的根本基础。

宪法内容的根本性，决定了宪法在国家制度建构中至关重要的地位。宪法规定了国家的基本政治制度、经济制度和社会制度，确认了公民的基本权利和义务，规定了国家的各种基本关系，是依法治权的根本法和公民的基本生活规范。宪法的最高法律效力，使宪法成为国家法律体系建立的根基。我国宪法在序言中明确规定了宪法的最高法律效力，提出一切国家机关、社会组织和公民个人都具有遵守宪法的义务。宪法是全国各族人民、一切国家机关和武装力量、各政党和各社会团体、各企业事业组织的根本活动准则。

因此，宪法至上既是信仰宪法的前提条件，也是信仰宪法的实现基础。大学生如果缺乏对宪法至上的内心确认，那么信仰宪法只能沦为空谈，不仅大学生对法治的价值追求无法通过现实的宪法规则得到体现，大学生对法治社会的美好理想，更无从通过宪法实施得以实现。

2. 尊重宪法权威

宪法是法，因此同样具有法律的明确性与规范性，这也是宪法权威的重要来源。严谨规范的逻辑结构，科学精炼的表述方式，使宪法可以被人民严格遵守、准确适用进而全面实施，为人们的行为提供明确的模式、标准、样式和方向，并为国家行为和公民行为设定可预见的后果与代价。宪法的明确性、规范性与强制性，是其可靠性与可信性的保障。在表面看来，宪法是"冰冷的理性"和"静态的规范"，但恰恰是这种剥离主观情绪，兼具稳重固执与客观直接的性格，使人们对宪法既畏又敬，并臣服于宪法的权威与宪法的治理。

尊重宪法权威意味着任何组织或个人都不得有超越宪法的特权。宪法权威至上是法治社会区别于人治社会的根本标志。对履行公共服务职能的国家机关而言，凡宪法没有规定的，都是禁止的；对于公民而言，凡宪法没有禁止的，都是允许的。尊重宪法权威意味着宪法规范在实践中的最高法律效力不可动摇，宪法实施得到有力保障，宪法体系得到加强和维护，宪法治理得到认同与支持。

法治社会需要宪法至上的权威，对宪法心怀敬畏，是法治社会公民对宪法应有的心理状态。大学生尊重宪法权威是对现实宪法地位的肯定和尊重；大学生尊重宪法权威是树立公民意识的必要内容；大学生尊重宪法权威也是树立社会主义宪法信仰的要求，更是法治社会运行的基本条件。

3. 遵守宪法规则

宪法以调整特定社会关系和社会现象为直接目的，通过具体规则规范人们的行为，维护社会秩序。公民和国家是宪法规则的实施主体，公民权利行为和国家权力行为是宪法规则的作用对象。宪法规则以带有强制力的方式，明确规定了公民和国家"可为"与"不可为"的界限。遵守宪法规则是对社会主义法治社会全体成员最基本的要求，是社会宪法体系得以建构、宪法制度得以维持、宪法效力得以发挥、依法状态得以延续的基础性条件。遵守宪法规则是社会主义宪法信仰的必然结果和外在表现，社会主义宪法信仰则是遵守宪法规则的内在动力。

社会主义国家的公民应当自觉将宪法内化为自己的行为准则，自觉地爱宪、护宪、守宪。只有当宪法成为公民的内心确认与信仰，当公民从"不得不服从宪法"的消极被动心理，转变为"自觉遵守宪法"的积极主动心态时，文本中的宪法规则才能真正实现于公民的行动，落实于公民的生活，公民才能真正成为宪法规则的守护者和法治社会的缔造者。

培养当代大学生的宪法信仰，措施和途径很多，主要有：加强法制教育改革，将宪法教育纳入国民教育体系，培育大学生的宪法意识和法律素质；保障国家宪法与各项法律的实施，努力消除法治过程中的障碍，为大学生宪法理念和公民意识的塑造和培育提供法制基础；依法治校，实现高校的法治化管理，保障大学生各项权利，尝试拓宽大学生对学校事务的参与、管理和监督渠道，为大学生宪法理念和公民意识的塑造和培育提供一定的实践途径；实现宣传教育的规范化、制度化、程序化、法制化，并建立长效机制，为大学生宪法理念和公民意识的塑造和培育提供有效支撑，等等。因此，应当将大学生宪法信仰的培养提高到重要位置，保持宪法的亲和力，不断增强大学生遵守宪法的自觉性、维护宪法的主动性、参与宪法运行过程的积极性。

第二章 大学生民事活动与权利保障

【案例】体校教练酒后驾车，谁来承担责任

体育学院附属竞技体校教练张明违反学校规定和校外朋友孙明光以及4名体校学员外出聚餐，就餐完毕返校途中孙明光酒后驾驶，发生交通事故造成夏勇等3人死亡，2人受伤。夏勇的父母将体育学院、教练张明诉至法院要求赔偿。

原告夏先生夫妇诉称，夏先生因病丧失劳动能力，妻子李女士常年有病，造成家庭生活十分困难，享受低保待遇。夏勇系体育学院附属竞技体校散打班的学员，在青少年武术散打比赛中曾多次获奖。张明教练是夏勇的主教练。

2008年10月19日，张教练曾经指导的学员孙明光驾车，带领张教练以及夏勇等3名学员共同外出就餐。5人在学校附近的饭店就餐，期间孙明光、张教练以及小陈均饮酒，用餐至下午4时许。5人原路返校过程中，孙明光所驾驶轿车由西南向东行驶，与路某驾驶的由东向西南行驶中的大型客车在海淀区凤凰岭路33号灯杆处相撞，造成孙明光死亡，车内乘坐4人，其中夏勇死亡，另一人经抢救无效死亡，张明以及一人受伤。根据交通支队认定孙明光负全责。经北京市公安局交通管理局海淀交通支队交通事故认定书查证核实，孙明光体内酒精含量为284.4毫克/100毫升。该体校为全封闭式学校，教练张明未经允许私自与夏勇外出发生交通事故，其行为属于职务行为。而附属竞技体校不具备民事主体资格，故起诉至法院，诉请判令体育学院和张

明赔偿死者死亡补偿费、被抚养人生活费、精神损害抚慰金共计104万余元。

被告体育学院辩称，赔偿义务人应当是案外人孙明光，他是直接造成夏勇死亡的侵权人。张明与夏勇的外出行为是个人行为，与职务无关，并且校方不知情，故校方不应当承担责任。教练张明辩称，夏勇是因为与孙先生认识所以同去吃饭，并非他以教练名义带出。孙先生在交通事故中负全责是侵权人，而他是交通事故受伤者，故不应当承担责任。

（来源：腾讯网，http://hb. qq. com/a/20140714/052897. htm）

第一节　大学生民事活动的法律关系

一、民法与民事法律关系

（一）民法的概念和性质

自 2021 年 1 月 1 日起施行的《中华人民共和国民法典》第二条规定："民法调整平等主体的自然人、法人和非法人组织之间的人身关系和财产关系。"因此，民法是调整平等主体的公民之间、法人之间、公民和法人之间的财产关系和人身关系的法律规范的总称。

就性质来说，民法是调整私权利行使的私法，奉行"法无禁止即可为之"的规则；民法是权利法，是以确认和保障民事权利为核心的，是以权利为本位的；民法也是实体法，民法既是行为规范又是裁判规范，其内容主要是对民事主体在民事活动中的权利和义务关系进行规定。

（二）民法的基本原则

我国民法的基本原则，主要包括平等原则、自愿原则、诚实信用原则、禁止权利滥用原则、公平原则、公序良俗原则等。

2013 年 10 月，小张大学毕业后开始自己创业。他看中了某品牌鸡排连锁加盟店。遂与之联系加盟事宜。该公司答复小张，要获得连锁经营权，必须具备符合要求的经营场地、缴纳 10 万元加盟费、10 万元启动金以及经营计划书等条件。小张与该公司草签了意向协议，约定两个月内做好上述准备。随后，小张多方联系筹措资金，在母校门口租下 40 平方米门面并预付了半年租金。同时，小张聘请了某咨询公司对市场做了深入调查，做了一份详细计划书。小张做好前期准备后与该公司联系，谁知该公司以物价上涨为由，要求小张缴纳 15 万元加盟费，否则就不授予小张连锁经营权。小张认为该公司违约，经多次协商未果后，向人民法院提起诉讼。

在民法所有原则中，诚实信用原则被视为"帝王条款"。一般来讲，诚实信用是一种道德规范，是对民事主体之间相互关系的基本要求。诚实信用原则在合同法领域适用极为广泛。如在缔约过程中，当事人必须不作假、不隐瞒，且应当为对方提供必要的信息；在履约过程中，当事人应恪守诺言、履行义务；合同关系结束后，还应"根据交易习惯履行通知、协助、保密等义务"。在上述案件中，连锁公司与小张签署了意向协议，让小张产生了正当与合理的信赖。基于这种信赖，小张做了大量前期准备工作，而且投入许多资金。连锁公司随后变更连锁经营许可条件的行为，已经违反了诚实信用原则，属于缔约过失。这种缔约过失责任应当由连锁公司承担，应该对小张承担损害赔偿责任。小张因信赖连锁公司所进行的提前投入损失，应由该公司赔偿。诚实信用原则要求当事人以善意方式行使权利、履行义务，当事人在民事活动中必须遵循基本的交易道德，以平衡当事人之间、当事人与社会之间的利益矛盾与冲突。作为一项基本原则，诚实信用原则与其他民法原则也具有关联性。比如，在禁止权利滥用原则中，超过什么样的界限算是权利滥用呢？这个界限，就是诚实信用。

（三）民事法律关系

23 岁的小方是一名在校女大学生。2008 年 7 月 23 日，她因患骶骨肿瘤到一家医院治疗，手术后半个月出院恢复上学。2009 年 10 月 13 日，她感到手术处左侧疼痛，经拍片检查发现手术内置的钛棒断裂，只好前往医院更换钛棒。不幸的是，没过多久，更换的钛棒在体内再次断裂。随后，小方状告施行手术的医院，索赔 20 余万元。人民法院组织双方调解，医院最终同意一次性补偿小方 15 万元。

1. 民事法律关系的概念和要素

民事法律关系，简言之，就是指民法所调整的社会关系，即平等主体之间的财产关系和人身关系。与其他法律关系相比，民事法律关系具有主体的平等性、意思自治性、权利义务对等性、私益性、财产性等特征。在上述案例中，大学生小方与医院之间就存在一种民事法律关系。

民事法律关系由主体、内容、客体三个要素构成。

第一，民事法律关系的主体。民事法律关系的主体即民事主体，是指参与民事法律关系，享有民事权利和承担民事义务的人。在我国，民事主体包括自然人、法人和非法人组织（如合伙组织）等，国家在一定条件下可以成为特殊的民事主体。在上述案例中，大学生小方与医院都是平等的民事主体，其中，小方属于自然人民事主体，医院属于法人民事主体。

第二，民事法律关系的内容。民事法律关系的内容是指民事主体在民事法律关系中所享有的民事权利和承担的民事义务。在上述案例中，大学生小方享有要求医院损害赔偿的权利，而医院负有赔偿小方损害的义务。

第三，民事法律关系的客体。民事法律关系的客体是指民事权利、民事义务所指向的对象。概括起来，民事法律关系的客体包括物、行为、智力成果、人身利益、有价证券等种类。在上述案例中，大学生小方与医院之间民事法律关系的客体是物。

2. 民事法律关系的变动

民事法律关系的变动即民事法律关系的发生、变更和消灭。民事法律事实是引起民事法律关系变动的原因。民事法律事实，即指依法能够引起民事法律关系产生、变更或消灭的客观现象。基于是否与人的意志有关，民事法律事实可以分为事件与行为两大类。事件是出生、死亡、自然灾害等客观现象；行为则是指人有意识的行为。

二、民事主体与大学生的权利主体地位

（一）民事主体制度

如前所述，民事主体是指参与民事法律关系，享有民事权利和承担民事义务的人。在我国，民事主体种类很多，最主要的是自然人和法人。

1. 自然人

自然人是基于自然规律出生的人。自然人要成为民事主体，参与民事活动，享有民事权利和承担民事义务，首先必须具有民事权利能力和民事行为能力。所谓民事权利能力，即指法律赋予自然人享有民事权利、承担民事义务的资格。自然人从出生到死亡，终生享有民事权利能力。所谓民事行为能力，即指自然人通过自身的行为取得民事权利和承担民事义务的能力或资格。显然，每个自然人的民事行为能力是不同的。根据自然人的年龄和智力状况，《民法典》将民事行为能力分为三类：

第一，完全民事行为能力。即自然人具有的完全独立地通过

自身的行为取得民事权利和承担民事义务的资格。在我国，18
周岁以上并且精神健康的自然人为完全民事行为能力人。16 周
岁以上、不满 18 周岁，以自身的劳动收入为主要生活来源的自
然人也视为完全民事行为能力人。大学生一般都具有完全民事行
为能力。

成都某大学学生晓青（化名）患精神疾病，一直靠药物控制
病情，2014 年 1 月 10 日他突然发病，早晨离校出走，晚 8 点才
返校，被送往医院治疗。该校辅导员杨老师在晓青身上发现一张
美发沙龙的会员卡，才得知晓青当天去了八宝街，在顺时针美发
沙龙中心办理了为期一年的会员，并用信用卡透支 5000 元。杨
老师知道晓青平时都不去理发店做头发护理，而且家境十分困
难，这次住院费都是她垫付的。她认为晓青消费不正常，便到美
发店请求解除会员关系，全额退款。后经多方交涉，该店经理退
还全部款项。

第二，限制民事行为能力。即自然人具有的可以通过自己的
行为取得部分民事权利和承担部分民事义务的资格。在我国，8
周岁以上的未成年人、不能完全辨认自己行为的成年人，为限制
民事行为能力人，可以进行与自身的精神健康状况相适应的民事
活动，其他民事活动由其法定代理人代理，或者征得其法定代理
人的同意。在上述案例中，大学生晓青因患精神疾病而为限制民
事行为能力人，其民事活动必须由其法定代理人如父母代理，或
征得其代理人同意。

李鑫就读于武汉工业学院工商学院。2007 年 2 月 3 日晚上，
返回十堰过寒假的李鑫，在正常穿行张湾公园路中商百货门前人
行横道时，和另两位路人被一辆行驶的轿车撞飞。李鑫因伤势严
重，被送到医院急救。医院诊断其为重型颅脑挫伤。李鑫住院治
疗 60 天后，被父母接回家。后经鉴定，李鑫为植物人状态。事
故发生后，交警部门很快查清肇事司机为王某，并认定王某负此

次事故的全部责任。因双方就赔偿问题无法达成协议，李鑫之母尹女士将王某告上法庭。后经湖北省高级人民法院调解，王某与尹女士最终达成协议。

第三，无民事行为能力。即自然人不具有以自身的行为取得民事权利和承担民事义务的资格。在我国，不满8周岁的未成年人和不能辨认自己行为的成年人为无民事行为能力人，由他们的法定代理人代理民事活动。在上述案例中，大学生李鑫由于意外事故成为植物人，丧失了民事行为能力，其一切民事活动就都需由其代理人代理。

自然人只有具有相应的民事行为能力，才能作为民事主体，参与民事活动。当然，如果限制行为能力人和无民事行为能力人所实施的行为有利于本人，又不损害社会和他人利益，无碍交易安全的，如接受奖励、馈赠、报酬等，就应当承认这种行为的效力。

2. 法人

法人是指具有民事权利能力和民事行为能力，依法独立享有民事权利和承担民事义务的组织。法人具有如下特征：①依法成立；②有必要的财产或经费；③有自己的名称、组织机构和场所；④能独立承担民事责任。

法人的民事权利能力是法人依法享有民事权利和承担民事义务，成为民事主体的资格。自法人成立，法人就具有民事权利能力，直至法人消灭。法人的民事权利能力要受其目的和业务范围的限制，不同法人的民事权利能力的内容不同。

法人的民事行为能力是指法人通过自己的行为取得民事权利和承担民事义务的资格。与自然人的民事行为能力相比，法人的民事行为能力具有以下特点：①法人的民事行为能力与其民事权利能力同时产生，同时消灭，在存续时间上具有一致性；②法人的民事行为能力与其民事权利能力在范围上具有一致性；③法人的行为能力由它的法人机关或法定代表人来实现。

(二) 大学生的权利主体地位

大学生是我国重要的民事主体，根据其年龄和智力情况，可以参与相应的民事活动，享有相应的民事权利，承担相应的民事义务。大学生与高校之间，不仅存在行政法律关系，也存在民事法律关系。高校与大学生作为平等的民事主体，平等地享有民事权利和承担民事义务。具体说来，在接受法律法规约束的同时，高校对大学生的一部分内部管理行为受到合同的规制，形成一种合同关系。即使高校和大学生之间没有签订有形的民事合同，但从民事角度出发，顺理成章地产生了一种诺成性的民事合同。这种法律关系强调的是自愿与自治，是一种横向关系，双方主体的地位是平等的。这一点不同于高校与大学生之间的行政法律关系。

在高校与大学生之间的民事法律关系中，高校与大学生作为平等的民事主体，均享有财产权、人身权、债权以及知识产权等民事权利，也均承担相应的民事义务。结合有关情况，高校与大学生之间的民事法律关系主要表现在以下几方面：一是校园公产管理和使用方面。大学生有权使用校园内的教学设施、图书馆等，但必须服从学校的有关管理规定，如破坏公产，必须按价赔偿。二是学生公寓租住方面。大学生有权租住学生公寓，对学生公寓内的设施有使用权，但是必须服从学生公寓的管理规定，还必须缴纳一定费用。三是饮食服务方面。大学生有权要求学校提供饮食方面的服务，但须按照等价有偿原则支付有关费用。四是校园损害赔偿方面。如果因高校管理不善导致大学生人身、财产受到损害的，大学生有权要求高校进行民事赔偿，相应的，高校应承担这项义务。五是学费缴纳和收取方面。高校有权向大学生收取一定数额的学费，相应的，大学生则有义务向高校缴纳规定的学费。如果高校和大学生在学费问题上发生纠纷，只能属于民事纠纷，高校不能采取扣发毕业证等行政手段处理纠纷。

三、监护制度

2009 年 8 月 22 日下午约 1 点 50 分，11 岁的王某与 9 岁的朱某一同来到莲花县东门桥下小河水边抓螃蟹玩。玩了两三分钟后，12 岁的李某拿着炸鱼的爆竹（又称"小鱼雷"）来到此地炸小鱼玩，李某扔一个小鱼雷后，自己下水捡鱼，捡完后就对朱某说"帮我捡鱼"，朱某问"我帮你捡有什么好处"，李某说"等下我炸到鱼就分给你们一些"。朱某便帮其捡鱼，并且还叫王某也帮李某捡鱼。

由于水太急，朱某被水冲走，李某便叫人来救，叫完后，王某也被水冲走，一成年男子听到呼救后立即来到事发现场，跳进河里将王某救上岸，由于救人的男子体力不足，加之朱某已淹没于河水中，最终没有救起朱某。

朱某父母认为，朱某是李某叫他帮助捡鱼时被水卷走的，朱某又是王某邀请到河里玩的，王某的邀请和李某叫去捡鱼都是造成朱某死亡的原因，遂向法院起诉，要求李某、王某及其监护人赔偿其死亡赔偿金、安葬费、精神抚慰金等各项损失共计280020 元。

（一）监护概述

监护，是对未成年人和精神病人的人身、财产及其他合法权益进行监督和保护的一种民事法律制度。监护依设立的方式，可分为法定监护、遗嘱监护、协议监护、指定监护、意定监护。《民法典》第 27 条规定：未成年人的父母是未成年人的监护人。未成年人的父母已经死亡或者没有监护能力的，由下列人员中有监护能力的人担任监护人：①祖父母、外祖父母；②兄、姐；③其他愿意担任监护人的个人或者组织，经未成年人住所地的居民委员会、村民委员会或民政部门同意的。《民法典》第28条规定，无民事行为能力或者限制民事行为能力的成年人，由下列人员担任监护人：配偶；父母、子女；其他近亲属；其他愿意担任监护人的个人或者组织，经被监护人住所地的居民委员会、村民委员会或者民政部门同意的。没有依法具有监护资格的人的，监护人由民政部门担任，也可以由具备履行监护职责条件的被监护人住所地的居民委员会、村民委员会担任。对监护人的确定有争议的，由被监护人住所地的居民委员会、村民委员会或者民政部门指定监护人，有关当事人对指定不服的，可以向人民法院申请指定监护人；有关当事人也可以直接向人民法院申请指定监护人。

（二）监护人的职责

《民法典》第34条规定，监护人的职责是代理被监护人实施民事法律行为，保护被监护人的人身权利、财产权利以及其他合法权益等。监护人依法履行监护职责产生的权利，受法律保护。监护人不履行监护职责或者侵害被监护人合法权益的，应当承担法律责任。因发生突发事件等紧急情况，监护人暂时无法履行监护职责，被监护人的生活处于无人照料状态的，被监护人住所地的居民委员会、村民委员会或者民政部门应当为被监护人安排必要的临时生活照料措施。

（三）监护关系的法律后果

监护关系在实体法上和程序法上都具有法律后果。监护人往往是被监护人的法定代理人。被监护人完全无行为能力的，由监护人代其进行民事活动。被监护人行为能力受限制的，进行民事活动亦应由其监护人代理，或者征得监护人的同意。在民事案件中，监护人是被监护人的诉讼代理人。

（四）监护人的更换、撤换

（1）监护人的更换：指在监护人无力承担监护职责时，经其请求由有关单位或者法院更换他人为监护人。

（2）监护人的撤换：指对不履行监护职责的监护人，经有关人员或单位申请，由法院撤销该监护人的监护资格，另行确定监护人。

撤销监护人资格须具备以下条件：

（1）经有关人员或单位申请；

（2）监护人不履行监护职责或者侵害被监护人的合法权益；

（3）须由人民法院撤销。

（五）监护关系的终止

监护终止的原因有以下几种情形：

（1）被监护人获得完全民事行为能力。

（2）监护人或被监护人一方死亡。

（3）监护人丧失了行为能力。

（4）监护人被撤销监护人资格。

四、大学生主要涉及的民事法律行为

（一）民事法律行为概述

民事法律行为是公民或法人设立、变更、终止民事权利和民事义务的合法行为。民事法律行为属于一种重要的民事法律事实，能够引起民事法律关系的变动。

民事法律行为的成立要件分为一般成立要件和特别成立要件。一般成立要件是指一切民事法律行为成立都必须具备的共同要件。如意思表示就是民事法律行为成立的一般要件。特别成立要件是指一项民事法律行为的成立，除满足一般成立要件外，必须依法具备一些特殊要素。如要物行为就必须以物之交付为特别成立要件。

民事法律行为的生效要件也分为一般生效要件和特别生效要件。一般生效要件是指所有的民事法律行为发生完全效力都必须具备的共同要件，一般包括四项：当事人须有相应的行为能力、须意思表示真实，标的须合法，标的须确定。特别生效要件是指有些民事法律行为要生效，除具备一般的生效条件外，还必须具备一些特殊的生效条件，如死后行为的特殊生效要件为行为人的死亡。

（二）与大学生学业密切相关的几种民事法律行为

大学生的民事法律行为种类很多，范围很广。与大学生学业密切相关的，主要有国家助学贷款、奖学金、助学金的申领，勤工助学与兼职打工等行为。

1. 申请国家助学贷款

2010 年 8 月，张某考取了北京一所大学，因父母均为低保人员，家境贫困，他与北京一家银行签订了国家助学贷款借款合同一份，约定由张某向银行借款 10000 元，用于支付学费及日常生活费用，借款期限为 5 年，归还方式采用月等额还款法，每月归还贷款本息为 330.25 元。并约定，若张某未按期还本付息，银行有权提前收回已发放的全部贷款，并计付逾期利息，对应付未付利息按规定计收复利。自 2013 年 2 月 1 日后，张某再也未按期偿还借款本息。2014 年 8 月，刚大学毕业的张某被银行诉至法院。张某败诉，法院判令其如数偿还银行贷款本息。

目前，高校高昂的学习成本使许多家庭贫困的学生"望而却步"，难以顺利完成学业。为了解决这些学生的后顾之忧，国家实行了助学贷款制度。国家助学贷款是由政府主导、财政贴息，银行、教育行政部门与高校共同操作的专门帮助高校家庭贫困学生的银行贷款。借款学生不需要办理贷款担保或抵押，但需要承诺按期还款，并承担相关法律责任。借款学生通过学校向银行申请贷款，用于弥补在校学习期间学费、住宿费和生活费的不足，毕业后分期偿还。申请贷款的大学生必须按照约定的时间偿还助学贷款，否则就必须承担一定的法律责任。上述案例中，大学生张某申请了助学贷款，理应按照合同约定，到期还本付息，但是他却未按期偿还借款本息，故应承担一定的法律责任。

2. 申请奖学金、助学金

赵然（化名）是合肥某师范学院 2011 届中文系毕业生。毕业后，她应聘至一所学校当老师。按照当地政策，2011 年毕业的师范学校本科生从事教师职业的，可以在毕业学校一次性领取 1600 元师范专业奖学金。但当她将材料交到学校时，却没有申请成功。原来，学校要求申请奖学金的学生必须提供所从教学校的聘用合同，但赵然还在试用期，学校并未与之签订合同。赵然只好到供职学校所在的区教育体育局开了一份证明，但被原学校认定为造假证明。对此，省教育厅表示，"有当地教育部门加盖公章的证明，学校应该发放奖学金"，不能以"造假"等理由拒绝发放。

国家设立奖学金，并鼓励高等学校、企业事业组织、社会团体以及其他社会组织和个人按照国家有关规定设立各种形式的奖学金，对品学兼优的学生、国家规定的专业的学生以及到国家规定的地区工作的学生给予奖励。《普通高等学校学生管理规定》第五条规定："学生在校期间依法享有下列权利：……申请奖学金、助学金及助学贷款"。可见，大学生有权根据学校的规定申请学校的各项奖学金和助学金，学校应保障大学生的这种权利，按时、足额地把奖学金和助学金发放到学生手中，而不能拖延、限制或挪作他用。上述案例中，合肥某师范学院未按规定发放奖学金的行为，就侵害了大学生赵然的权利。

第二节　大学生的人身权

【案例】如何看待"人肉搜索"

王某与姜某系夫妻关系，双方于 2006 年 2 月 22 日登记结婚。2007 年 12 月 29 日晚，姜某从自己居住楼房的 24 层跳楼自杀死亡。姜某生前在网络上注册了名为"北飞的候鸟"的个人博客，并进行写作。在自杀前两个月，姜某在自己的博客中以日记形式记载了自杀前两个月的心路历程，将王某与案外女性东某的合影照片贴在博客中，认为二人有不正当两性关系，自己的婚姻很失败。姜某的博客日记中显示出了丈夫王某的姓名、工作单位地址等信息。姜某在 2007 年 12 月 27 日试图自杀前，将自己博客的密码告诉一名网友，并委托该网友在 12 小时后打开博客。

2007 年 12 月 29 日姜某跳楼自杀死亡后，姜某的网友将姜某博客的密码告诉了姜某的姐姐，后姜某的博客被打开。张某系姜某的大学同学。得知姜某死亡后，张某于 2008 年 1 月 11 日注册了非经营性网站，名称与姜某博客名称相同，即"北飞的候鸟"。在该网站首页，张某介绍该网站是"祭奠姜某和为姜某讨回公道的地方"。张某、姜某的亲属及朋友先后在该网站上发表纪念姜某的文章。张某还将该网站与天涯网、新浪网进行了链接。2008 年 1 月 10 日前后，姜某的博客日记被一名网民阅读后转发在天涯网的社区论坛中，后又不断被其他网民转发至不同网站上。张某"北飞的候鸟"网站开办后，该网站上有关姜某的文章也被不断转载、传播，姜某的死亡原因、王某的"婚外情"行为等引发众多网民长时间、持续性的关注和评论。

许多网民认为王某的"婚外情"行为是促使姜某自杀的原因之一；一些网民在参与评论的同时，在天涯网等网站上发起对王某的"人肉搜索"，使王某的姓名、工作单位、家庭住址等详细个人信息逐渐被披露；一些网民在网络上对王某进行指名道姓的谩骂；更有部分网民到王某和其父母住处进行骚扰，在王家门口墙壁上刷写、张贴"无良王家""逼死贤妻""血债血偿"等标语。直至本案审理期间，许多互联网网站上仍有大量网民的评论文章。王某认为"北飞的候鸟"网站上刊登的部分文章披露了其"婚外情"以及姓名、工作单位、住址等个人隐私，并包含有侮辱和诽谤的内容，侵犯了其隐私权和名誉权，故起诉要求张某立即停止侵害、删除侵权信息，为其恢复名誉，消除影响，赔礼道歉，并赔偿其经济损失及精神损害抚慰金 5 万余元。

（来源：人民法院报，http://rmfyb. chinacourt. org/paper/html/2014－10/10/content _ 88722. htm?div=－1)

一、什么是人身权？

人身权是民事主体基于人格或者身份而依法享有的，与其人格和身份关系不可分离而又没有直接财产内容的民事权利。人身权是一项重要的、独立的民事权利，是一种支配、利用和维护的权利。人身权具有以下特点：人身权的客体是民事主体的人格利益；人身权是一种固有权利；人身权具有法定性；人身权具有必备性，即民事主体不能离开人身权而存在；人身权具有非财产性。但是，人身权在许多情况下与民事主体的财产权有着紧密的联系，当民事主体人身权受到侵害的情况下，会影响其获得相应的财产利益。

一般认为，人身权可以分为人格权和身份权两大类。

二、人格权的种类与内容

人格权是指民事主体专属享有的，以人格利益为客体，为维护其独立人格所必备的固有权利。根据人格权的客体范围，人格权可以分为一般人格权与具体人格权。

（一）一般人格权

一般人格权是指民事主体依法享有的，以人格独立、人格自由、人格尊严等一般人格利益为客体的人格权。一般人格权是基本的人格权，既是一个独立的权利，又是一个抽象的权利。作为一个独立的权利，它有独自的调整范围，作为一个抽象的权利，它对具体人格权具有指导意义和规定意义。一般人格权是在具体人格权的基础上产生的，其客体为一般人格利益，而不是具体人格利益。必须说明的是，一般人格权是在具体人格权的基础上发展起来的，也就是说，法律先规定了具体人格权，后才规定了一般人格权。与具体人格权相比，一般人格权具有如下特征：主体普遍性、客体高度概括性、内容广泛性等。

一般人格权是人的基本权利，是任何民事主体都享有的必备权利。《民法典》第九百九十条作了明确规定："人格权是民事主体享有的生命权、身体权、健康权、姓名权、名称权、肖像权、名誉权、荣誉权、隐私权等权利。除前款规定的人格权外，自然人享有基于人身自由、人格尊严产生的其他人格权益。"大学生作为我国的公民，自然享有以人格独立、人格自由、人格尊严等一般人格利益为客体的一般人格权。国家、社会和学校应采取措施，保障大学生的一般人格权不受侵害。一切侵害大学生一般人格权的行为，都是违法行为，应依法予以追究。

（二）具体人格权

具体人格权是指民事主体依法享有的，以各种具体人格利益为客体的人格权。根据具体人格权的客体性质，具体人格权又可以进一步分为物质性人格权与精神性人格权。所谓物质性人格权，是指以体现在人的身体之上的物质性人格利益为客体的人格权，包括身体权、生命权、健康权三种；所谓精神性人格权，是指以精神性人格利益为客体，维护其不受侵害的人格权，包括姓名权、名称权、肖像权、名誉权、隐私权、荣誉权、人身自由权和性自由权。大学生作为我国的公民，既享有一般人格权，也享有具体人格权，任何侵害大学生具体人格权的行为都是违法行为，应依法予以追究。由于具体人格权种类很多，下面我们只重点介绍与大学生联系比较密切的几种具体人格权。

某日深夜两点半开始，河南工业大学一名学生出现了腹痛、腹泻的症状并去校医院就诊，此后陆续有 60 多位学生的身体出现不良反应。通过郑州市疾病控制中心和解放军 153 医院的专家会诊后，仍有 20 名学生有比较明显的疑似中毒症状，其余学生都是轻微的腹泻。据了解，这些学生都是一天前在河南工业大学第一餐厅用过晚餐。据 153 医院的专家介绍，这些学生可能是因为吃了变质的东西后出现轻微食物中毒，无生命危险，情况相对稳定。

1. 生命权和健康权

生命权是以公民的生命安全利益为内容的、独立的具体人格权。生命权的主体只能是自然人，其客体是生命利益，其最高目的是确保自然人生命的安全和安宁。健康权是指公民以其机体生理功能正常运作和功能完善发挥，因而维持人体生命活动的利益为内容的具体人格权。健康权的主体是自然人，其客体是健康利益，其目的是维护自然人身体和心理机能的健康。由于生命权与健康权紧密相连，没有生命权就没有健康权，对健康权的侵犯实际上也就是对生命权的侵犯。我国《民法典》第 1002 条和第 1004 条也对公民生命权和健康权进行了规定。

大学生作为我国的公民，享有自然人应享有的生命权和健康权，有权维护自己生命的安全，当自己的生命安全受到非法侵犯时，可以使用一切必要手段保护自己的生命，并有权请求司法机关依法消除自己生命遭遇的危险；有权采取措施维护自己的身体健康，当自己身体健康受到他人非法侵犯或者威胁时，有权采取必要的保护措施。但是，由于大学生年纪尚轻，涉世未深，自我保护意识不强，其生命权和健康权更容易受到侵犯。近些年来，由于社会、学校或个人等方面的原因，损害大学生生命权、健康权的事例不断发生，不但使一些大学生的身体健康受到损害，还使一些大学生失去了宝贵的生命。上述案例中，由于河南工业大学第一餐厅负责人玩忽职守，未按规定提供安全食品，导致集体中毒事件，侵害了大学生的健康权。

2. 身体权

身体权是自然人维护其身体组成部分的完全性、完整性，并支配其肢体、器官和其他身体组织的具体人格权。身体权的主体是自然人，其客体为自然人的身体及其利益，其目的在于保持自然人身体整体的完全性、完整性。大学生享有的身体权主要表现在三方面：一是大学生有权维护自己的身体完整不受侵害；二是大学生对自己身体的肢体、器官和其他组织有权加以支配，任何他人都无权予以支配；三是大学生有权对侵害自己身体的行为予以制止，并要求损害赔偿。在实践中，侵害大学生身体权的行为主要有非法搜查大学生身体、非法对大学生身体进行侵扰等。

某日下午 4 时，贵州某大学经济管理学院管理系 1998 级的孙某与同学李某一起来到位于中华南路邮电大楼附近的一家超市。在该超市三楼的特价区，李某看上一双袜子后因价钱太贵没有买，便将袜子放回原处。他们在离开超市出口时，被 3 个人拦住。3 人自称是超市监控室工作人员，从监视器上看到李某把袜子拿了并没放回去。这 3 人留下 1 人看着孙某，另外 2 人带着李某上到三楼一间办公室，对李某进行问话，要他把东西交出来。其中一人要求李某脱下外衣进行搜身，但没有发现商品。6 点多，超市来了一个领导模样的人，向孙某、李某二人连说"对不起"，并让他们离开了超市。

该案例中，超市对李某的搜身行为，就属于直接侵害大学生身体权的行为。超市这种限制人身自由进而侵犯身体权的行为，实际上侵害了两位同学的人格尊严权利。最高人民法院于 2001 年 3 月 10 日起实施的《关于确定民事侵权精神损害赔偿责任若干问题的解释》中，明确将人格尊严权与具体价格权分开规定，这为因人格尊严被侵害的当事人寻求法律救济，提供了直接的法律依据。孙某和李某有权要求该超市停止侵害，并赔偿损失。

3. 肖像权

肖像权是自然人享有的以自己肖像所体现的人格利益为内容的具体人格权。肖像权的主体是自然人，且须由特定的自然人所享有，其客体是肖像利益，其目的在于保护肖像所体现的精神利益和物质利益。我国《民法典》第 1019 条规定："任何组织或者个人不得以丑化、污损，或者利用信息技术手段伪造等方式侵害他人的肖像权。未经肖像权人同意，不得制作、使用、公开肖像权人的肖像，但是法律另有规定的除外。未经肖像权人同意，肖像作品权利人不得以发表、复制、发行、出租、展览等方式使用或者公开肖像权人的肖像。"

南京某大学生刘某近日在人人网发表日志，把学校 7000 多个学生的照片通过软件分析制作，用 68 个点勾勒出不同院系学生的"平均脸"，引来了 3 万多的点击率。刘某解释，从想法产生到制作出"平均脸"，花了他一天时间。有不少网友质疑："平均脸"制作行为，是否侵犯了同学们的肖像权？

该案例中，大学生刘某虽然不构成犯罪，但构成侵权：在未征得其他大学生许可的情况下，使用他人肖像照，侵犯了肖像使用专有权；在这些证件照上运用相关技术进行修改，则侵犯了肖像制作专有权、肖像利益维护权。因此，被侵权大学生有权要求其停止侵害，并有权要求其赔偿损失。

（1）公众人物的肖像。

公众人物是社会生活中为公众广为熟悉的人物，比如政治人物、演员歌手、体育健儿、科学家、商界名流等。公众人物是一个特殊的主体，由于其职业的特殊性，他们的工作、生活备受公众的关注。在公众人物肖像的使用问题上，我国很多学者主张，在新闻媒体上使用党和国家领导人、地方各级领导人、著名社会活动家、影视明星、运动员等知名人士的肖像，不为侵权行为。这里，有一点必须注意，那就是新闻媒体使用公众人物的肖像须不以营利为目的。

2004 年 10 月，刊物《精品购物指南》在其封面以"影响2004"为主题使用了刘翔在雅典奥运会上跨栏比赛的照片，并对照片的背景以及跨栏的横栏做了一些改动，同时北京中发百货有限责任公司在封面的下方做了广告，刘翔以报社侵害其肖像权为由向人民法院提起侵权之诉。2005 年 12 月 15 日，北京市第一中级人民法院做出终审判决，认定被告侵犯刘翔肖像权的侵权行为成立。

该报社的败诉其实给新闻媒体提了一个醒：①使用公众人物的肖像，一定要将新闻信息与广告信息区分开来，避免与商业利益纠葛。公众人物背后往往蕴藏着巨大的商机，很有可能因此成为引发侵权诉讼的导火索。②为新闻报道而使用公众人物的肖像，要注意保持新闻图片的原创性，不可擅自对图片进行改动，破坏其客观性和真实性。

（2）集体照片中的个体肖像。

肖像权人对其肖像享有支配权和使用权，一旦有侵权事实发生，肖像权人即可根据法律向侵权者主张其权利。如果媒体使用的是集体照片，那么是否构成对集体肖像成员肖像权的侵害，肖像权人能否主张所谓的集体肖像权呢？

1887 年，法国巴黎高等法院曾做出这一方面的一个判例。一位著名的演员向法国巴黎高等法院起诉，认为某照相馆公开陈列包括他自己在内的合影照，侵犯了他个人的肖像权。经过审理，巴黎高等法院认为，在集体照片中，一人关乎其肖像所具有的利益，已为全体利益所掩盖。一人之个性已为全体所掩蔽，其独立的肖像权已失去了存在之基础，因此驳回了该演员的诉讼请求。该判例为以后诸多立法所采纳。

这一判决明确了这样一个规则：个人肖像中，肖像权人可以依法主张肖像权，但是集体照片中各独立的肖像权人不得主张其肖像权。

在我国，使用集体照片中的个人肖像而连带使用其他公民的肖像是否构成侵权，尚无明确的法律规定。在法学理论和司法实践中，大家普遍认为，肖像权就是个人人格权。集体不能成为人格权的主体。集体照片的个人肖像权益为全体肖像权人权益所涵盖，个人特征难以在集体照相中体现，因而丧失了人格权存在的基础。

温某出访美国，与华某等四人同美国国家贸易局局长卡罗尔·克劳福（Carol Crawford）女士合影留念。后温某出任上海办事处首席代表，将该合影印在办事处的资料上对外广为散发。华某以温某擅自使用其肖像用于商业用途为由，诉至上海市第一中级人民法院。上海中院最终驳回原告的诉讼请求。

使用集体照片时有几点要注意：①集体照片的成员在处分照片时不得违背社会的公序良俗，必须在法律许可的情况下使用。②集体照片外的任何人负有不得侵害的义务。③集体照片中的成员均享有集体照片肖像利益的权利。④阻却违法事由除外。

（3）影视作品中的艺术形象。

演员对自己饰演的角色到底有没有肖像权？法学界主要有三种不同观点：一种观点认为，艺术形象是艺术家通过表演或其他演绎行为形成的艺术人物形象，艺术家对其塑造的艺术形象享有肖像权。第二种观点认为，艺术形象是按照导演和剧本的要求所塑造出来的人物，经过了一定的艺术加工和处理，并非个人形象在客观上的再现。演员作为表演者对其塑造的艺术形象可以主张著作权，但不享有肖像权。第三种观点则认为应关注肖像的可识别性，对于大家根本看不出原型的艺术形象，不能主张原型的肖像权；对于具有可识别性的艺术形象。就存在原型的肖像权问题。

目前这些观点还仅限于理论探讨，并未在立法上予以确认。近年来，从来自司法实践第一线的案例中可以看到，不同法院对此类案件认识不同，判决也不同。

1994年内蒙古伊利实业股份有限公司使用电影《马可·波罗》中部落酋长贝克托在草原上欢庆饮酒的剧照制作广告，并冠以"伊利奶茶粉"字样的广告词。其时，贝克托的扮演者恩和森已去世，其女儿卓玛以父亲肖像权受到侵害为由起诉至呼和浩特市回民区法院。法院审理认为：影视人物形象是演员根据剧情的需要和导演的意图饰演的一个角色，尽管该艺术形象与本人的生活形象差别不大，但不能认为是饰演者个人形象的客观再现，伊利公司不构成侵犯演员的肖像权。

2001年，在艺术家蓝天野诉北京天伦王朝饭店、北京电影制片厂一案中，北京东城区法院就被告在未经原告许可，擅自将原告在电影《茶馆》中的剧照制作成广告展示架陈列一事，做出以下判决：反映表演者面部形象特征的电影剧照不仅承载了电影的某个镜头，同时也承载了表演者的面部形象，具有双重的识别性，相互不能替代，原告对涉案剧照享有肖像权。

迄今为止，影视作品中的艺术形象是否享有肖像权，仍然处于见仁见智的阶段，法院的判决主要依靠法官的知识背景和经验以及对语焉不详的法条的解读。笔者认为，媒体在宣传电影作品时对剧照的使用为合理使用，无须征得表演者的同意；在相关的新闻报道中的使用亦属正常使用，并不构成侵权。但是，如果未经许可将剧照用于商业用途获取利益，则构成侵权。

（4）死者的肖像。

公民的民事权利能力随着公民的出生而产生，随着公民死亡而消亡。那么公民死亡以后是否还具有肖像权？法学界普遍认为，公民死亡后，其生前所享有的民事权利也随之消失。其生前所享有的权利不再体现为一种权利，而转化为一种物质利益，由其他主体所继承，而其精神利益仍属于死者自己，不能转让他人。肖像权是一种人格权，它主要体现肖像权人的精神利益，同时其精神利益也可派生出经济利益。其中的经济利益，由死者的近亲属继承，精神利益仍归死者。死者肖像的保护与死者名誉的保护相同。使用死者的肖像，必须经死者的近亲属的同意，且使用人必须在约定的范围内使用，超出该范围则为侵权。最高人民法院在《关于周海婴诉绍兴越王珠宝金行侵犯鲁迅肖像权一案应否受理的答复意见》的司法解释中指出："公民死亡后，其肖像应依法保护。任何污损、丑化或擅自以营利为目的的使用死者肖像构成侵权的，死者近亲属有权向人民法院提起诉讼。"最高人民法院《关于审理名誉权案件若干问题的解答》第5条规定："死者……近亲属包括：配偶、父母、子女、兄弟姐妹、祖父母、外祖父母、孙子女、外孙子女。"死者的肖像受到侵害，死者的近亲属有请求保护死者肖像的诉讼权利，其他人在一般情况下无权起诉。如果死者没有近亲属，则在死者的名誉受侵害影响到社会公共利益时，可以由人民检察院作为诉讼主体提起诉讼，维护死者的利益。

对于死者肖像的保护，一些域外的立法经验也非常值得我们借鉴。早在20世纪30年代，一些国家就将肖像权分为肖像精神权和商品化权，规定商品化权可由继承人继承，像德国就在其《美术作品著作权法》中规定：公布或者公然展览他人肖像，须肖像人同意，肖像人死亡未超过十年，须征得死者亲属的同意。

4. 隐私权

隐私权是自然人享有的对其个人的、与公共利益无关的个人信息、私人活动和私有领域自主进行支配的具体人格权。隐私权的主体是自然人，其客体是个人信息、私人活动和私有领域，其目的在于保护自然人享有的私人生活安宁与私人信息秘密不被他人非法侵扰、知悉、收集、利用和公开。大学生享有的隐私权包括四方面内容：（1）大学生享有隐私隐瞒权，有权对自己的隐私进行隐瞒，使其不为他人所知。（2）大学生享有隐私利用权，有权对自己的隐私进行积极利用，以满足自己精神、物质等方面的需要，但不得违反法律和公序良俗原则。（3）大学生享有隐私支配权，有权按照自己的意愿对自己的隐私进行支配。（4）大学生享有隐私维护权，有权禁止他人侵害自己的隐私，在受到非法侵害时有权要求损害赔偿。实践中，侵害大学生隐私权的行为主要有：非法披露大学生个人信息、非法调查大学生情报并公开、非法搜查大学生私有领域等。

2008 年 11 月 17 日，猫扑网上出现名为"南昌大学 50 美女 QQ 大全"的帖子，该帖子罗列了南昌大学 50 名在校女学生的真实资料，这些资料并不仅仅只有 QQ 号，还包括本人姓名、照片、手机号甚至所学专业、班级、寝室号等。帖子发出后两天时间，国内各大网站就开始转载，有的网站甚至还对 50 名女生的美貌进行所谓"星级评定"。据悉，这些被曝光的美女们深受其害，她们要么手机被打爆，要么收到陌生人的短信……

（《扬子晚报》2008 年 11 月 22 日第 B01 版）

上述案例中，曝光南昌大学 50 名大学生真实资料的行为，就属于侵害大学生隐私权的行为，相关责任人应承担侵权责任。

三、身份权的种类与内容

身份权是指民事主体基于特定的身份关系产生并由其专属享

有，以实现其身份利益的一种民事权利。身份权是人身权的一种，具有如下特征：（1）它与民事主体的特定身份紧密相连，是民事主体基于某种身份关系而享有的权利。没有特定身份，就不会取得相应的身份权。（2）它因民事主体的不同而存有差异。由于身份权以一定的身份为基础，不同的民事主体因其身份不同，其享受的身份权也就有所差异。（3）它以身份利益为客体，以实现身份利益为目的。法律保护民事主体的身份权，就是保护民事主体的身份利益不受侵犯。

根据身份权的法律依据，身份权可以划分为亲属法上的身份权与非亲属法上的身份权。

（一）亲属法上的身份权

亲属法上的身份权是指基于亲属法上的身份关系而产生的身份权，包括配偶权、亲权、亲属权等。具体说来：

第一，配偶权。配偶权是指夫妻之间因存在配偶关系而享有的身份权。在夫妻关系中，夫妻双方互为配偶，夫妻双方基于这种特定身份而享有配偶权。因而，配偶权具有如下特征：首先，它的主体具有双方性。由于夫妻双方互为配偶，因而，夫妻双方都为配偶权主体，互相享有权利，互相负有义务，共同支配配偶利益。其次，它以配偶利益为客体。再次，它的性质是绝对权，是配偶双方共同享有的对世权、绝对权。最后，它是一种支配权，但是它只能支配配偶之间的身份利益，而不能支配配偶的人身。配偶权的内容范围十分广泛，只要基于配偶身份而产生的身份利益，都属于配偶权的内容范围。大学生如果在大学期间结婚，与另一方结成夫妻，便与另一方互享配偶权，可以对配偶之间的身份利益进行支配。

第二，亲权。亲权是父母基于父母身份而对未成年子女的人身和财产进行管教与保护的身份权。亲权具有如下特征：首先，它以未成年子女的存在为前提，是父母对未成年子女的权利，如果子女已经成年，父母便不再享有亲权。其次，它既是一种法定的权利，也是一种法定的义务。最后，它为未成年人的父母所专有，目的在于教育、保护未成年人。亲权的内容主要包括两大类：身份照护权与财产照护权。如果有的大学生在大学期间已经结婚生子，其便享有对其未成年子女的亲权。

第三，亲属权是父母与成年子女、祖父母（外祖父母）与孙子女（外孙子女）以及兄弟姐妹之间基于亲属关系的存在而享有的身份权。这里的"亲属关系"，是指除配偶、未成年子女的亲子以外的其他近亲属之间的关系。亲属权是一种身份权，与配偶权和亲权一起构成了完整的亲属法上的身份权。亲属权具有如下特征：首先，它的客体是亲属关系中特定的身份利益；其次，它具有绝对权和相对权的双重属性。在我国，亲属权主要包括抚养权、赡养权、扶养权等内容。大学生自从其出生以后，便于一定的亲属关系包围之中，并基于与近亲属的关系而享有亲属权。

（二）非亲属法上的身份权

非亲属法上的身份权是指非基于亲属法上的身份关系而产生的身份权，包括荣誉权、著作身份权等。

毕业于锦州中学的贾跃在参加高考时，由于发挥失常，仅以2分之差未能进入重点大学。但是，贾跃在高中期间一向品学兼优，年年被评为"三好学生"，并荣获锦州市"优秀学生干部"称号。按当年高考招生政策规定，获市级以上"优秀学生干部"称号的考生可享受加10分的待遇。而锦州市教委在整理审核学生档案时，把"优秀学生干部"换成了"三好学生"，致使该生不能享受这种待遇。锦州市凌河区人民法院对这起非法侵犯学生荣誉权案做出一审判决，责令锦州市教委向受害者赔礼道歉，恢复其荣誉，并赔偿受害者经济和精神损失8万余元。

第一，荣誉权。荣誉权是民事主体获得、保持、利用荣誉并享有其所衍生的利益的权利。荣誉权具有如下特征：（1）它的客体为荣誉利益；（2）它的主体具有广泛性，包括自然人、法人和其他组织；（3）它与荣誉相伴随，随着荣誉的获得而产生，随着荣誉的失去而消灭。大学生经过努力，可以获得各种荣誉称号，相应的，也可以基于某种荣誉称号而享有荣誉权。一般说来，大学生享有的荣誉权主要包括以下内容：一是大学生有权对其所获得的荣誉及由此产生的利益加以支配，任何人不得干涉；二是大学生有权利用其所获得的荣誉获取合法利益；三是大学生有权对其获得的荣誉称号保持归自己所有，不受他人的非法侵害。实践中，侵害大学生荣誉权的行为主要有：非法侵占大学生的荣誉、侵占大学生荣誉权所产生的物质利益等。上述案例中，锦州市教委的行为就属于侵犯贾跃荣誉权的行为，致使贾跃不能利用其所获得的荣誉（"优秀学生干部"）获取合法利益（高考加 10 分），因而，贾跃有权要求锦州市教委赔礼道歉、恢复荣誉、赔偿损失。

第二，著作身份权。著作身份权是指著作权中的身份权。著作权是指作者和其他著作权人依著作权法对文学、艺术和科学工程作品所享有的各项专有权利。在著作权中，身份权包括以下内容：发表权、署名权、修改权、保护作品完整权。大学生在校期间，如有文学、艺术或科学工程作品面世，便可以享有著作身份权：一是有权表明作者身份，在其作品上署名；二是有权决定是否将其作品公之于众；三是有权修改或授权他人修改其作品；四是有权保护其作品不受歪曲或篡改。实践中，侵犯大学生著作身份权的行为主要有非法剥夺大学生发表权、非法剥夺大学生的署名权等。

第三节　大学生的财产权

【案例】装错房子，谁之过

甲购买某开发商开发的商住楼 405 室一套，小区物业管理人员将甲带到五楼，并将 505 房门钥匙交给甲。因新建小区没有门牌号码，且一层为商铺，甲确信交付的 505 房就是其购买的 405房。甲的婚期将至，即花 50000 元左右将 505 室装潢一新，如期举行婚礼。就在洞房花烛的次日，505 室的房主乙和物业人员一同找上门要求甲迁让房屋，甲方知真相。可在当地有一风俗，婚后一个月洞房不能空，更换洞房更是大忌。因此，甲坚持一个月以后再考虑更换房屋等事宜。乙不能接受，因为乙在这个月内也要结婚。于是乙起诉开发商和甲，要求交付（迁让）房屋，并申请先予执行，且言明不喜欢甲的装潢风格，要求恢复原状。甲起诉开发商，要求赔偿装潢损失 50000 元及精神损害抚慰金100000 元。

（来源：齐齐哈尔建华区法院网，http://qqherjh. hljcourt. gov. cn/public/detail. php?id=398）

一、什么是财产权

财产是人们身份、地位和能力的象征，也是人们追求幸福生活的物质基础，更是人们维护自由和平等权利的保障。财产权，是指以财产利益为内容，直接体现财产利益的民事权利。财产权是可以以金钱计算价值的，一般具有可让与性，受到侵害时需以财产方式予以救济。财产权既包括物权、债权、继承权，也包括知识产权中的财产权利。以物质财富为对象，直接与经济利益相联系的民事权利，如所有权、继承权等，简称产权。

财产权是人身权的对称。它具有物质财富的内容，一般可以货币进行计算。财产权包括以所有权为主的物权、准物权、债权、知识产权等。在婚姻、劳动等法律关系中，也有与财物相联系的权利，如家庭成员间要求扶养费、抚养费、赡养费的权利，夫妻间的财产权和基于劳动关系领取劳动报酬、退休金、抚恤金的权利等。财产权是一定社会的物质资料占有、支配、流通和分配关系的法律表现。不同的社会，有不同性质的财产权利。资本主义国家奉行的是私有财产神圣不可侵犯的原则。在社会主义国家，公共财产是神圣不可侵犯的。在不同的社会和国家里，对作为财产权客体的财物种类的限制也不同。在资本主义国家，除已宣布为国有的财产外，几乎所有的财物都可作为私人财产权的客体。在中国，财物则依其属于生产资料或生活资料，依其地位与作用，分别属于国家、集体经济组织或个人。

财产权是很难界说的，但财产权又是现在（在人类发展的长时期内）很重要的民事权利，必须要将之单列一类。在没有将知识产权和社员权从财产权和非财产权划出来时，通常说，以享受社会生活中除人格利益和身份的利益以外的外界利益为内容的权利都是财产权。

在确认财产权只包括物权和债权的情况下，也可以说，财产权是通过对有体物和权利的直接支配，或者通过对他人请求为一定行为（包括作为和不作为）而享受生活中的利益的权利。

财产权的特点有：

（1）财产权的主体限于现实地享有或可以取得财产的人。它既不像人格权，为一切人所享有，也不像亲属权，只要与他人发生亲属关系即享有亲属权。财产权的客体限于该社会制度下法律允许私人（自然人和法人）可得享有的。例如在我国社会主义制度下，土地属于国有（全民所有），不得为私有，因而土地不得作为民事权利的私人财产权的客体。在债权中也有这种情形，所谓不融通物即指不得为交易客体从而不得为债权客体之物。因此，财产权的情形常因各个国家的社会制度而有不同。历史上的奴隶制、封建制，以及现代的资本主义、社会主义制度下的财产权情况各不相同。从这一点可以看出，财产权是与社会制度密切相关的权利，与人格权、亲属权大不相同。

（2）财产权除极少的例外情形以外都是具经济价值的，这种经济价值又是可以金钱计算的。通常讲到这一点，都以私人信函、爱人遗物（如头发）等也可为所有权的标的为例，即当这些东西成为交易标的时也是有经济价值的。

（3）财产权原则上都是可以处分的，不具专属性。可以处分，指可以转让、可以继承、可以抛弃。不具专属性，因而可以由他人代为行使。一般情况下，权利的归属与权利的行使是可分的，例如未成年人的权利由法定代理人行使，破产人的权利由破产管理人行使，失踪人或禁治产人的权利由管理人行使等。当然，财产权中也有具专属性的。

二、物权

物权是指权利人依法对特定的物享有直接支配和排他的权利。物权具有排他的效力、优先的效力与追及的效力。物权包括所有权与限制物权。限制物权又分为用益物权与担保物权。而担保物权又包括抵押权、质权（质押权）、留置权等。

物权具有如下法律特征：首先，物权是一种支配权，是权利人直接支配特定物的权利；其次，物权是一种绝对权，具有对世效力，其效力及于权利人之外的其他人，其他人都负有不得侵害物权的消极义务；再次，物权具有排他性，同一特定物之上不能同时存在两个以上内容互不相容的物权；最后，物权以特定物为客体，物权的客体只能是物，而不能是行为。根据我国法律的规定，我国的物权主要有所有权、用益物权、担保物权等种类。

21 岁的李某是武汉某高校一名大学生。2012 年 4 月 1 日清晨 7 时许，李某的寝室发生一起盗窃案，包括李某在内的 4 名室友的手机，外加一台液晶显示器都不见了。案发后，李某积极帮忙寻找失物，还安慰室友"可能是有人开玩笑"。室友确认这不是玩笑后，遂向警方报案。4 月 6 日，李某向警方自首。李某说自己本想和室友们开个愚人节玩笑，后因警察来了，越发不敢交出手机。李某落网后，还主动交代了自己另一起窃取同学银行存款的案件。

（一）所有权

所有权是所有权人对自己的不动产或者动产，依法享有占有、使用、收益和处分的权利。所有权具有如下特征：一是具有完全性，所有权人对于其所有物可以进行一般的、全面的支配；二是具有整体性，是具有浑然一体的内容的权利，不得在内容上或时间上加以分割；三是具有弹力性，在对所有权的限制消失后，所有权人将恢复全面支配权；四是具有永久性，所有权因所有物的存在而永久存续，不得预定存续的期限。

所有权的权能又称为所有权的内容。根据我国《民法典》第二百四十条的规定，所有权的权能包括以下四项：第一，占有权能。占有权能是指所有权人对所有物为事实上管理、控制的权能。占有权能是所有权人对其所有物进行使用、受益的前提与基础，也是所有权人支配其所有物的直接表现。第二，使用权能。使用权能是指所有权人根据所有物的性能或用途，不毁损其物或变更其性质而加以利用，以满足所有人需求的权能。使用权能是占有权能的自然延伸，一般说来，所有权人占有所有物的目的，就是利用所有物的使用价值。第三，收益权能。收益权能是指所有权人收取其所有物的天然孳息或法定孳息的权能。第四，处分权能。处分权能是指所有权人依法对其所有物进行处置、决定所有物命运的权能。这里的"处分"，包括事实上的处分与法律上的处分。事实上的处分是指对物进行毁损、改造、破坏或者进行物理、化学性质上的改变，如消费产品、烧毁东西等；法律上的处分是指变更、消灭所有物上的权利，如将房屋抵押、变卖等。

大学生尽管经济上尚未独立，但是其父母大都为其购置了许多私人物品，如电脑、手机、文具、书籍、衣服、自行车等。大学生对自己的这些私人物品享有所有权，有权对其占用、使用、收益和处分。为了保障大学生的所有权不受侵犯，许多高校专门就大学生的财产安全做出了规定。但是，由于各种原因，大学里各种盗窃案件时有发生，严重侵害了大学生的财产所有权，使大学生在财产上遭受了不少损失。对此，大学生应加强防范意识，时刻保持警惕性，保护自己的财产安全。上述案例中，李某以非法占有其他同学的财物为目的，实施了盗窃行为，侵害了其他大学生对其财物的所有权。李某的行为也构成了盗窃罪，应当承担刑事责任。

（二）用益物权

用益物权是物权的一种，是指非所有人对他人之物所享有的占有、使用、收益的排他性的权利。比如土地承包经营权、建设用地使用权、宅基地使用权、地役权、自然资源使用权（海域使用权、探矿权、采矿权、取水权和使用水域、滩涂从事养殖、捕捞的权利）。

2001年12月，村民李某与所属的村委会签订了一份土地承包合同。合同约定，村委会将村属的15亩荒地承包给李某经营，承包期限为20年。合同签订后，李某对所承包的土地进行了重新规范和整理，并在投资近3000元的承包土地上新打了一眼深井。2004年10月，李某所在的村委会进行了换届选举。换届后的村委会以原村委会与李某所签订的土地承包合同没有召开村民大会，违反民主议定原则为由，将李某所承包的土地强行收回。李某将村委会告上法庭，要求确认合同有效，被告继续履行合同。

我国民法学界对用益物权含义的认识没有原则分歧，均将用益物权界定为：以物的使用收益为目的而设立的权利。用益物权具有如下法律性质：

1. 用益物权具有用益性

所谓用益性是指用益物权是以物的使用和收益为目的而设立

的物权。用益性是用益物权的基本属性，是用益物权与担保物权相区别的基本标志。按照马克思主义的观点，物具有价值和使用价值的双重属性。用益物权和担保物权是就这两种不同的价值而设立的权利：用益物权侧重于物的使用价值，担保物权侧重于物的价值或曰交换价值。正因为如此，用益物权又称为使用价值权，而担保物权又称为价值权。由于用益物权的目的在于对物的使用和收益，因而，它不可能具有担保物权的变价受偿性和物上代位性等属性。就是说，用益物权不涉及以用益物的价值清偿债务问题，也不涉及用益物灭失后以其他物代替的问题。用益物权的用益性因用益物权的种类不同而存在范围和程度上的差别。例如，传统民法上的地上权和永佃权都是以土地为用益物的权利，但两者的用益范围和程度却存在明显的不同：地上权以在土地上营造建筑物和种植树木为用益范围，而永佃权则以在土地上耕作或牧畜为用益范围。

2. 用益物权具有独立性

所谓独立性是指用益物权不以用益物权人对所有人享有其他财产权利为其存在的前提。用益物权的独立性表明用益物权不具有担保物权所具有的从属性和不可分性。就是说，用益物权不以他权利的成立为成立前提，不随他权利的让与而让与，亦不随他权利的消灭而消灭；同时，用益物一旦变化，如部分灭失或价值减少等，用益物权就将随之发生变化。在用益物权独立性问题上，地役权似有例外。通说认为，地役权具有从属性和不可分性。这似乎与担保物权相同，其实不然。地役权的从属性和不可分性与担保物权的从属性和不可分性存在明显的差别。地役权的从属性是指地役权不得与需役地所有权分离而存在，不得保留地役权而处分需役地所有权。这种从属性具体表现在：地役权必须与需役地所有权一同让与，地役权不得与需役地分离而成为其他权利的标的；地役权的不可分性是指地役权不得被分割为两个以上的权利，也不得使其一部分消灭。可见，地役权的从属性和不可分性是为保证需役地人的用益目的而规定的，而非为保证某一债权的实现而设置的。

3. 用益物权具有占有性

占有性是指用益物权须以实体上支配用益物为成立条件。物权是一种支配权，用益物权和担保物权都是如此，但用益物权和担保物权的支配形态不尽相同。用益物权的内容在于使用收益的实体，即对物的使用价值的用益，因而它必然以物的实体上的有形支配，即实体占有为必要。用益物必须转移给用益物权人实际占有支配，否则用益物权人的用益目的就无法实现。例如，若不转移土地，地上权人或永佃权人就无法在土地上营造建筑物、种植树木或进行耕作。担保物权的内容在于取得物的交换价值，因而可不必对物进行实体上的有形支配，以无形支配为满足。在担保物权中，质权和留置权以标的物实体上的有形支配为必要，但这种支配并不是用益性的。在质权和留置权中，都有权利人非经物之所有人的同意，不得使用收益物或留置物的规定，否则权利人应负民事责任。

（三）担保物权

担保物权是指为担保特定债务的履行而在债务人或者第三人的特定财产上设立的，在债务人不履行到期债务或者发生当事人约定的实现担保物权的情形时，担保物权人依法享有的就担保财产优先受偿的权利。担保物权具有以下特征：担保物权的目的在于担保债权的实现；担保物权的客体包括不动产、动产或权利；担保物权具有优先受偿的效力，负有担保物权的债权先于无担保的债权而受清偿；担保物权的内容是利用担保财产的交换价值，债权人享有对担保财产的换价权；担保物权具有从属性，依附于主债权；担保物权具有不可分性，担保财产的部分变化或债权的部分变化均不影响担保物权的整体性；担保物权具有物上代位性，效力及于担保财产的代替物。

在我国，担保物权主要有抵押权、质权、留置权等。

1. 抵押权

抵押权是指为担保债务的履行，债务人或者第三人不转移财产的占有而将该财产抵押给债权人的，在债务人不履行到期债务或者发生当事人约定的实现抵押权的情形时，债权人依法享有的就抵押财产的变价处分权和卖得价金的优先受偿权的总称。

甲在购房时办理了抵押贷款，现在贷款还差 15 年没有还清。甲因负债与乙签订了房屋买卖合同，约定乙付给甲 30 万元房款，由甲负责清偿贷款后协助乙办理过户手续。乙如期交付甲 30 万元房款，但甲并未清偿贷款。乙诉至法院，请求判决甲继续履行合同，包括腾房、清偿贷款以及办理过户手续。

（1）抵押权是担保物抵押时针对财产的交换价值而设定的一种物权，它本质上是价值权，其目的在于以担保财产的交换价值确保债权得以清偿。故从抵押权的性质和目的的角度来看，抵押权是担保物权。

（2）抵押权是在债务人或第三人的特定财产上设定的担保物权。债权人无须为了自己债权的清偿而在自己的财产上设定抵押权。抵押权是为担保债权的清偿而设定的，它只能存在于债权人以外的债务人或者愿意提供财产为债务人履行债务作担保的第三人。

（3）根据《民法典》第三百九十四至第四百条，抵押权系由当事人的抵押合意而设定。当事人可以自由地就抵押财产、抵押期限、抵押担保范围以及当事人认为需要约定的其他事项进行约定，并在抵押合同或者主债权合同中的抵押条款中予以明确。

（4）抵押权是不转移标的物占有的物权。抵押权的公示主要是登记，抵押权的成立与存续，只需登记即可，不必转移标的物的占有。

（5）抵押权的内容有两项：一是抵押财产的标价处分权；二是就抵押财产卖得价金的优先受偿权。对抵押财产的变价处分权是指当债务人届期不履行债务时，抵押权人有权以合法方式拍卖、变卖抵押财产或者与抵押人协议以抵押财产折价抵充债务。就抵押财产卖得价金的优先受偿权是指：①有抵押权担保的债权，债权人能就抵押财产卖得的价金优先于债务人的普通债权人而受清偿；②在两物权之间，即如果同一抵押物上设定两个以上的抵押权，先次序抵押权人优先于后次序抵押权人而受清偿；③抵押权人在债务人破产等程序中享有别除权，即抵押财产应从债务人的破产财产中除去，抵押权人对此别除出来的抵押财产卖得的价金有优先受偿权。

依据我国法律规定，抵押权的实现必须具备以下四个条件：①抵押权必须有效存在。抵押权设定如果无效或者已被撤销，则不能实现。②必须是债务人履行期限届满。债务人履行债务的期限是否届满是决定债务人是否履行债务的时间标准。③债权人未受清偿。债务履行期限届满债权人未受清偿，表明债务人未按期履行义务。无论债务是迟延履行，还是拒绝履行，债权人都可以行使抵押权，使债权得到清偿。④债务未受清偿不是由于债权人造成的。只有在因债务人方面的原因未能清偿债务而使债权人未受清偿时，抵押权人才可以行使抵押权。如果债权人未受清偿是由于自己的原因造成的，则抵押权人不能行使抵押权。

2. 质权

质权是指为担保特定债权的实现，而由债务人或第三人将特定的财产交由债权人占有，在债务人不履行到期债务时或发生当事人约定的实现债权的情形时，债权人可就其占有的财产变价获得的价金优先受偿的权利。

质权分为动产质权和权利质权。动产质权指债务人或者第三人将其动产移交债权人占有，以该动产作为债权的担保，债务人未履行债务时，债权人依照法律规定的程序就该动产优先受偿的权利。债务人或者第三人为出质人，债权人为质权人，移交的动产为质押财产。出质人也可以将法律规定可以转让的股权、仓单、提单等财产权利出质，这时质权称为权利质权。

1997年12月1日，张某向李某借款2万元，提出可用一套进口高档音响作为抵押，保证次年1月1日一次还本付息。李某遂与其签订书面质押借款合同。合同签订当日，李某将2万元现金交付给张某，同时要求张某向其交付音响。张某称音响现不在其家中，而在郊县父母家，且交通不便，但保证5日后取来交与李某。李某对此表示同意。12月3日，张某又向刘某借款1.5万元，同样提出以该音响作为质押，双方签订了书面合同，并于当日相互交付现金及质物。12月5日，李某欲向张某索要音响，却找不到其行踪。12月中旬，李某尚未拿到音响，经多方打听，方知音响已交给刘某作质押，遂找到刘某要音响，刘某拒绝。1998年1月1日，借款合同期限届满，李某要求张某归还借款，张某表示现无钱归还，请求宽限3个月。李某遂以张某、刘某为被告诉至法院，要求就该音响变卖的价款优先受偿。

3. 留置权

留置权是指债权人合法占有债务人的动产，当债务人不履行到期债务时，债权人依法享有的留置该财产，以该财产折价或者以拍卖、变卖该财产的价款优先受偿的权利。

根据我国《民法典》的规定，留置权的发生可基于不同的合同关系。根据法律出版社《物权法立法背景与观点全集》的说法，留置权是当债的一方逾期不履行债务时，合法占有债务人财产的一方有权扣留物品并享有对该物品的优先受偿权。留置权人留置的财产应当与债务金额相当。

（1）留置权的主要特征。

①留置权只能发生在特定的合同关系中，如保管合同、运输合同和加工承揽合同。

②留置权发生两次效力，即留置标的物和变价并优先受偿。

③留置权具有不可分性，即债权得到全部清偿之前，留置权人有权留置全部标的物。

④留置权实现时，留置权人必须确定债务人履行债务的宽限期。

（2）留置权的成立条件。

①债权人占有动产。

②占有的动产必须与债权有牵连关系。

③债务人未按期全部履行债务。

《民法典》第四百四十七条规定："债务人不履行到期债务，债权人可以留置已经合法占有的债务人的动产，并有权就该动产优先受偿。"而且，债权人留置的动产，应当与债权属于同一法律关系，但企业之间留置的除外。同时，法律规定或者当事人约定不得留置的动产，不得留置。

甲租赁乙商场的场地经销某品牌家具，在租赁合同中，约定按季度交付租金，如不能按期交付，乙商场可对甲的等值财产予以留置。后甲因经营资金周转困难，向丙借款60万元，到期未偿还，遂出具书面意见，同意将商场内所有财产顶账给丙，用于偿还部分欠款，并让丙继续经营。乙商场因甲欠其两个月的租金，行使留置权，使财产未能移交给丙，而甲因负债累累潜逃。丙遂向法院提起财产保全申请，对商场内家具进行了查封。后乙商场以对该查封财产享有留置权提出异议，请求法院解除对其留置物的查封。

二、债权

（一）债的概述

债是按照合同的约定或者依照法律的规定，在当事人之间产生的特定的权利义务关系。债具有如下特征：债是特定当事人之间的民事法律关系，也就是说，债只存在于债权人与债务人之间；债是特定当事人间的请求为特定行为的法律关系；债属于财产法律关系；债是按照民事行为或者法律规定而发生的民事法律关系。

债作为一种民事法律关系，包括主体、内容和客体三项要素，具体说来：

第一，债的主体。债的主体即指参与债的关系的当事人，包括债权人和债务人。债权人就是在债的关系中享有权利的人，债务人就是在债的关系中负有义务的人。债权人与债务人相互对立、相互依存，具有利益上的对立性。在同一债的关系中，无论是债权人还是债务人，都可以是一人或数人。其中，债权人和债务人都为一人的，为单一之债；债权人或债务人一方或双方为多人的，为多数人之债。

第二，债的内容。债的内容是指债权人享有的权利和债务人承担的义务，即债权和债务。债权即指债权人享有的请求债务人为特定行为的权利。债务即指债务人依当事人的约定或法律规定应向债权人为特定行为的义务。

第三，债的客体。债的客体即指债权、债务共同指向的对象，即"给付"。在债的关系中，因具体债的性质不同，给付的形态各异，主要包括支付金钱、转移权利、交付财物、提供劳务、不作为等。

（二）债的发生原因

债的发生即指债的关系的原始产生。债的发生原因就是指引起债的关系产生的法律事实。根据我国《民法典》的规定，债发生的原因可以分为两大类：民事行为与法律规定，主要包括合同、不当得利、无因管理、侵权行为等。

何某是四川某高校 1993 级中文系本科生，被学校推荐为保送研究生的时候，与学校签订了定向培养合同。2000 年 6 月，何某研究生毕业前夕，收到了另一所高校的博士生录取通知书。此事很快被学校知悉。学校负责人多次打电话、发传真要求另一所高校取消何某博士生入学资格。2000 年 9 月 13 日，何某一纸诉状递交到法院，请求法院裁定合同无效、被告某高校立即停止非法扣押学位证书、毕业证书等侵权行为，不再干预、阻挠原告到博士生录取单位报到入学等。

1. 合同

合同是平等主体的自然人、法人及其他组织之间设立、变更、终止民事权利义务关系的协议。合同中约定的当事人之间的权利和义务，就是债的关系中的债权和债务。合同依法成立后，就会在当事人之间产生债权债务关系。因而，合同是债发生的原因，且是最主要的原因。因合同而发生的债，称为合同之债。对于大学生来说，由于其与高校之间存有一种民事法律关系，其与高校之间便会因缔结合同而发生合同之债。实践中，大学生与高校签订的合同主要有勤工俭学合同、保送研究生合同、项目管理合同、知识产权方面的合同等。上述案例中，由于何某与某高校签订了定向培养合同，从而在两者之间形成了债权债务关系，双方互享权利、互负义务，当何某不按照约定履行义务时，其必须承担违约责任，赔偿该高校的经济损失。但该高校无权扣留何某的毕业证书和学位证书，也无权阻挠其继续攻读博士学位。

2. 不当得利

不当得利是指没有合法根据，使他人受到损失而自己获得利益。由于不当得利没有任何合法依据，任何人都不能据此获得利益而造成他人的损害。如果出现这种情况，取得不当利益的一方就必须将其所取得的利益返还给受损害的一方，受损害的一方也有权请求获得不当利益的一方返还其获得的不当利益。因而，在获得不当利益的一方与受损害的一方之间就发生了不当得利之债，就形成了债权债务关系。不当得利引起的债完全是基于法律的规定，而不是基于当事人的意思，不属于民事行为，而是事实行为或事件。例如，某大学生在给朋友汇款时，一不小心将钱打给了某个陌生人，该陌生人便获得了不当利益，该大学生基于不当得利之债，有权请求该陌生人返还汇款。

3. 无因管理

无因管理是指没有法定的或约定的义务，为避免他人利益受到损失而自愿对他人的事务进行管理或提供服务的行为。管理他人事务的人，为管理人；事务被管理的人，为本人。无因管理发生后，便会发生无因管理之债，在管理人与本人之间产生债权债务关系。管理人据此有权请求本人偿还因管理事务而支出的必要费用，本人则有义务偿还该必要费用。例如：某高校学生杨某假期回家后，其养的狗在宿舍无人看管。同宿舍的同学张某便每天给狗喂食，在狗生病后还带狗去宠物店看病。整个暑假期间，因狗食、看病等费用，张某花费 1000 多元。张某的行为就是无因管理，杨某应当偿还张某的花费。

网上的免费论文摘要对于许多网民来说是"免费午餐"，但如果将"免费午餐"擅自"移植"到自己的网站，便侵犯了论文摘要所有者的著作权。上海市一位在校大学生未经允许转载中国知网的学术论文，获利 1.6 万元被中国学术期刊电子杂志社告上法庭。人民法院对此案做出了一审判决，判定该大学生停止侵权，赔偿近 10 万元。

4. 侵权行为

侵权行为是指非法侵害他人的合法权益，给他人造成损害的行为。侵权行为发生后，便发生了侵权行为之债，在行为人与受害人之间形成债权债务关系。受害人有权请求行为人赔偿其所遭受的损失，而行为人则有义务赔偿受害人损失。对于大学生来说，其既可能因合法权益受到他人不法侵害而发生侵权行为之债，也可能因不法侵害他人合法权益而发生侵犯行为之债。在上述案例中，某大学生因未经允许转载中国知网的论文摘要，侵害了他人的著作权。该大学生与中国学术期刊电子杂志社之间便形成了侵权之债，中国学术期刊电子杂志社有权要求该大学生停止侵害、赔偿损失。

三、知识产权

知识产权、知识产权法是商品经济和科学技术发展到一定阶段的产物，它在三百多年的发展过程中，以保障权利、激发人的创造力为核心，为推动科技进步、促进社会经济文化发展发挥了巨大作用。在知识经济时代的今天，知识产权制度的重要地位和作用更加突出。当代大学生是知识经济的生力军，是未来社会知识财富的主要生产者和使用者，因此，了解知识产权制度，培养知识产权意识，对大学生未来的发展具有重要意义。

2012 年 6 月，持续两年之久的唯冠科技（深圳）有限公司诉美国苹果公司 iPad 商标侵权案终于落下帷幕。最终，苹果公司与深圳唯冠就 iPad 商标案达成和解，苹果公司将向深圳唯冠公司支付 6000 万美元，一揽子解决有关 iPad 商标权属纠纷。

该案对企业在国际商业环境中如何依法维护自己的商际权益有着非常重要的借鉴意义。我们更应深入思考的，是在知识经济时代如何在国与国之间的科技竞争中，提升以知识产权为主要内容的知识竞争的核心竞争力。

（一）知识产权的概述

所谓知识产权，是人们对于自己的智力活动创造的成果和经营管理活动中的标记、信誉依法享有的权利。其中，知识是指特定的人通过创造性劳动所取得的特定精神成果，产权是指所有人依法支配其财产的权利。作为一种特殊的民事权利，知识产权的产生与保护须以智力创造活动、创造性成果或识别性工商业显著标记、相应的法律规定为条件，三者缺一不可。因此，知识产权被认为"实质上是人类智力创造性劳动成果的物化、法律化、权利化"。

与普通财产所有权不同，知识产权是一种无体性财产权。知识产权具有无体性、专有性、时间性和地域性等特征。所谓无体性，表明知识产权是一种抽象的、非物质性的财富，是没有具体形态、不占任何空间但能以一定形式为人们感知的智力创造成果。所谓专有性，是一种独占性、排他性、垄断性，是指知识产权为权利主体所专有。所谓时间性，是指法律对知识产权的保护具有一定的保护期限，一旦超过法律期限，这一权利就自行消灭，相关知识产品即可为全人类所共同使用。所谓地域性，是指一项智力成果能否取得知识产权，以及能否获得保护，必须为该国或地区的法律所确认，并只在该国领域内发生法律效力。

（二）知识产权的法定种类

知识产权包括很多种类，并且随着科技的发展和社会的进步还在不断增加。一般来说，狭义的知识产权，主要包括两个类别：一类是文学产权，包括著作权及与著作权有关的邻接权；另一类是工业产权，主要是专利权和商标权，这也是我们主要讨论的类型。

广义的知识产权的范围很大，主要由两个知识产权国际公约所确定。根据 1967 年 7 月 14 日在斯德哥尔摩签订的《成立世界知识产权组织公约》第 2 条第 8 款的规定，知识产权的保护范围主要包括：（1）关于文学、艺术和科学作品的权利；（2）关于表演艺术家的演出、录音和广播的权利；（3）关于人们在一切领域中发明的权利；（4）关于科学发现的权利；（5）关于工业品外观设计的权利；（6）关于商标、服务标志、厂商名称和标记的权利；（7）关于制止不正当竞争的权利；（8）在工业、科学、文学和艺术领域里一切其他来自智力活动的权利。

念慈菴公司经核准注册"念慈菴"文字及图形组合商标，并将其使用在自己的药品"京都念慈菴蜜炼川贝枇杷膏"的外包装盒上。该商标亦因使用在前述产品上而被国家工商总局认定为驰名商标。潮州某公司"京都蜜炼川贝枇杷膏"产品的外包装装潢与其使用在先的包装装潢构成近似，念慈菴公司向法院起诉。

二审法院认为，将权利人核准注册的商标本身与被控侵权人使用的装潢比对，确实不近似。但权利人持有的注册商标系驰名商标，且该商标系使用于"京都念慈菴蜜炼川贝枇杷膏"上而被认定为驰名商标的，故该产品应认定为知名产品。判决潮州某公司停止不正当竞争，赔偿权利人20万元。

1994年关贸总协定缔约方签订的《与贸易有关的知识产权协议》（以下简称《TRIPs协议》）中规定，除了继续承认1883年的《保护工业产权巴黎公约》、1886年的《保护文学艺术作品伯尔尼公约》（以下简称《伯尔尼公约》）以及《成立世界知识产权组织公约》所设定的范围外，还增加了一些新类型的知识产权。《TRIPs协议》所包含的知识产权的范围包括：（1）著作权及其相关权利（邻接权）；（2）商标权；（3）地理标志权；（4）工业品外观设计权；（5）专利权；（6）集成电路布图设计权；（7）未披露过的信息专有权。

我国《民法典》所界定的知识产权，主要包含著作权、专利权、商标权、发现权、发明权以及其他科技成果权。在具体的知识产权法和其他法律中，还规定了一些知识产权的种类，如1993年制定的《反不正当竞争法》中对知名商品的包装、装潢等新型知识产权也作了规定；1997年国务院发布的《中华人民共和国植物新品种保护条例》规定了植物新品种权；2001 年国务院发布的《集成电路布图设计条例》规定了集成电路布图设计权。随着社会科技的发展，知识产权的范围还在日益扩展。微生物技术、遗传基因技术、网络域名等开始纳入知识产权保护的范围。

（三）大学生知识产权教育与保护的重要意义

21 世纪是科技的世纪，也是创新的世纪。我国已提出建设创新型国家的战略任务，开始从以往的制造型经济向知识经济转变。创新型国家意味着以自主知识产权为发展的要素，形成经济创新、科教创新、技术创新、文化创新等创新结构。而造就一支高素质、高水平的创新人才队伍是实现"创新型国家"战略的重要保障。高校是知识产权人力资源的生产基地，是塑造知识产业的重要孵化器。创新型国家建设需要高校提供知识产权的智力支持和指导服务。

自改革开放以来，我国的知识产权制度逐渐走向完善，知识产权的法律保护体系也日趋严密，但美中不足的是，在知识产权的人才培养和战略研究方面尚待加强。高校知识产权教育还存在不少问题。比如，当前高校并不重视知识产权教育，目前我国大多数院校对非法律专业学生还没有开设专门的知识产权课程；部分大学生知识产权认知水平尚低，还仅仅停留在法律概念层面；对知识产权的尊重与保护意识不强，比较突出的表现是论文写作中的大量抄袭、对盗版软件和影视资料的使用和传播等，无疑纵容了对知识产权的侵犯。还有的大学生由于缺乏保护意识，不知道应当通过专利申请等手段有效保护自己的研究成果，某些文学、艺术、建筑专业的学生，对于是否或如何许可他人使用自己的作品也比较茫然，致使自身的研究成果得不到法律的保护。

因此，对大学生进行知识产权教育与保护具有重要意义。首先，开展知识产权教育有利于激发学生的创新精神。知识产权是一种重要的财产性权利，知识产权法律制度的重要宗旨就是保护发明创造、激励研究与创新。大学生通过自己的创造，可以获得学业和经济上的双丰收，有利于激发他们的创新精神。更重要的是，可以促进大学生整体素质的提升，以及我国高校知识创新能力的提高。其次，开展知识产权教育是培养大学生良好科研作风的重要途径。专利信息是检索科学技术文献一个数量巨大、内容广泛的重要信息源。专利文献是报道新技术最快的信息源，是最详尽、系统地描述有关技术特征的技术文档。大学生在科学研究、文学或艺术创作的各个环节，应全面了解有关技术、产品、文学或艺术作品等的知识产权状况及受保护范围，避免发生侵权行为。而充分利用专利信息，可避免重复研究，提高科研工作的效率。最后，开展知识产权教育有助于大学生就业。目前，各企事业单位迫切需要知识产权方面的人才。大学生是未来社会知识财产的主要生产者和使用者，知识产权保护意识是当代大学生综合素质的重要组成部分。因此在大学阶段，进行知识产权教育，强化大学生的知识产权保护意识，使大学生充分了解知识产权的有关知识，是至关重要的。此外，大学生知识产权的教育与保护也是社会主义法治国家建设的必然要求。

第四节　婚姻家庭继承与权利保障

【案例】变性人章琳结婚了

2008年，四川双流县彭镇变性人章琳从当地派出所工作人员手中接过新的身份证，性别一栏明确地标着"女"，这标志着变性人章琳终于结束了令自己痛苦37年的男人身份，成为一名真正的女人。

同一天，章琳和自己的爱人杨启成在所有手续合法的情况下，从镇政府民政人员手中领到了大红的结婚证，成为一对合法夫妻。

（来源：羊城晚报，http://www.ycwb.com/gb/content/2004-03/16/content_658360.htm)

一、结婚与婚姻效力

（一）婚姻的概念

结婚，又称婚姻关系的成立，是男女双方依照法定条件和程序，建立夫妻关系的双方民事法律行为。

婚姻法是调整婚姻家庭关系的法律规范的总和。它既调整婚姻关系，又调整家庭关系。

婚姻法是一个独立的法律部门，其特点是：

（1）普遍性。婚姻法是适用范围极其广泛的法律，是适用于一切公民的普通法。

（2）伦理性。婚姻关系是男女两性关系，家庭关系是血亲关系。它不仅由社会经济基础所决定，而且还要受政治、道德、文化、风俗、习惯等因素影响，具有强烈的伦理性。婚姻法所规定的当事人之间的权利义务，就是以这个社会中的伦理道德为基础的。

（3）强制性。婚姻法作为法律具有强制性，而且大部分规范是强制性的。

我国目前调整婚姻关系的立法及司法文件主要有三个：

一是自 2021 年 1 月 1 日起施行的《中华人民共和国民法典》。

二是最高人民法院 2001 年 12 月 24 日做出的《关于适用〈中华人民共和国婚姻法〉若干问题的解释（一）》。

三是最高人民法院 2003 年 12 月 4 日做出的《关于适用〈中华人民共和国婚姻法〉若干问题的解释（二）》。

（二）法定条件

（1）男女双方完全自愿：禁止一方对另一方的强迫或任何第三人的干涉。

（2）双方均达到法定年龄：男满 22 周岁，女满 20 周岁。

（3）双方均无配偶，符合一夫一妻制。

（4）我国实行登记结婚，经结婚登记，取得结婚证，才算确立夫妻关系。

（5）办理结婚登记不得他人代理。

（6）未办理登记的，应补办登记。补办的，婚姻关系的效力从双方均符合结婚的实质要件时起算，而不是从补办时起算。

例如：王某（男）生于 1987 年 5 月 1 日，张某（女）生于 1986 年 12 月 5 日。二人于 2008 年 1 月 1 日举行结婚仪式后即开始以夫妻的名义同居生活，后于 2009 年 6 月 1 日补办了结婚登记。请问：二人何时依法确立了夫妻关系？

A. 2008 年 1 月 1 日　　B. 2009 年 5 月 2 日

C. 2009 年 6 月 1 日　　D. 2009 年 5 月 1 日

答案：B

无配偶包括三种情形：未婚、丧偶（原配偶生理死亡或者宣告死亡）、离婚。

（三）禁止条件

（1）直系血亲、三代以内旁系血亲。

（2）患医学认为不应该结婚的疾病。

直系血亲是指：①和自己有直接血缘关系的亲属，不受代数限制。包括生出自己的长辈（父母、祖父母、外祖父母以及更上的长辈）和自己生出来的下辈（子女、孙子女、外孙子女以及更下的直接晚辈）。在过去，将母系或女系的直系血亲称为外亲，撇开不算，而现在不论父系或母系，子系或女系，均认为是直系血亲，又称自然血亲。②有抚养关系的继父母子女之间，以及养父母之女之间的关系，称为拟制血亲，也认为是直系血亲。

直系血亲的推算：

本人算一代，往上父母一代，祖父母一代是三代。

本人算一代，往下子女一代，孙子女一代是三代。

三代旁系血亲是三代以内旁系血亲的简称，三代旁系血亲是由三代和旁系血亲构成的合成词，是相对于直系血亲而言的概念。

旁系血亲是具有间接血缘关系的亲属，即非直系血亲而在血缘上和自己同出一源的亲属。三代以内旁系血亲是在血缘上和自己同出于三代以内的亲属。这里的三代是从自己开始计算为一代的三代（简单说就是，替谁考虑就把谁当为第一代，向上查直到为同一父母所生为止）。

直系血亲的推算：

①亲兄弟姊妹和自己同源于父母，自己是第一代，父母是第二代，所以亲兄弟姊妹之间是二代以内旁系血亲；②伯叔、姑母、堂兄弟姊妹和自己同源于祖父母，自己是第一代，父亲和伯叔、姑母是第二代，祖父母是第三代，而这些亲属都源于第三代，所以自己与伯叔、姑母、堂兄弟姊妹、姑家表兄弟之间是三代以内旁系血亲；③舅父、姨母和表兄弟姊妹（姑家表兄弟除外）和自己同源于外祖父母，自己是第一代，母亲和舅父、姨母是第二代，外祖父母是第三代，而这些亲属都源于第三代，所以自己与舅父、姨母、表兄弟姊妹之间也是三代以内旁系血亲。

中国法律不禁止姻亲之间结婚。

姻亲，是指由婚姻关系而产生的亲属，但配偶本身是除外的。姻亲的产生原因与血亲不同，它不是由出生（自然血亲）或收养（拟制血亲）产生的，而是由婚姻产生的。男女双方结婚形成婚姻关系后，一方与另一方的血亲和血亲的配偶才发生姻亲关系。所以在夫妻双方离婚后，或者在夫妻一方死亡他方再婚后，姻亲关系也随之消失。

姻亲可分为以下三类：

①血亲的配偶，如兄弟之妻、伯叔父之妻、侄之妻、姑之夫、姐妹之夫、女婿、儿媳等；②配偶的血亲，如岳父母、公婆、妻子的弟弟、丈夫的哥哥等；③配偶的血亲的配偶：就夫方来说，如妻的兄弟的妻、妻的姐妹的夫等；就妻方来说，如夫的兄弟的妻、夫的姐妹的夫等。

二、父母与子女的关系、权利和义务

在中国人的心目中，恐怕没有什么比家庭和亲情更重要的。自古便有"修身养性、齐家治国"而后才"平天下"之说，足见中国人对家庭要素的重视。家庭不仅仅意味着亲情和温暖，更意味着责任和付出。大学生作为现有家庭的重要成员以及未来家庭的组建者，只有清晰地了解自己的家庭责任，懂得付出，才能真正享受家庭的温暖。同时，大学生只有认真学习婚姻方面的法律，遵守婚姻法的各项规定，才能获得幸福美满的婚姻，才能维护自己在婚姻中的各项合法权益。

（一）父母与子女的关系

父母与子女的关系即亲子关系，"亲"即俗称的父母双亲，"子"即子女。这里的"子女"包括婚生子女、非婚生子女、养子女、继子女；相应的，父母与子女的关系可以分为父母与婚生子女的关系、父母与非婚生子女的关系、养父母与养子女的关系、继父母与继子女的关系。总结起来，父母与子女之间的关系可以分为两大类：

第一，自然血亲的父母子女关系。自然血亲的父母子女关系是因子女的出生而发生的父母子女关系。这里的"子女"包括婚生子女与非婚生子女。所谓婚生子女，是指因婚姻关系受孕或者出生的子女。所谓非婚生子女，是指没有合法婚姻关系的男女所生的子女，包括未婚男女所生子女、已婚男女与第三人所生子女、无效婚姻和被撤销婚姻当事人所生子女、妇女被强奸后所生子女等。

第二，法律拟制血亲的父母子女关系。法律拟制血亲的父母子女之间本不存在血缘关系，或没有直接的血缘关系，但因一定法定事由的存在，而被法律确认其与自然血亲有同等的权利和义务。这里的"子女"包括养子女和继子女。所谓养子女，是指合法收养关系中的被收养人，也就是养父母或养父、养母收养的孩子。所谓继子女，是指丈夫与前妻或妻子与前夫所生的子女。因而，法律拟制血亲的父母子女关系包括养父母与养子女的关系、继父母与继子女的关系两种。

根据《民法典》的规定："国家保护合法的收养关系。养父母和养子女间的权利和义务，适用本法对父母子女关系的有关规定。""继父母与继子女间，不得虐待或歧视；继父或继母和受其抚养教育的继子女间的权利和义务，适用本法对父母子女关系的有关规定。"因此，无论是自然血亲还是法律拟制血亲的父母子女关系，他们的权利和义务都是一致的。

（二）父母与子女间的权利和义务

父母与子女间的权利和义务是互相的，父母要承担对子女的抚养教育义务，子女要承担父母的赡养扶助义务。

1. 父母对子女的抚养教育

父母抚养教育子女是父母的法定义务，而由父母抚养教育则是子女应享有的权利。

随母生活的小李考入大学后，因无生活来源，起诉离婚的父亲索要抚养费每月 800 元。小李诉称，1998 年 8 月，父亲与母亲经法院判决离婚，他随后由母亲抚养，父亲每月给付他抚养费200 元，直至他高中毕业。2008 年 9 月，他考上了大学，但无生活来源，他起诉要求父亲每月给付抚养费 800 元，并支付上大学的借款，今后的教育费由父亲负担。开庭时，李父辩称，他与小李母亲离婚后，始终按判决书履行给付小李抚养费至其高中毕业。小李上大学的生活费用和学费应由其本人负担。他现在靠修鞋维持家庭生活，一年收入仅 5000 元，家境并不富裕。法院审理后驳回小李起诉。

第一，父母要承担对子女的抚养义务。这里的"抚养"是指父母对子女经济上的供养和生活上的照料，包括负担子女的生活费、教育费、医疗费等。作为法定义务，父母对未成年子女的抚养是无条件的，在任何情况下都不能免除；即使父母离婚了，对未成年的子女也应依法履行抚养义务。而对成年子女的抚养是有条件的，仅限于"不能独立生活的子女"。所谓"不能独立生活的子女"，是指尚在校接受高中及其以下学历教育，或者丧失或未完全丧失劳动能力等非因主观原因而无法维持正常生活的成年子女。因而，对于正在上大学的成年子女，父母没有法定的抚养义务。上述案例中，虽然大学生小李并无生活来源，但由于其已满 18 周岁，故其父亲没有法定的抚养义务，不用支付抚养费。

当父母不履行抚养义务时，未成年的或不能独立生活的子女，有权要求父母付给抚养费。既可以向抚养义务人所在单位或有关部门提出，也可以直接向法院提起诉讼。如果父母拒不履行抚养义务、恶意遗弃未成年子女，情节严重，构成犯罪的，应当依法追究其刑事责任。

第二，父母应承担对子女的教育义务。"父母是孩子最好的老师"，良好的家庭教育对于子女的健康成长具有很大的影响。同时，教育子女也是父母应尽的法律义务。它包括两个方面：一是父母应当尊重未成年人受教育的权利，必须使适龄的未成年人按照规定接受义务教育，不得使在校接受义务教育的未成年人辍学；二是父母应以健康的思想、品行和适当的方法教育未成年人，引导未成年人进行有益身心健康的活动，预防和制止未成年人吸烟、酗酒、流浪以及聚赌、吸毒、卖淫。当父母不履行对子女的教育义务时，任何组织和个人都有权予以劝阻、制止或者向有关部门提出检举或者控告。

2. 子女对父母的赡养扶助

70多岁的丁某夫妇含辛茹苦将两个儿子和一个女儿拉扯成人。现在两位老人身体多病，每月需要不少治病费用，3个子女不但不支付赡养费，也从不到家中看望照顾。丁某夫妇起诉到法院，要求3个子女每人每月给付赡养费200元，平均分担父母治病及住院的医药费，并轮流到家中探望和照顾。此案经法院调解，3个子女主动提出每人每月给父母300元的赡养费，并轮流在周末和父母生病时到父母家进行探望和照顾。

子女对父母有赡养扶助的法定义务。这里的"赡养"，是指子女对父母的供养，即在物质上和经济上为父母提供必要的生活条件；这里的"扶助"，是指子女对父母在精神上和生活上的关心、帮助和照料。子女对父母的赡养扶助，既是子女应承担的法定义务，也是中华民族的传统美德。在我国历史上，不乏"百里负米""鹿乳奉亲"等至孝故事。大学生作为受过高等教育的人，更应该在赡养扶助父母方面成为"楷模"。子女对父母的赡养扶助，不仅包括支付赡养费等物质方面，还包括日常生活上的照料和精神上的慰藉等方面。子女不得以任何理由拒绝履行赡养扶助父母的义务。即使父母的婚姻关系发生变化，子女对父母的赡养义务也不终止。当子女不履行赡养义务时，无劳动能力的或生活困难的父母，有要求子女付给赡养费的权利。当父母和子女因赡养费发生纠纷时，父母既可以要求子女所在单位或者居委会、村委会调解，也可以直接向法院提起诉讼。如果子女有能力赡养而拒绝赡养，情节严重，构成遗弃罪的，应当依法追究其刑事责任。上述案例中，丁某夫妇的子女由于未尽到赡养扶助义务，而被丁某夫妇告上法庭。在实际生活中，法院对精神赡养的判决和执行，比起物质赡养的判决和执行要复杂得多。希望天下的子女们能多从父母抚养自己的恩情出发，常回家看看，为老人们的晚年生活带来更多精神上的慰藉和快乐。

三、继承法

（一）继承法的概念及原则

继承是公民死亡后发生的转移财产所有权的一种民事法律制度。继承法则是调整因自然人的死亡而发生的财产继承关系，确定遗产权利归属的法律规范的总和。2021 年 1 月 1 日起施行的《中华人民共和国民法典》是调整财产继承关系的主要法律依据。

继承权是自然人依照法律规定或者被继承人遗嘱的指定，享有的承受被继承人遗产的民事权利。

继承权具有如下特征：

（1）享有继承权的主体只能是自然人。依照我国继承法的规定，享有继承权的主体只能是自然人而不能是法人、其他组织或国家。

虽然法人、其他组织和国家可以受遗赠人的身份取得遗产，但不能以法定继承人或遗嘱继承人的身份取得遗产。

（2）继承权的取得以继承人与被继承人存在特定的身份关系为前提。只有与被继承人有特定的婚姻、血缘以及收养关系的人才能成为继承人。

（3）继承权是一项财产权，现代民法中的继承专指财产继承，继承人取得被继承人的财产是继承权的核心内容。

（4）继承权具有不可转让性。继承权虽然在本质上是一项财产权，但由于其具有一定的身份色彩，继承人虽然可以放弃继承权，但不能将继承权转让给他人。

（5）继承权发生的根据是法律的直接规定或者合法有效的遗嘱。

继承法除了上述特征以外，还有其基本原则：

（1）保护公民的私有财产继承权。这是《民法典》第一千一百二十条的规定，是宪法保护公民私有财产继承权精神的具体体现。

（2）继承权男女平等。由于我国数千年来的封建传统观念影响，女性在财产继承上的权利一直不被重视甚至事实上屡遭剥夺，《民法典》以及《妇女权益保障法》都特别明确规定了继承权利的男女平等。

（3）养老育幼，照顾弱者。这一原则的基本含义是指继承法的各项规定及运作，都应有利于对老年人的赡养和未成年人的抚养教育，对缺乏劳动能力又没有生活来源的继承人，要给予特别照顾。

（4）权利和义务相一致的原则。

（5）互谅互让、协商处理遗产的原则。

继承权既可以接受，也可以放弃。所谓继承权的接受即指继承人对继承权取得的事实做出认可、承受的意思表示。所谓继承权的放弃即指继承人于继承开始后、遗产分割前做出的放弃继承遗产的权利的意思表示。

（二）继承权的取得

自然人取得继承权主要有两种方式：法律直接规定和合法有效的遗嘱的指定。前者称之为法定继承权的取得，后者称之为遗嘱继承权的取得。

1. 法定继承权的取得

法定继承是指继承人按照法律规定的继承顺位、继承份额、遗产分配原则等继承遗产的一种法律制度。根据我国《民法典》的规定，法定继承适用于下列情形：遗嘱继承人放弃继承或者受遗赠人放弃受遗赠的；遗嘱继承人丧失继承权或者受遗赠人丧失受遗赠权；遗嘱继承人、受遗赠人先于遗嘱人死亡的；遗嘱无效

101

部分所涉及的遗产；遗嘱未处分的遗产。

根据我国《继承法》的规定，法定继承人的范围包括配偶、子女、父母、兄弟姐妹、祖父母与外祖父母，以及对公婆或岳父母尽了主要赡养义务的丧偶儿媳或女婿。但是上述法定继承人的继承顺序是不一样的，其中，配偶、子女、父母、对公婆或岳父母尽了主要赡养义务的丧偶儿媳或女婿属于第一顺序继承人；兄弟姐妹、祖父母、外祖父母属于第二顺序继承人。先顺位继承人的继承权排斥后顺位继承人的继承权，存在前一顺位的继承人且未丧失继承权又未放弃继承权的，由前一顺位的继承人继承遗产；前一顺位继承人死亡且不存在代位继承或者都丧失继承权或放弃继承权的，则由后一顺位继承人继承遗产。

同一顺位继承人在分配遗产时，一般应均等，但在特殊情况下也可以不均等。这些特殊情况包括：对生活有特殊困难的缺乏劳动能力的继承人，分配遗产时应当予以照顾；对被继承人尽了主要扶养义务或者与被继承人共同生活的继承人，分配遗产时可以多分；有扶养能力和有扶养条件的继承人，不尽扶养义务的，分配遗产时应当不分或者少分；继承人协商同意的，也可以不均等。

此外，在法定继承中，除依法参加继承的法定继承人外，具备法定条件的继承人以外的其他人也有权取得一定的遗产。我国《民法典》第一千一百三十条规定："对生活有特殊困难又缺乏劳动能力的继承人，分配遗产时，应当予以照顾。"第一千一百三十一条规定："对继承人以外的依靠被继承人扶养的人，或者继承人以外的对被继承人扶养较多的人，可以分给适当的遗产。"非继承人取得遗产的份额，按照具体情况可以多于或少于继承人。

2. 遗嘱继承权的取得

遗嘱继承是指继承开始后，继承人基于被继承人生前所设立的合法、有效的遗嘱继承遗产的法律制度。遗嘱继承是与法定继承相对应的一种法律制度，其具有以下特征：遗嘱继承的发生以存在合法、有效的遗嘱为要件；遗嘱继承人及其继承份额的确定以遗嘱中被继承人的意思为依据；遗嘱继承的效力优位于法定继承。根据《民法典》的规定，遗嘱继承的适用条件是：没有遗赠抚养协议、被继承人生前立有合法、有效的遗嘱、继承人未丧失或放弃继承权。

遗嘱是指自然人生前对其遗产在其死亡后如何处分所做的意思表示。遗嘱是遗嘱继承的核心要件，没有合法、有效的遗嘱，就不会发生遗嘱继承。根据我国法律的规定，一项遗嘱要合法、有效必须符合以下条件：首先，遗嘱人具有遗嘱能力，即遗嘱人必须为完全民事行为能力人。其次，遗嘱人的意思表示真实。遗嘱不是遗嘱人真实意思表示的，例如，受胁迫或受欺诈所设立的遗嘱、伪造的遗嘱、遗嘱被篡改的部分，均无效。再次，遗嘱的内容合法。也就是说，遗嘱的内容必须符合法律的强制性规定，符合公序良俗原则，否则遗嘱无效。最后，遗嘱的形式合法，遗嘱的法定形式有公证遗嘱、自书遗嘱、代书遗嘱、录音遗嘱和口头遗嘱。但根据有关规定，在继承法实施前订立的，形式上稍有欠缺的遗嘱，如其内容合法，又有充分证据证明确为遗嘱人真实意思表示的，可以认定遗嘱有效。

在遗嘱成立后，遗嘱人可以根据自己的意愿，对该遗嘱进行变更和撤销。遗嘱人变更或撤销遗嘱的，必须符合遗嘱有效的条件。遗嘱人变更或撤销遗嘱既可以明示的方式进行，也可以推定的方式进行。根据我国《民法典》的规定，遗嘱变更、撤销的推定方式主要有：遗嘱人立有数份遗嘱且内容相抵触的；遗嘱人的生前行为与遗嘱的内容相抵触的；遗嘱人故意销毁遗嘱的。遗嘱一旦经遗嘱人依法变更、撤销，即开始发生相应的法律效力。

（三）继承权的丧失

除了继承人可以自愿放弃继承权外，继承人还可能因法定事由而被依法剥夺作为继承人的资格。继承权的丧失指继承人因对被继承人或其他继承人有法律规定的违法行为而被依法剥夺继承权，从而丧失继承权的法律制度。

1. 继承权丧失的法定事由

根据《民法典》第一千一百二十五条的规定，继承人有下列行为之一的，丧失继承权：

（1）故意杀害被继承人的。故意杀害被继承人的继承人不但应当受到刑罚处罚，而且应剥夺其继承权。其构成要件主观上的要求是故意，客观上必须有杀害行为，不予考虑是否既遂。

（2）为争夺遗产而杀害其他继承人的。只有继承人杀害的动机是争夺遗产，杀害的对象是其他继承人时，才能确定其丧失继承权。并不是出于争夺遗产的目的杀害其他继承人的则不能剥夺其继承权。

（3）遗弃被继承人的，或虐待被继承人情节严重的。遗弃被继承人是指有赡养能力、抚养能力的继承人，拒绝赡养或抚养没有独立生活能力或丧失劳动能力的被继承人的行为。虐待被继承人主要是指经常对被继承人进行肉体或精神上的折磨，如侮辱、打骂、冻饿等。依照相关司法解释的规定，继承人后来确有悔改表现而且被遗弃人、被虐待人又在生前表示宽恕的，可以不剥夺其继承权。

（4）伪造、篡改或者销毁遗嘱，情节严重的。"情节严重"是指伪造、篡改或销毁遗嘱的行为侵害了缺乏劳动能力又无生活来源的继承人的利益，并造成其生活困难的。

（5）以欺诈、胁迫手段迫使或者妨碍被继承人设立、变更或者撤回遗嘱，情节严重。

2. 继承权丧失的效力

继承权丧失的效力是指继承权丧失的法律效果，它包括时间效力和对人的效力。

我国继承法对继承权丧失的时间效力没有明确规定，从立法精神来看，当继承人具有丧失继承权的法定事由时，其继承权就当然丧失；若丧失继承权的法定事由出现在继承开始之后，则其效力追溯至继承开始之时。在对人的效力方面，继承权的丧失具有特定性，即使丧失了对特定人的继承权，继承人仍享有对其他被继承人的遗产继承权。

根据我国法律的规定，继承权丧失的法定事由主要包括：故意杀害被继承人；为争夺遗产而杀害其他继承人；遗弃被继承人，或者虐待被继承人情节严重；伪造、篡改或者销毁遗嘱，情节严重。根据我国《民法典》的规定，在继承人具备继承权丧失的事由时，继承人即丧失继承权，而不需要采取特定的方式或履行特定程序。但是，在继承人之间就某继承人是否丧失继承权发生争议时，应当由法院确认继承人是否丧失继承权，其他任何机关或者个人均无权确认继承人丧失继承权。

第三章　大学生与刑法

【案例】李某报复男友案

　　李某为报复男朋友陈某的始乱终弃，应聘到陈某单位附近的饭店当了一名杂工。当得知陈某会在 2013 年除夕那天来该饭店吃团圆饭时，就谋划报复陈某。除夕那天下午，趁着厨房没人，李某把半包"闻到死"拌进了准备做团圆饭的食油和生粉里。随后她回到家里也服下了毒药，在毒性发作的最后一刻，她拿起电话拨打了 110……得到消息的警察马上赶往现场，所幸时间尚早，还未有人在该饭店就餐。后来，经过化验，食油和生粉中含有剧毒的毒鼠强成分。李某也随之获救。

　　犯罪是人类社会发展到一定阶段的产物。犯罪的产生和发展，与自然、社会、文化、心理等一系列因素密切相关。就整体而言，大学生不应该是一个容易产生犯罪的群体。但当下在校大学生的犯罪案件，不仅在数量上呈逐年上升趋势，而且部分案件的作案手段也极其残忍。针对这一现象，我们一方面应系统掌握和运用刑法，依法打击各类刑事犯罪活动；另一方面应完善有针对性的预防措施，建立健全大学生犯罪的综合防控体制。

第一节　何为刑法

一、刑法的概念和基本原则

刑法是一个古老的法律部门。只要有社会形态，就有法律现象；只要有法律现象，就有刑罚的存在。人类刑法从血腥残酷的严刑峻法向理性和人道主义演化的过程，实际上是人类社会从蛮荒到文明的发展历程。

（一）什么是刑法

刑法，就是关于"罪"与"罚"的法。具体而言，刑法是规定何种行为属于犯罪，以及对犯罪行为适用何种刑罚的法律规范的总称。刑法有广义和狭义之分，广义刑法是一切刑事法律规范的总称，包括刑法典、单行刑法与非刑事法规中的刑事责任条款；狭义刑法仅指刑法典。

与其他部门法不同，刑法具有特定性、广泛性、严厉性等特征。第一，特定性，主要是指刑法只从实体角度规范犯罪与刑罚的关系，其涉及的内容与对象都比较特殊。第二，广泛性，是指刑法所保护的社会关系极其广泛，涉及社会生活的各个领域。第三，严厉性，是指在所有法律保护手段中，刑法的保护手段最为严厉，它是以剥夺人的财产权利、政治权利、自由权利甚至生命权利的刑罚，来惩罚和制裁犯罪行为。这是强制力最强的手段。

刑法的特征，决定了刑法具有独特的作用：第一，预防与惩罚作用。刑法的内容主要规定什么是犯罪，以及对犯罪行为进行何种制裁。这意味着刑法既是一种行为规范，又是一种裁判规范。第二，权利保障作用。刑法明确了罪刑法定、平等适用、罪责刑相适应等原则，同时，对每种犯罪的犯罪构成、量刑幅度等都做了具体规定。这既为国家机关行使刑罚权提供了根本依据，也为每个公民免遭法外刑责提供了基本保障。第三，法益保护作用。刑法要在社会中发挥作用，必须保护个人法益、国家法益与社会法益。只有充分发挥法益保护功能，刑法才能实现对法律秩序与社会秩序的维护。

我国现行刑法是 1979 年 7 月 1 日第五届全国人大第二次会议通过的，1997 年 3 月 14 日第八届全国人大第五次会议进行了全面修订。至今为止，全国人大常委会分别于 1999 年 12 月 25 日、2001 年 8 月 31 日、2001 年 12 月 29 日、2002 年 12 月 28 日、2005 年 2 月 28 日、2006 年 6 月 29 日、2009 年 2 月 28 日、2011 年 2 月 25 日、2015 年 8 月 29 日、2017 年 11 月 4 日通过了十个刑法修正案，对现行刑法进行修改。除刑法典与十个修正案外，我国还有一个单行刑法，即全国人大常委会 1998 年 12 月 29 日通过的《关于惩治骗购外汇、逃汇和非法买卖外汇犯罪的决定》。同时，我国诸多非刑事法规中还规定了大量有关刑事责任的条款，构成了我国的附属刑法，比如公司法中关于违反公司法的犯罪行为及刑罚方法等。

（二）刑法的基本原则

刑法的基本原则，就是刑法应贯彻的基本精神，其贯穿于全部刑法规范，是定罪量刑时必须严格遵循的具有根本性、原理性的准则。我国 1997 年新刑法最大的进步，就是废除了 1979 年刑法中的类推制度，确立了罪刑法定、平等适用刑法、罪责刑相适应三大基本原则。

1. 罪刑法定原则

罪刑法定原则是刑法的"帝王条款"，是当今不同社会制度的各国刑法共同遵循的最普遍、最重要的一项基本原则。

某甲与某乙是同乡，而且就读于同一所高校，都是 21 岁。某乙在暑期打工期间，认识了从事盗版生产的某丙。某乙发现某丙的工厂劳动力短缺严重，便与某丙协商，将某甲拐卖至某丙的地下工厂，某丙则需支付给某乙 3000 元的中介费。在某乙的诓骗下，某甲被带至某丙的工厂，某乙从中牟利 3000 元。

该案对某乙行为的认定，就涉及罪刑法定问题。罪刑法定原则的核心，即"法无明文规定不为罪""法无明文规定不处罚"。我国现行《刑法》第三条规定："法律明文规定为犯罪行为的，依照法律定罪处刑；法律没有明文规定为犯罪行为的，不得定罪处刑。"这是罪刑法定原则在我国刑法中的直接体现。

罪刑法定原则的具体要求，主要包括四个方面：

第一，禁止适用习惯法，即要实施成文法。对刑法上没有明文规定的行为，不能适用乡规民约习俗等习惯法定罪。

第二，刑罚法规的明确适当，即刑法规范应清晰明确、禁止处罚不当罚的行为、禁止不确定刑等。在上述案件中，某乙的行为已经涉嫌拐卖，但是否构成犯罪呢？按照我国《刑法》第二百四十条的相关规定，刑法定罪为"拐卖妇女儿童罪"的行为，是以出卖或收养为目的，拐骗、绑架、收买、贩卖、接送、中转妇女、儿童的行为。该案中某乙对某甲的行为虽然也是拐骗行为，但某甲是年满 21 岁的成年男性，不是拐卖妇女儿童罪的犯罪对象。因此，不能依据《刑法》第二百四十条对某乙定罪。如果在这一过程中，某乙有限制某甲人身自由等侵犯人身权的行为，则涉嫌非法拘禁罪等其他罪名。但如何定罪，都必须根据刑法的明确规定。

第三，合理解释刑法，禁止有罪的类推解释。类推解释，即对法律没有明文规定为犯罪的行为，援引有类似规定的其他刑法条文予以定罪处罚。例如，某甲趁某乙家中无人，携带凶器潜入某乙家盗窃，窃得财物两万余元。《刑法》第二百六十七条规定，"携带凶器抢夺的"应以抢劫罪论处，但不能以此就类推"携带凶器盗窃的"同样以抢劫罪论处。某甲的行为依然应定性为盗窃罪。当然,如果某甲在入户盗窃过程中被发现,当场使用携带的凶器暴力威胁的,则根据最高人民法院的司法解释,认定为入户抢劫。但这种认定并不是基于第二百六十七条的类推解释,而是严格遵循最高人民法院的司法解释条款进行的定罪。

第四,禁止不利于行为人的溯及既往。法不溯及既往,是法律适用的一项基本原理。在刑法中的体现,就是犯罪与刑罚必须在行为前予以明确规范,刑法不得对在其公布施行前的犯罪行为进行追溯适用。基于人权保障和刑罚从轻的要求,我国《刑法》第十二条规定允许有利于行为人的溯及既往,适用从旧兼从轻的原则。即行为时或行为后的法律中,只要有不认为是犯罪的,则适用该法律;行为时和行为后的法律都认定为犯罪而要进行处罚的,适用处罚较轻的法律。

2. 平等适用刑法原则

我国《刑法》第四条规定:"对任何人犯罪,在适用法律上一律平等。不允许任何人有超越法律的特权。"这就是平等适用刑法的原则,也是宪法平等原则在刑法中的具体适用。

具体而言,平等适用刑法原则的内涵主要包括:第一,定罪平等,即对任何人犯罪都使用相同的定罪标准,对没有犯罪的也不能违法追究刑责;第二,量刑平等,即在犯罪性质相同的情况下,针对相同的犯罪情形应按照同样的量刑标准进行处罚,不得任意加重或减轻;第三,行刑平等,在刑法执行中,被判处刑罚的人应当受到相同的待遇,不允许有人享受特别待遇。

平等适用刑法原则还有其他方面的要求。首先,这是司法适用刑法的平等,不是立法的平等。其次,平等的内涵是同等情况同样对待,不同情况区别对待。平等适用刑法,还需要考虑刑罚个别化问题。例如,同等罪行下对未成年人从宽处理、对累犯从重处理,都是平等适用刑法的内涵要求。

3. 罪责刑相适应原则

我国刑法规定，刑罚的轻重，应当与犯罪分子所犯罪行和承担的刑事责任相适应。这就是罪责刑相适应原则。该原则由犯罪行为、刑事责任、刑罚三个要素构成。在具体适用时，对行为人的刑罚，不仅要和行为人犯罪行为的危害程度相适应，还要与行为人的刑事责任相适应。简单来讲，就是重罪重罚、轻罪轻罚、罪刑相当、罚当其罪。

罪责刑相适应原则体现在刑事司法的各个方面。首先，我国的法定刑是一个层级体系，根据情节轻重确定了从较轻微直至严重处罚的多层级刑罚档次，在具体量刑时，要根据犯罪行为的轻重程度选择刑罚的程度。其次，根据行为人及其人身危险性程度的不同，我国刑法规定了从轻、减轻和免予刑事处罚的具体情节。最后，在行刑方面，根据犯罪分子人身危险性程度的变化，确立了减刑、假释等制度。

二、刑法的适用范围

（一）刑法适用范围的概念

刑法的适用范围，又叫刑法的效力范围，它指的是一个国家的刑法在什么范围、在什么时间内是有效的。刑法的效力范围可以分为刑法的空间效力和刑法的时间效力两个问题。

（二）刑法的效力

1. 空间效力

刑法的空间效力，是指刑法对地和人的效力，它是解决一个国家的刑事管辖权的范围问题。刑法的空间效力在理论上一般认为具有以下四个原则：

第一个原则是刑法的属地管辖原则，也就是说，一个国家的刑法在这个国家的领域范围之内是有效的。属地是一个立体的概念，既包括这个国家的领陆，也包括这个国家的领海和领空。根据我国刑法，领域不仅包括领陆、领海、领空，还包括刑法上所说的浮动领土。我国《刑法》第6条第2款还规定："凡在中华人民共和国船舶或者航空器内犯罪的，也适用本法。"当然，这种规定也导致了两个不同国家的管辖权竞合的问题。

第二个原则是属人管辖原则，所谓属人管辖，也就是按照国籍的原则来管辖。我国《刑法》第7条第1款规定："中华人民共和国公民在中华人民共和国领域外犯本法规定之罪的，适用本法，但是按本法规定的最高刑期为三年以下有期徒刑的，可以不予追究。"第7条第2款规定："中华人民共和国国家工作人员和军人在中华人民共和国领域外犯本法规定之罪的，适用本法。"当然这种规定同样存在与国外刑法管辖的竞合。

第三个原则是保护管辖原则，我国《刑法》第8条规定："外国人在中华人民共和国领域外对中华人民共和国国家或者公民犯罪，而按本法规定的最低刑为三年以上有期徒刑的，可以适用本法，但是按照犯罪地的法律不受处罚的除外。"

第四个原则是普遍管辖原则，这是对国际犯罪惩治的管辖原则。我国《刑法》第9条规定："对于中华人民共和国缔结或者参加的国际条约所规定的罪行，中华人民共和国在所承担条约义务的范围内行使刑事管辖权的，适用本法。"

2. 时间效力

在刑法的时间效力问题当中，主要需掌握的是刑法的溯及力的问题，即刑法生效以后，对于其生效以前未经审判或者尚未确定的行为是否具有溯及既往效力的问题。如果适用，就是有溯及力；如果不适用就是没有溯及力。我国刑法是坚持从旧兼从轻的原则。从旧就是按照行为时的法律规定处罚。从轻有两种情况，一是旧法规定为犯罪而新法不认为是犯罪，从新法也就是不认定为犯罪；二是旧法新法都认为是犯罪，但新法处罚较轻则从处罚轻的法律规定即从新法。当然现在理论上还有一个中间法的问题。

第二节　何为犯罪

【案例】乔甲盗窃叔叔财物案

被告人乔甲因家中人多房少不能住，于 1993 年 6 月到其叔乔乙家借宿。同年 9 月 28 日，乔甲在叔乔乙家午睡后，闲着无事，想找本杂志翻阅，就随手拉乔乙忘了上锁的书桌抽屉，发现内有一叠崭新的 10 元面值人民币，乔甲顿起贪心，趁家中无人，偷偷从中抽走 50 元。由于乔乙大意，没有发现其抽屉内短少的现金。乔甲见第一次窃取得逞后，胆子越来越大，又分别于同年 10 月、1994 年 3 月两次趁乔乙不在意，共窃取其人民币 600 余元。当乔甲于 1994 年 6 月 10 日再次打开抽屉寻找现金时，被躲在家里逃学的乔乙之子乔丙发现，遂案发，随后乔甲家属代其偿还了乔乙的损失。乔乙曾到公安机关要求不要处理乔甲。乔甲的行为是否构成犯罪？

在现实生活中，我们经常用的“犯法”一词，在刑法中则可称之为“犯罪”。了解和掌握什么是犯罪、犯罪由哪些要件构成等内容，是我们打击和预防犯罪的前提和基础。

一、犯罪概述与特征

犯罪是刑法中的一个基本理论问题，是指国家法律规定的具有社会危害性并且应当受刑罚处罚的行为。

我国《刑法》第十三条明确规定：“一切危害国家主权、领土完整和安全，分裂国家、颠覆人民民主专政的政权和推翻社会主义制度，破坏社会秩序和经济秩序，侵犯国有财产或者劳动群众集体所有的财产，侵犯公民私人所有的财产，侵犯公民的人身权利、民主权利和其他权利，以及其他危害社会的行为，依照法律应当受刑罚处罚的，都是犯罪，但是情节显著轻微危害不大的，不认为是犯罪。"

大学生王某到某超市购物，在未付款的情况下，将一支价值1000元的派克钢笔带出超市。在准备离开时，因超市监控报警，王某被工作人员发现。王某当即承认，并央求超市工作人员不要报警，还答应按超市店规"偷一罚十"支付罚款，并写下字据。

"偷一罚十"，是各类商业店堂对付偷窃行为的常见规定。对于这类规定的合法性，在此不作探讨。我们主要通过王某的行为，来分析犯罪的特征。相对于民事违法行为和行政违法行为，犯罪行为具有三个方面的特征。

第一，犯罪是具有严重社会危害性的行为。行为具有一定的社会危害性，是犯罪的本质特征，揭示了犯罪与社会的关系。这也是某种行为构成犯罪的前提。如果某种行为不会对社会造成危害，该行为就不是犯罪。即便某种行为具有一定的社会危害性，但是情节显著轻微危害不大的，也不认为是犯罪。上述案件中的核心行为，就是"偷"。"偷"是一种竞合性质的行为，同时可能构成民事违法行为（侵犯他人财产权）和行政违法行为（违反治安管理秩序），情节严重还可能构成刑事犯罪。按照我国《刑法》的规定，该案中，王某盗窃钢笔的价值达到1000元，属于盗窃"数额较大"的情形，已经达到盗窃罪定罪量刑的标准。

第二，犯罪是具有刑事违法性的行为。即犯罪必须是违反了刑法的行为，这是犯罪的法律特征，揭示了犯罪与刑法的关系。这是罪刑法定原则在犯罪概念中的体现。某些行为即便具有社会危害性，但如果没有违反刑法的规定，则不能被认定为犯罪。像在上述案件中，如果王某偷窃的钢笔价值只有100元，则不构成盗窃罪。虽然其偷窃行为具有一定的危害性，但并没有达到刑法定罪量刑的标准。因此，就不属于具有刑事违法性的行为。

第三，犯罪是具有应受刑罚惩罚性的行为。即犯罪行为应当受到刑罚的惩罚，这是犯罪的法律后果，揭示了犯罪与刑罚的关系。一方面，没有犯罪就没有刑罚；另一方面，只有达到刑法中认定的刑罚标准，才是犯罪行为。王某盗窃案中，"偷"这一行为，可能要同时承担行政处罚、民事责任和刑事责任三种性质不同的法律责任，而且不能相互替代。在上述案件中，王某的行为已经侵犯了超市的财产权。超市作为民事主体可以要求王某承担民事责任，但不能对王某实施处罚。王某的行为构成了盗窃公私财物，应当受到公安机关的治安管理处罚，至少应处以不低于 5 日的拘留处罚。而且，王某已经构成盗窃罪，如果超市报案，王某则可能面临 3 年以下有期徒刑、拘役或管制的刑罚。

二、犯罪构成要件

所谓犯罪构成是指刑法规定的犯罪行为所应当具备的一切客观和主观要件的总和。刑法规定犯罪构成的意义在于：第一，为区分罪与非罪以及此罪与彼罪提供法律标准；第二，为确认行为人的刑事责任提供法律根据；第三，为无罪的人不受刑事追究提供法律保障。

犯罪构成包括犯罪客体、犯罪的客观方面、犯罪主体和犯罪的主观方面等四个要素。

大学生胡某开了一家淘宝店，主要从事服装与小饰品经营。因资金短缺，胡某向合作伙伴李某借款 1 万元。后经李某多次催讨，胡某均以各种理由推托不还。临近暑假，李某再次找到胡某要求还钱，但依然未果。李某一怒之下，与同乡王某一起，将胡某强行带至王某的租住处，并将胡某扣押在出租屋内。随后，李某强迫胡某给家中打电话，要求胡某家里拿钱赎人。胡某父母接到电话后，马上给李某汇款 1 万元。胡某脱身后立即报警，李某与王某随后被抓获。对李某与王某的行为，是认定为非法拘禁罪还是绑架罪呢？

通过对犯罪构成的分析，我们可以确定罪与非罪、此罪与彼罪、重罪与轻罪的界限。按照这一思路，我们可以厘清上述案件的争议。

（一）犯罪主体

犯罪主体是指实施犯罪行为，依法应负刑事责任的自然人和单位。因此，犯罪主体主要包括自然人犯罪主体和单位犯罪主体。

1. 自然人犯罪主体

自然人犯罪主体是指达到法定刑事责任年龄，具有刑事责任能力，实施危害社会的行为，依法应受刑罚处罚的人。我国刑法规定：已满16周岁的人犯罪，应负刑事责任。已满14周岁不满16周岁的人，犯故意杀人、故意伤害致人重伤或者死亡、强奸、抢劫、贩卖毒品、放火、爆炸、投毒罪的，应负刑事责任。已满14周岁不满18周岁的人犯罪，应当从轻或者减轻处罚；因不满16周岁不予处罚的，责令其家长或者监护人加以管教，在必要时，也可由政府收容教养。不满14周岁的人，一律不负刑事责任。

刑事责任能力，是指行为人所具备的刑法意义上辨认和控制自己行为的能力。只有行为人具备刑事责任能力，才能成为犯罪主体，从而追究其刑事责任。单位犯罪是指公司、企业、事业单位、机关、团体实施的危害社会的、依法应当负刑事责任的行为。单位犯罪具有如下特征：①犯罪主体的单位，包括法人，也包括非法人，但是单位犯罪必须是经单位决策机构决定或者由负责人决定实施的行为；②一般是单位为谋取非法利益，以单位名义实施的行为；③单位犯罪行为必须是法律明文规定的；④单位犯罪多数是故意的，少数是过失。

2. 单位犯罪主体

单位犯罪主体，是指实施了危害社会的犯罪行为，依法应当承担刑事责任的单位。单位犯罪主体主要包括公司、企事业单位、机关、社会团体等。我国刑法规定单位犯罪主体承担刑事责任的方式主要是"双罚制"，即单位犯罪的，对单位判处罚金，并对其直接负责的主管人员和其他直接责任人员判处刑罚。

上述案件中，无论是绑架罪还是非法拘禁罪，其主体都是一般主体，即自然人犯罪主体。从主体方面，不能直接判断出究竟是哪种罪行。但通过对犯罪主体与受害人之间关系的分析，可以为最后定罪提供依据。该案中，李某与胡某之间有债权债务关系，李某非法剥夺胡某的人身自由，主要是追讨债务，这种情况通常认定为非法拘禁；如果李某与胡某之间没有债权债务关系，或者李某追讨的金额明显超过自己债权金额的合理范围，则李某索要财物的行为就涉嫌绑架。

（二）犯罪的主观方面

犯罪的主观方面，是指犯罪主体对自己所实施犯罪行为及其危害结果的心理态度，包括罪过、犯罪的动机和目的等因素。罪过表现为两种形式，即犯罪的故意和犯罪的过失。

1. 犯罪的故意

犯罪的故意是指行为人明知自己的行为会发生危害社会的结果，并且希望或者放任这种结果发生的心理态度。犯罪的故意分为直接故意和间接故意。直接故意是指行为人明知自己的行为会发生危害社会的结果，并且希望这种结果发生的心理态度。上述李某和王某对胡某的胁迫、扣押，就是一种直接故意。再比如，张三在自家窗前发现李四经过楼下，因之前与李四发生过口角，为报复李四，张三向楼下丢掷一个玻璃杯子，将李四砸伤，这就是直接故意。间接故意是指行为人明知自己的行为可能发生危害社会的结果，并且放任这种结果发生的心理态度。例如，某甲周末在家午休，因楼下有人争吵，某甲一直不能入睡。一怒之下，某甲拿起床头的玻璃瓶丢至窗外，将某乙砸伤，这就是间接故意。

2. 犯罪的过失

犯罪的过失是指行为人应当预见自己的行为可能发生危害社会的结果，因疏忽大意而没有预见，或者已经预见而轻信能够避免的心理态度。犯罪的过失分为过于自信的过失和疏忽大意的过失。过于自信的过失是指行为人已经预见到自己的行为可能发生危害社会的结果，但轻信能够避免，以致发生这种结果的心理态度。例如，某甲在家打扫卫生，在经过窗户时看到窗外没人，便将一玻璃瓶丢至窗外，碰巧某乙刚走出某甲所住单元的一楼单元门，玻璃瓶将某乙砸伤，这就是过于自信的过失。疏忽大意的过失是指行为人应当预见到自己的行为可能发生危害社会的结果，因为疏忽大意而没有预见，以致发生这种结果的心理态度。例如，某甲有乱丢东西的毛病，某日在家打扫卫生时，某甲随手将一个玻璃瓶从窗户扔出，将某乙砸伤，这就是疏忽大意的过失。过失犯罪，法律有规定的才负刑事责任。

3. 犯罪的目的与动机

犯罪的目的是指行为人希望通过实施犯罪行为达到某种结果的心理态度。犯罪目的只存在于直接故意犯罪中。在某些犯罪中，犯罪目的是构成犯罪的必要条件，如某些犯罪要求"以营利为目的"。在前述李某案中，绑架罪的犯罪目的是为了勒索财物或者满足其他不法要求，非法拘禁罪的犯罪目的则是非法剥夺他人的人身自由或者为追讨自己的债权。

犯罪的动机主要是指促使行为人实施犯罪的内心起因，反映行为人的主观恶性程度。犯罪动机不影响定罪，只影响量刑。

4. 意外事件

我国刑法规定，虽然行为在客观上造成了损害结果，但是不是出于故意或者过失，而是由于不能抗拒或者不能预见的原因所引起的，不是犯罪。这主要体现为意外事件。所谓不能抗拒，是指行为人遇到无法控制和抵御的外来力量，如洪水、地震等自然灾害。所谓不能预见的原因，是指行为人对可能造成的危害结果没有预见，也不可能预见的各种原因。

通过上述四个方面的分析，在前述案件中，李某和王某虽然使用暴力或胁迫手段非法剥夺了胡某的人身自由，但李某和王某并没有勒索胡某财物或者提出其他不法要求。李某和王某的行为，只是为了追讨"自己应得"的债权。因此，李某和王某的行为不构成绑架罪，而应认定为非法拘禁罪。

（三）犯罪客体

犯罪客体是指刑法所保护的而为犯罪行为所侵害的社会关系。

犯罪的本质特征是社会危害性，即犯罪行为对社会关系造成侵害。犯罪客体不同于犯罪对象。首先，犯罪客体是抽象的，而犯罪对象是具体的，是犯罪行为直接指向的人或者物。其次，犯罪客体是犯罪构成的必备要件，但犯罪对象不是每个犯罪都具备的。如投降罪，其侵犯的客体是军人参战秩序与国防安全秩序，但并没有犯罪对象。再次，任何犯罪都会侵害犯罪客体，但不是所有的犯罪都侵害犯罪对象。如侵占罪侵害的客体是他人财物的所有权，但不会对他人交给自己保管的财物进行损毁。最后，犯罪客体决定犯罪性质和种类，犯罪对象与犯罪性质无关。

上述案件所涉及的两项罪名中，非法拘禁罪是指故意非法拘禁他人或者以其他方法非法剥夺他人人身自由的行为；绑架罪则是指为勒索财物或者其他目的，使用暴力、胁迫或者其他方法，劫持或以暴力控制他人的行为。从犯罪客体上看，非法拘禁罪的犯罪客体是人的身体活动的自由；而绑架罪的客体则是他人的人身自由权和财产权，是双重客体。在该案中，李某和王某采用强制手段，将胡某扣押在出租屋，已经侵犯了胡某的人身自由权。李某向胡某父母索要 1 万元虽然也涉及财产权，但实际是主张自己的债权，并非对胡某财产所有权的侵害。

犯罪客体分为一般客体、同类客体和直接客体。一般客体是指犯罪行为所共同侵犯的客体，即我国刑法所保护的整个社会主义社会关系。同类客体是指某一类犯罪行为所共同侵犯的客体，也就是我国刑法保护的社会主义社会关系的某一领域或者某一方面。直接客体是指某一具体犯罪行为所直接侵犯的某种特定的客体，也就是刑法所保护的社会主义关系中的某种具体的社会关系。

（四）犯罪的客观方面

犯罪的客观方面是指刑法规定的犯罪行为所必须具备的各种外在表现或客观事实，包括危害行为和危害结果以及行为与结果之间的因果关系。

1. 危害行为

犯罪必须是一种危害社会的行为。危害行为是犯罪客观方面的核心要件，它是指行为人在主观意志支配下所实施的危害社会并为刑法所禁止的行为。

犯罪行为有两种形式：①作为，是指行为人积极作出刑法禁止的危害社会的行为；②不作为，是指行为人有义务实施并且能够实施某种积极行为而未实施的消极的行为。构成不作为犯罪，需要具备三个条件：一是行为人负有实施某种行为的法定义务；二是行为人有履行特定义务的实际可能而不履行；三是行为人未履行特定义务的不作为，对刑法所保护的客体造成了严重危害后果。比如，遗弃罪就是比较典型的不作为犯罪。

2. 危害结果

危害结果是指犯罪行为所引起的危害社会的结果。行为人是否应为自己的行为承担刑事责任，关键在于其危害行为与危害结果之间是否存在因果关系。如果行为与结果之间存在因果关系，行为人就应当承担刑事责任。

在上述案件中，绑架罪和非法拘禁罪的客观方面，都可以分两个阶段来认识。第一阶段，即行为人通过暴力或胁迫等手段，非法剥夺受害人人身自由，这一点上，绑架罪与非法拘禁罪区别不大。第二阶段，即对受害人的拘禁控制阶段。在这一阶段中，行为人的行为就成为区分绑架罪与非法拘禁罪的关键环节。绑架罪中，行为人必然具有勒索财物或提出其他不法要求的行为，实际目的是非法占有他人的财物。而非法拘禁罪中，行为人因为报复、惩戒等原因，仅只对受害人的人身自由进行非法限制，不会再行使其他行为。当然，索要债务，通常也是导致非法拘禁的原因。因此，上述案件中，李某和王某的行为应被认定为非法拘禁。

3. 危害行为与危害结果之间的因果关系

按照刑法规定，一个人只能对自己的危害行为及其造成的危害结果承担刑事责任。

4. 犯罪的时间、地点和方法

三、正当防卫与紧急避险

在现实生活中，有些行为虽然在客观上造成一定的损害结果，表面上符合某些犯罪的客观条件，但实际上并没有犯罪的社会危害性，并不符合犯罪构成，依法不应认定为犯罪。这就是犯罪的排除事由，主要包括正当防卫与紧急避险。

（一）正当防卫

小王（女）和小李均为某高校在校学生，两人是恋人关系。在恋爱过程中，小王发现小李有很多不好的习惯，便提出分手。两人分手后，小李心生愤恨，便多次到小王寝室，骚扰、谩骂、威胁小王。某日，小李又找到小王，在大庭广众之下辱骂小王，后两人发生肢体冲突。为避开小李的殴打，小王被迫用随身携带的女用背包挥打小李，背包上的金属锁扣将小李眼睛打伤。小李受伤后便停止殴打小王，小王趁机跑到同学宿舍躲避小李。经鉴定，小李的眼睛损伤为轻伤。

在上述案件中，小王是否应该承担刑事责任呢？这需要对小王反击小李的行为性质进行分析。

我国刑法规定，为了使国家、公共利益、本人或者他人的人身、财产和其他权利免受正在进行的不法侵害，而采取的制止不法侵害的行为，对不法侵害人造成损害的，属于正当防卫，不负刑事责任。正当防卫是法律赋予公民的一项合法权利。但是，行使这项权利有严格的条件限制，主要包括五个方面的条件。而且，这五个条件只有同时具备，才能成立正当防卫。

1. 起因条件：必须有不法侵害行为的发生

所谓不法侵害行为，是指人所实施的对国家、公共利益和公民个人合法权益的违法的侵袭和损害行为，包括违法和犯罪行为。在本案中，小李在大庭广众下对小王进行辱骂，最后演变成殴打，这实际已构成对小王人身权利的侵害，是客观存在的现实侵害。

对下列几种行为，均不能或不宜进行正当防卫：①对合法行为不能进行正当防卫，合法行为包括依照法令的行为、执行命令的行为、正当业务行为等；②对正当防卫行为不能实行反防卫；③对紧急避险行为不能实行正当防卫；④对意外事件不能实行正当防卫；⑤对防卫过当、紧急避险过当不宜进行正当防卫；⑥对过失犯罪和不作为犯罪不能进行正当防卫。因为上述各种行为，有的是正当合法行为，有的是缺乏侵害紧迫性的行为。

如果事实上不存在不法侵害，行为人误认为存在不法侵害而对臆想中的侵害者进行防卫，则属于假想防卫。对此种情形的处理，视行为人主观上有无过失而不同：如果主观上有过失，并造成法律规定的损害后果，依过失犯罪论处；如果没有过失，则应当按照意外事件处理，不予追究行为人的刑事责任。

2. 时间条件：不法侵害行为必须正在进行

正当防卫只能在不法侵害正在进行时实行，这是正当防卫的时间条件。所谓正在进行，是指不法侵害已经开始，尚未结束。所谓不法侵害已经开始，在一般情况下，应以不法侵害人着手实行不法侵害时作为不法侵害开始的标志，但在不法侵害的现实威胁已经十分明显、紧迫的情况下，即使不法侵害尚未着手，也应认为不法侵害已经开始。所谓不法侵害结束，一般是指合法权益不再处于紧迫、现实的侵害、威胁之中，或者说不法侵害已经不可能继续侵害或威胁合法权益。具体表现为以下几种情况：其一，不法侵害人自动中止不法侵害；其二，侵害者被制伏或因自身因素等已不可能继续进行不法侵害；其三，不法侵害既遂；其四，不法侵害人离开侵害现场。在不法侵害尚未开始或者已经结束时进行所谓的"防卫"的，不是正当防卫，而是不适时防卫。对于因不适时防卫而造成损害结果的，如果符合刑法规定的某种故意或过失犯罪的构成要件的，应依法追究行为人的刑事责任。

本案中，小李对小王的殴打，既非尚未开始，也非已经停止或终结，是正在进行中的侵害。

3. 主观条件，即具有防卫意图

正当防卫中，防卫人主观上必须出于正当防卫的目的，即是为了国家、公共利益、本人或者他人的人身、财产和其他权利免受不法侵害。如果不是出于上述目的，而是相互非法的侵害行为或是为保护非法利益而实行的防卫，则不能成立正当防卫。本案中，小王维护的是自己合法的人身权利，因此具有正当的防卫意图。

4. 对象条件，即防卫行为针对的是不法侵害者本人，不能及于第三者正当防卫只能针对不法侵害者本人实行，是正当防卫的对象条件。这是由正当防卫的目的和不法侵害人自身行为的非法性所决定的。对不法侵害人以外的第三者实行"防卫"的，达不到有效制止不法侵害的目的，也不具有正当性，不是正当防卫。对于这种情况，如果符合刑法规定的某种犯罪的构成要件的，应依法追究行为人的刑事责任。

本案中，小王的防卫行为，仅仅针对小李作出，没有针对第三人，符合正当防卫的对象条件。

5. 限度条件，即防卫没有明显超过必要限度并造成重大损害

防卫行为不能明显超过必要限度且造成重大损害，是正当防卫的限度条件。是否明显超过必要限度并造成重大损害，是区分防卫的合法与非法、正当与过当的一个标志。正当防卫的限度条件，是指正当防卫不能明显超过必要限度且对不法侵害人造成重大损害。如不符合此项条件则可能构成防卫过当，此时法律对其的处理是：正当防卫超过必要限度造成重大伤害的，应当负刑事责任，但是应当减轻或者免除处罚。本案中，小王无意中伤害小李后，并没有在小李停止殴打时继续加害小李。小王的防卫行为没有超出必要的限度，也没有给小李造成重大伤害。

基于上述判断，小王的行为是正当防卫行为，不需要承担刑事责任。我国刑法还规定，对正在进行行凶、杀人、抢劫、强奸、绑架以及其他严重危及人身安全的暴力犯罪，采取防卫行为，造成不法侵害人伤亡的，不属于防卫过当，不负刑事责任。

（二）紧急避险

1998 年 11 月，郑海的船由南美洲载货回国，途经公海时收到台风紧急预报。由于船远离陆地，不可能进港；而在原地抛锚或者继续前行、返航均不能避免台风的袭击。郑海为减轻船的负

荷，以免船毁人亡，即命令船员将所载货物的 10％（价值 10 余万元人民币）抛入大海，然后继续前行。

我国刑法规定，为了使国家、公共利益、本人或者他人的人身、财产和其他权利免受正在发生的危险，不得已采取的紧急避险行为，造成损害的，不负刑事责任。

紧急避险是采用损害一种合法权益的方法以保全另一种合法权益，因此，必须符合法定条件，才能排除其社会危害性，真正成为对社会有利的行为。这些条件是：

1. 避险起因

避险起因是指只有存在着对国家、公共利益、本人或者他人的人身、财产和其他权利的危险，才能实行紧急避险。不存在一定的危险，也就无所谓避险可言。一般来说，造成危险的原因有以下几方面：一是人的行为，而且必须是危害社会的违法行为。前面已经说过，对于合法行为，不能实行紧急避险。二是自然界的力量，例如火灾、洪水、狂风、大浪、山崩、地震等。三是来自动物的侵袭，例如牛马践踏、猛兽追扑等。在以上原因对国家、公共利益和其他合法权利造成危险的情况下，可以实行紧急避险。

如果实际并不存在危险，由于对事实的认识错误，行为人善意地误认为存在这种危险，因而实行了所谓紧急避险，在刑法理论上称为假想避险。假想避险的责任，适用对事实认识错误的解决原则。上述案件中，郑海为了躲避台风而把船上一部分货物抛入大海，就是一种紧急的事实状态。

2. 避险客体

紧急避险是采取损害一种合法权益的方法保全另一种合法权益。因此，紧急避险所损害的客体是第三者的合法权益。明确这一点，对于区分紧急避险和正当防卫具有重大的意义。在行为人的不法侵害造成对国家、公共利益和其他合法权利的危险的情况下，如果通过损害不法侵害人的利益的方法来保护合法权益，那就是正当防卫。如果通过损害第三者的合法权益的方法来保护合法权益，那就是紧急避险。损害的对象不同，是紧急避险与正当防卫的重要区别之一。

本案中，郑海为避免船毁人亡，对货主财产权造成了客观损害。

3. 避险时间

紧急避险的时间条件，是指正在发生的危险必须是迫在眉睫，对国家、公共利益和其他合法权利已直接构成了威胁。对于尚未到来或已经过去的危险，都不能实行紧急避险，否则就是避险不适时。例如，海上大风已过，已经不存在对航行的威胁，船长这时还命令把货物扔下海去，这就是避险不适时。船长对由此而造成的重大损害，应负刑事责任。

4. 避险意图

避险意图是紧急避险构成的主观条件，指行为人实行紧急避险的目的在于使国家、公共利益、本人或者他人的人身、财产和其他权利免受正在发生的危险。因此，行为人实行紧急避险，必须是为了保护合法利益。上述案例中，郑海的行为显然符合这一目的。为了保护非法利益，不允许实行紧急避险。例如，脱逃犯为了逃避公安人员的追捕而侵入他人的住宅，不能认为是紧急避险，仍应负非法侵入他人住宅罪的刑事责任。

5. 避险可行性

紧急避险的可行性条件，是指只有在不得已即没有其他方法可以避免危险时，才允许实行紧急避险。这也是紧急避险和正当防卫的重要区别之一。因为紧急避险是通过损害一个合法权益而保全另一合法权益，所以对于紧急避险的可行性不能不加以严格限制，只有当紧急避险成为唯一可以免遭危险的方法时，才允许实行。

《刑法》第21条第3款规定：关于避免本人危险的规定，不适用于职务上、业务上负有特定责任的人。这是因为在发生紧急危险的情况下，这些负有特定责任的人应积极参加抢险救灾，履行其特定义务，而不允许他们以紧急避险为由临阵脱逃，玩忽职守。

本案中，由于船远离陆地，不可能进港；而在原地抛锚或者继续前行、返航均不能避免台风的袭击。唯一能减轻船的负荷的方法就是抛弃一部分货物。

6. 避险限度

紧急避险的限度条件，是指紧急避险行为不能超过其必要限度，造成不应有的损害。郑海在情急之下把船上一部分货物抛入大海来减轻船的负荷，以确保船员的安全，与遭遇台风后可能出现的船毁人亡相比，郑海的行为还是控制在必要的限度内。

因此，本案中，郑海的行为符合紧急避险的法定条件；对货主造成的伤害，郑海不需要承担刑事责任。

如果紧急避险超过必要限度造成不应有的伤害的，应当负刑事责任，但是应当减轻或者免除处罚。

四、故意犯罪停止形态与共同犯罪

（一）故意犯罪的停止形态概述

故意犯罪的停止形态，是指故意犯罪在犯罪过程的不同阶段由于各种原因而停止下来所呈现的不同状态。一般说来，一个完整的犯罪过程，要经由一个从犯意形成、犯罪预备、着手实行到完成犯罪的发展过程。例如，故意杀人罪，一般会先有杀人的念头，再准备杀人凶器，然后实施杀人行为，直至把被害人杀死。但是，并非每一个犯罪都能完成以上犯罪过程。司法实践中经常会出现这样的情况：有的犯罪分子为了犯罪准备了工具或者制造了条件，却由于意志以外的原因而未能着手实行犯罪；有的犯罪分子着手实行犯罪以后，却由于本人意志以外的原因而未能使犯罪得逞；有的犯罪分子在犯罪过程中，出于各种原因而自动停止犯罪或者主动采取措施有效避免犯罪结果发生。这些不同的情况就使犯罪在不同的阶段停顿下来而呈现出不同的形态，这就是犯罪既遂、预备、未遂和中止形态。就犯罪的停止形态的特征来看，犯罪的停止形态可以分为犯罪的完成形态和犯罪的未完成形态。犯罪既遂是犯罪的完成形态，它表明某一犯罪行为已经完全符合特定犯罪构成的全部要件。犯罪的预备、未遂和中止是犯罪的未完成形态，它表明某一犯罪行为尚未完全具备特定犯罪构成的全部要件，但又构成了犯罪。

只有故意犯罪而且是直接故意犯罪，才有犯罪停止形态问题。间接故意犯罪以及过失犯罪不存在犯罪完成形态和未完成形态问题，而仅仅存在罪与非罪的问题。

1. 犯罪既遂

犯罪既遂是犯罪的完成形态。何谓犯罪既遂？在学理和判例上一般有三种观点：一是结果说，主张犯罪既遂就是故意实施犯罪行为并且造成了法定的犯罪结果时所呈现的停止形态。二是目的说，主张犯罪既遂就是故意实施犯罪行为并且达到了行为人预期的犯罪目的时所呈现的停止形态。三是构成要件说，主张犯罪既遂就是故意实施的犯罪行为具备了特定犯罪构成的全部要件所呈现的停止形态。

根据构成要件说，只要犯罪实行行为完全具备犯罪构成要件，即便没有发生具体的犯罪结果或者没有实现行为人预期的犯罪目的，也构成犯罪既遂。例如，破坏交通工具罪以行为人破坏火车、汽车、电车、船只、航空器，足以使这些交通工具发生倾覆、毁坏的危险，为犯罪构成的基本要件。只要行为人实施了足以使这些交通工具发生倾覆、毁坏的现实危险的破坏行为，即便没有实际发生交通工具倾覆、毁坏的实际结果，仍然应当以破坏交通工具罪的既遂论处。

根据我国刑法分则对各种直接故意犯罪构成要件的规定，犯罪既遂的形态主要有以下四种：

（1）结果犯。结果犯的犯罪既遂，不仅要求行为人实施完毕刑法分则规定的特定犯罪行为，而且要求犯罪行为实际造成法定的危害结果。所谓法定的危害结果，具体是指刑法分则明文规定的犯罪行为对犯罪对象造成物质性、有形的、可以具体测量确定的损害结果。如故意杀人罪、故意伤害罪、抢劫罪、盗窃罪、诈骗罪、抢夺罪等犯罪，均为结果犯。

（2）危险犯。危险犯的犯罪既遂，不仅要求行为人实施完毕刑法分则规定的特定犯罪行为，而且要求犯罪行为足以造成某种危害社会的结果发生的危险状态，但不要求犯罪行为实际发生某种危害结果。一般认为，我国刑法分则第114条和第115条规定的放火罪、爆炸罪、投毒罪、决水罪、以危险方法危害公共安全罪以及第119条规定的破坏交通工具、破坏交通设施罪，均属于危险犯。

（3）行为犯。行为犯的犯罪既遂，要求行为人实施完毕法定的犯罪行为。只要行为人实施完毕法定的犯罪行为，即使犯罪行为没有实际造成危害结果发生，甚至没有导致危害结果发生的现实危险的，也构成犯罪既遂。一般说来，行为犯所要求的犯罪实行行为往往要经历一段时间过程，达到一定程度。完成这段时间过程并达到一定程度的，即为犯罪既遂。例如脱逃罪，如果脱逃行为达到了使行为人摆脱监管机关和监管人员的实际控制的状态和程度的，即为脱逃罪的既遂。

（4）举动犯。举动犯的犯罪既遂，不要求犯罪行为发生实际的危害结果或者造成危害结果发生的实际危险，甚至也不要求犯罪实行行为实施完毕，只要行为人一着手犯罪行为，犯罪即告完成并完全符合犯罪构成。我国刑法规定的典型的举动犯有组织、领导、参加恐怖组织罪，组织、领导、参加黑社会性质组织罪，传授犯罪方法罪等。由举动犯行为人一着手实行犯罪就构成既遂的特点所决定，举动犯不存在犯罪未遂形态。

2. 犯罪预备

犯罪预备，是指行为人已经实施了犯罪的预备行为，由于行为人意志以外的原因而未能着手实行犯罪的犯罪停止状态。

犯罪预备主要有三个方面特征：

（1）行为人已经实施犯罪预备行为，即必须实施了我国刑法所规定的为了犯罪准备工具、制造条件的行为。包括准备犯罪工具、调查犯罪场所和被害人行踪、出发前往犯罪现场或者诱骗被害人赶赴犯罪现场、追踪被害人或者守候被害人到来、排除实施犯罪的障碍、拟定实施犯罪的计划以及其他犯罪预备行为等。

（2）犯罪预备行为必须在着手实行犯罪前停顿下来。所谓着手实行犯罪，是指开始实施特定犯罪构成要件客观方面的行为。如果已经进入着手实行犯罪阶段而由于行为人意志以外的原因停止下来的，则成立犯罪未遂。

（3）犯罪预备行为停顿在犯罪预备阶段必须是由于行为人意志以外的原因。所谓行为人意志以外的原因，是指不受行为人意志控制的足以制止行为人犯罪意图、迫使其不得不停止犯罪预备行为、不再继续实行犯罪的各种主客观因素。犯罪预备行为由于行为人意志以外的原因而被迫停止，是犯罪预备形态区别于犯罪预备阶段的犯罪中止的基本特征。

我国刑法规定，对于预备犯，可以比照既遂犯从轻、减轻处罚或者免除处罚。

3. 犯罪未遂

某甲与某乙因生意缘故，与某丙产生很大矛盾。随着冲突加剧，某甲与某乙商议，决定将某丙杀死以泄私愤。某日，某丙在下班途中，遭遇某甲与某乙的围攻。某甲抽出携带的砍刀将某丙砍翻在地，随后又在某丙身上连砍数刀。路过的某丁发现后，上前奋力阻止，某甲的砍刀被某丁夺走。某乙在某丙倒地后，也冲上去砍了一刀。但在某丙的哀求下，某乙不忍继续砍杀，便扔下砍刀逃离现场。后经鉴定，某丙被砍成重伤。

《刑法》第23条第1款规定："已经着手实行犯罪，由于犯罪分子意志以外的原因而未得逞的，是犯罪未遂。"根据这一规定，犯罪未遂，是指已经着手实行犯罪，由于行为人意志以外的原因而没有得逞所呈现的犯罪停止形态。

犯罪未遂具有下列特征：

（1）已经着手实行犯罪。所谓已经着手实行犯罪，是指行为人已经开始实施刑法分则规定的某种具体犯罪构成要件客观方面的行为，是否已经着手实行犯罪，是区分犯罪未遂和犯罪预备的基本标志。如在上述案件中，某甲与某乙不仅准备了犯罪工具——砍刀，而且还在某丙下班途中等待某丙，并对某丙实施了砍杀行为，已经对某丙人身造成了伤害。

（2）犯罪没有得逞。这是犯罪未遂的又一基本特征，也是区分犯罪未遂和犯罪既遂的重要标志。所谓犯罪没有得逞，是指犯罪行为没有完全符合刑法分则规定的特定犯罪构成全部要件，在结果犯、危险犯和行为犯这三类存在犯罪既遂和犯罪未遂界限的犯罪中，犯罪没有得逞的具体判断标准有其不同的要求。在结果犯中，法定危害结果的出现是犯罪既遂的基本标志。在危险犯中，法定的危险状态的形成是犯罪既遂的基本标志。在行为犯中，法定的犯罪行为的完成是犯罪既遂的基本标志。

（3）犯罪没有得逞是由于犯罪分子意志以外的原因，这是犯罪未遂的又一重要特征，是犯罪未遂区别于犯罪中止的基本标志。所谓意志以外的原因，从性质上讲，是指违背犯罪分子主观愿望和意志的主客观原因。上述案件中，某甲将某丙砍翻在地后，某丙已经无力反抗。但由于某丁的奋力阻止，某甲的凶器被某丁夺走，某甲无法实现杀死某丙的危害结果。这是出于某甲主观意志以外的结果。因此，某甲的行为是犯罪未遂。但是，出于犯罪分子本人的意愿而主动停止犯罪的，不能认为是犯罪未遂。如强奸犯罪中，犯罪分子在拦路强奸的过程中因良心发现或者害怕受惩罚而在能够顺利实施强奸行为的情况下放弃强奸的，则不能认为是强奸未遂，而应当认为是强奸中止。根据司法实践，犯罪分子意志以外的原因包括以下三个方面的原因：①行为人以外的客观原因，如遭遇被害人的强烈反抗、遭遇第三人的制止、被害人的有效逃避、自然力的破坏、犯罪的时间地点不适于犯罪、遇到难以克服的物质障碍等。②行为人自身的客观原因，如行为人的智能低下、犯罪技术拙劣、犯罪时突发疾病，使犯罪难以继续。③行为人主观认识错误，如对犯罪对象的认识错误、对犯罪工具的认识错误、对犯罪因果关系的认识错误、对犯罪时周围环境的认识错误等。

4. 犯罪中止

我国《刑法》第 24 条第 1 款规定："在犯罪过程中，自动放弃犯罪或者自动有效地防止犯罪结果发生的，是犯罪中止。"根据这一规定，犯罪中止，是指在犯罪过程中，行为人自动放弃犯罪或者自动有效地防止犯罪结果发生，因而未完成犯罪的一种犯罪停止形态。犯罪中止包括自动放弃犯罪的犯罪中止和自动有效地防止犯罪结果发生的犯罪中止两种。

自动放弃犯罪的犯罪中止，是指行为人在犯罪实行过程中，自动放弃实施或者继续犯罪，因而使犯罪未完成的犯罪停止形态。自动放弃犯罪的犯罪中止具有下列特征：

（1）必须是在犯罪预备或者犯罪实行过程中放弃犯罪，这是成立犯罪中止的前提条件，如果犯罪行为已经完成并达到既遂状态，则不能成立犯罪中止。因此，一般认为，犯罪既遂以后自动返还原物或者自动赔偿损失的行为，如盗窃犯在盗窃他人财物后又将窃取的财物归还原主，或者贪污犯贪污公款后又秘密退还公款的，都不能成立犯罪中止，而只能以犯罪既遂论处。其自动返还赃物的行为只能在量刑时作为酌定情节予以考虑。

（2）必须是自动放弃犯罪，这是犯罪中止的实质性条件，首先，必须要求行为人自认为能够继续实施。其次，认定行为人自动放弃犯罪，还必须要求确实是出于行为人本人的意志而自动放弃犯罪，而不是出于行为人意志以外的主客观原因而被迫停止犯罪。

（3）必须是彻底放弃犯罪。所谓彻底放弃犯罪，是指行为人彻底打消了继续并完成犯罪的念头，彻底放弃实施自认为可以继续实施并完成的犯罪行为。

因此，在上述案件中，虽然某甲与某乙的行为，都构成了故意杀人罪，但对于二人的处罚是不一样的。某甲犯罪行为的停止是由于自身意志以外的原因，属于犯罪未遂；某乙则基于自己的意志主动放弃犯罪，属于犯罪中止。

自动有效地防止犯罪结果发生的犯罪中止，是指行为人实施完毕犯罪以后，犯罪结果出现之前，自动采取措施有效地避免犯罪结果发生，因而使犯罪未完成的犯罪停止形态。

关于犯罪中止的处罚原则，各国有无罪说、不罚说和折中说之分，目前各国立法例多采取对中止犯减轻或者免除处罚的做法。

我国《刑法》第24条第2款规定："对于中止犯，没有造成损害的，应当免除处罚；造成损害的，应当减轻处罚。"根据这一规定，对于中止犯，只要其犯罪行为没有实际造成损害结果，则定其罪而免其刑。如果其犯罪行为造成了一定损害结果的，则应当减轻处罚。这体现了我国刑法对犯罪中止行为的肯定和鼓励。

（二）共同犯罪

1. 共同犯罪的概述

依照我国《刑法》第 25 条第 1 款的规定，共同犯罪是指二人以上共同故意犯罪，此定义突出了共同故意对于构成共同犯罪的作用，是我国刑法中主客观相统一原则的具体体现。共同犯罪是相对于单独犯罪而言的，两人以上共同故意实施犯罪行为的即为共犯。

2. 共同犯罪的构成特征

构成共同犯罪，必须具备如下要件：

（1）主体要件。

共同犯罪的主体必须是二人以上，具体来讲，可以分为下列三种情形：

①两个以上的自然人构成的共同犯罪。这种自然人共同犯罪，要求各犯罪人都必须达到刑事责任年龄，具有刑事责任能力。

②两个以上的单位构成的共同犯罪，即刑法理论中所谓的单位共同犯罪。

③有责任能力的自然人与单位构成的共同犯罪，这在刑法理论中通常谓之自然人与单位共同犯罪。

（2）客观要件。

共同犯罪的客观要件，是指各犯罪人必须具有共同的犯罪行为。所谓共同犯罪行为，是指各犯罪人为追求同一危害社会结果，完成同一犯罪而实施的相互关系、彼此配合的犯罪行为。在发生危害结果时，其行为均与结果之间存在因果关系。这种共同行为就其表现形式而言，可以分为三种情形：

①共同作为、共同不作为、作为与不作为的结合。共同作为，即各共同犯罪人均实施了法律所禁止的行为而构成共同犯罪，比如甲、乙二人共同将丙杀死。共同不作为，即各共同犯罪

人均未履行应当履行的义务而构成的共同犯罪，比如儿子、儿媳共同遗弃年迈无独立生活能力的父母。作为与不作为的结合，即共同犯罪人中有人系作为行为，有人系不作为行为，例如：铁道养护工甲与乙事先合谋破坏铁路设施，在乙实施破坏作为时，甲佯装熟睡，不履行其职责。

②共同直接实施犯罪。在这种场合中，共同犯罪人没有分工，均直接实施犯罪的实行行为。

③存在分工的共同犯罪行为。具体表现为有组织行为、教唆行为、实行行为和帮助行为。在这种场合中，各人的行为形成有机的整体。

（3）主观要件。

共同犯罪的主观要件，是指各共同犯罪人必须有共同的犯罪故意。所谓共同的犯罪故意，是指各共同犯罪人通过意思联络，认识到他们的共同犯罪行为会发生危害社会的结果，并决意参加共同犯罪，希望或放任这种结果发生的心理状态。其特征是：

①共同的认识因素，包括三个方面的要素：一是认识到不是自己一个人单独实施犯罪，而是与他人互相配合共同实施犯罪；二是不仅认识到自己的行为会产生某种危害结果，而且也认识到其他共同犯罪人的行为也会引起某种危害结果；三是各共同犯罪人都预见到共同犯罪行为与共同犯罪结果之间的因果关系。

②共同的意志因素。其中，共同希望危害结果的发生，是共同直接故意；共同放任危害结果的发生，是共同间接故意。在个别情况下也可能表现为有的基于希望，有的则是放任。

基于上述理解，下列几种情况均不能成立共同犯罪：①同时犯不是共同犯罪。所谓同时犯，是指没有共同实行犯罪的意思联络，而在同一时间针对同一目标实行同一犯罪。②同时实施犯罪而故意内容不同，不构成共同犯罪。③超出共同故意以外的犯罪，不构成共同犯罪，此种情况，在刑法理论上称作"实行犯过限"的行为。

3. 共同犯罪人的种类及其刑事责任

对共同犯罪人进行正确的分类，是确定共同犯罪人刑事责任的前提，因为我国刑法贯彻罪责自负原则，而不承认团体责任。关于共同犯罪人的分类问题，从国外立法例和司法实践看，基本存在两种方法：一是按共同犯罪人行为的性质和活动分工的特点来分类，二是根据犯罪分子在共同犯罪中所起的作用来分类。我国刑法采用折中分类法，即以共同犯罪人在共同犯罪中的地位和作用为主，并适当考虑共同犯罪人的分工情况，将共同犯罪人分为主犯、从犯、胁从犯和教唆犯。

（1）主犯及其刑事责任。

按照《刑法》第 26 条第 1 款的规定，主犯，是指组织、领导犯罪集团进行犯罪活动的或者在共同犯罪中起主要作用的犯罪分子。根据刑法的有关规定，主犯分为三种：一是在犯罪集团中起组织、策划、指挥作用的犯罪分子，也就是组织犯，是首要分子的一种。组织犯的犯罪活动包括建立、领导犯罪集团，制订犯罪活动计划等。二是在聚众犯罪中起组织、策划、指挥作用的犯罪分子，这也是首要分子的一种。聚众犯罪中的首要分子，是犯罪的组织、策划者和指挥者。三是其他在犯罪集团或一般共同犯罪中起主要作用的犯罪分子，既可以是实行犯，也可以是教唆犯。

根据刑法第 26 条第 3 款和第 4 款的规定，对组织、领导犯罪集团的首要分子，按照集团所犯的全部罪行处罚，对其他主犯，应当按照其所参与的或者组织、指挥的全部犯罪处罚。

（2）从犯及其刑事责任。

按照刑法第 27 条第 1 款的规定，从犯，是指在共同犯罪中起次要或者辅助作用的犯罪分子。从犯分为两种：一是在共同犯罪中起次要作用的从犯，即次要的实行犯。所谓次要的实行犯是相对于主要的实行犯而言的，是指虽然直接实行犯罪，但在整个犯罪活动中其作用居于次要地位的实行犯。二是在共同犯罪中起辅助作用的从犯，即帮助犯。它是指未直接实行犯罪，而在犯罪前后或者犯罪过程中给组织犯、实行犯、教唆犯以各种帮助的犯罪人。

根据刑法第 27 条第 2 款规定，对于从犯，应当从轻、减轻或者免除处罚。

（3）胁从犯及其刑事责任。

按照刑法第 28 条的规定，胁从犯是指被胁迫参与共同犯罪的犯罪分子，被胁迫参加犯罪，即在他人暴力威胁等精神强制下，被迫参加犯罪。在这种情况下，行为人没有完全丧失意志自由，因此仍应对其犯罪行为承担刑事责任。

按照刑法第 28 条的规定，对于胁从犯，应当按照他的犯罪情节减轻处罚或者免除处罚。

（4）教唆犯及其刑事责任。

按照刑法第 29 条第 1 款的规定，教唆犯，是指故意唆使他人犯罪的犯罪分子。具体地说，教唆犯是以劝说，利诱、授意、怂恿、收买、威胁以及其他方法，将自己的犯罪意图灌输给本来没有犯意或者虽有犯意但不坚定的人，使其决意实施自己所劝说、授意的犯罪，以达到犯罪目的的人。从教唆犯的概念可以看出，教唆犯的特点是：本人不亲自实行犯罪，而故意唆使他人产生犯罪意图并实行犯罪。成立教唆犯必须具备下列条件：一是客观上具有教唆他人犯罪的行为，即用各种方法，唆使他人去实行某一具体犯罪。教唆的对象是本无犯罪意图的人，或者虽有犯罪意图，但犯罪意志尚不坚决的人。教唆行为只能以作为方式构成。二是主观上具有教唆他人犯罪的故意，故意的内容包括认识到他人尚无犯罪决意，预见到自己的教唆行为将引起被教唆者产生犯罪决意，而希望或放任教唆行为所产生的结果。因此，教唆犯的主观方面，可以是直接故意，也可以是间接故意。

按照刑法第 29 条第 1 款的规定，对于教唆犯，应当按照他在共同犯罪中所起的作用处罚，这是对教唆犯处罚的一般原则。教唆不满 18 周岁的人犯罪的，应当从重处罚，这一规定是为了更好地维护青少年的合法权益。

按照刑法第 29 条第 2 款的规定，如果被教唆的人没有犯被教唆的罪，对于教唆犯，可以从轻或者减轻处罚，这种情况，在刑法理论上称为"教唆未遂"。

此外，教唆不满 14 周岁的人或者精神病患者犯罪的，对教唆者应当按单独犯论处。这种情况在刑法理论上称为"间接正犯"即间接实行犯。

第三节　刑罚体系

【案例】张、钱、林、朱窝藏案

某县法院在审理张、钱、林、朱四人窝藏一案时，依法作出以下判决：张某系抢劫主犯，判处有期徒刑 18 年，剥夺政治权利 4 年，并处没收个人全部财产；钱某亦为抢劫罪主犯，判处有期徒刑 12 年，剥夺政治权利 3 年，并处罚金 5 万元；林某系抢劫从犯，罪行较轻，且能够主动投案自首，故减轻判处有期徒刑 2 年；朱某明知张犯有抢劫罪，却为其提供隐匿处所，判处管制 1 年。

一、什么是刑罚体系

（一）刑罚体系的概念

所谓刑罚的体系，是指国家为充分发挥刑罚的功能、实现刑罚的目的，基于刑法明文规定而形成的，由一定刑罚种类按其轻重程度而组成的序列。

刑罚，是指刑法规定的，由人民法院依法对犯罪分子实行惩罚和制裁的制度。我国刑罚的特征主要体现在：刑罚是最严厉的法律制裁方法；刑罚必须由刑法明文规定；刑罚只能适用于犯罪分子；刑罚只能由人民法院依照法定程序适用；刑罚主要由法院、监狱和公安机关执行。

（二）我国刑罚的体系

根据刑法的规定，我国的刑罚方法区分为主刑与附加刑两大类，这种分类实际上是依各刑种能否独立适用而作出的划分。根据刑法典第 33 条之规定，我国刑法中主刑包括管制、拘役、有期徒刑、无期徒刑和死刑。我国刑法典第 34 条规定了罚金、剥夺政治权利与没收财产三种附加刑；第 35 条规定了适用于犯罪的外国人的驱逐出境刑，这是一种特殊的附加刑。

此外，在刑法理论中也可根据具体刑种的不同性质，将其分为生命刑、自由刑、财产刑和资格刑四种。生命刑，是剥夺犯罪人生命的刑罚方法，如死刑，是最重的一种刑罚。自由刑，是剥夺或限制犯罪人人身自由的刑罚方法，包括无期徒刑、有期徒刑、拘役、管制等，它是运用最广的一种刑罚。财产刑，是剥夺犯罪人财产的刑罚方法，包括罚金、没收财产。资格刑，是指剥夺犯罪人行使某些权利和资格的刑罚方法，如剥夺政治权利、驱逐出境等。

1. 主刑

所谓主刑，是指只能独立适用，不能附加适用的刑罚。一个罪只能适用一个主刑，不能同时适用两个以上的主刑。如前所述，我国刑法规定的主刑包括管制、拘役、有期徒刑、无期徒刑和死刑五种。

（1）管制。

管制，是指对犯罪人不予关押，但限制其一定自由，由公安机关执行的刑罚方法。

管制是我国特有的一种轻刑，它具有以下特点和内容：

①管制的对象。

刑法典对于管制的对象未作明确限制，只要刑法分则条文的法定刑中规定有管制的，人民法院根据案件的具体情况，认为属于犯罪尚不够判处有期徒刑或者其他主刑，以不予关押为宜的犯罪分子，都可以判处管制，限制其一定的人身自由。

②不予关押。

不予关押，即不剥夺犯罪人的人身自由。这体现了管制刑的开放性特征，有助于避免短期自由刑固有的弊端。

③限制犯罪人的一定自由。

这是管制区别于免予刑罚处罚之关键。根据刑法典第 39 条之规定，限制自由的内容是：遵守法律、行政法规，服从监督；未经执行机关批准，不得行使言论、出版、集会、结社、游行、示威自由的权利；按照执行机关规定报告自己的活动情况；遵守执行机关关于会客的规定；离开所居住的市、县或者迁居，应当报经执行机关批准。但是，对犯罪人的劳动报酬不得进行限制，即对于被判处管制的犯罪分子，在劳动中应当同工同酬。

④具有一定期限。

管制有一定的期限，不得对犯罪人进行无限期的管制。根据刑法典第 38 条、第 69 条、第 41 条之规定，管制的期限为 3 个月以上 2 年以下，数罪并罚时不得超过 3 年。管制的刑期，从判决执行之日起计算；判决执行以前先行羁押的，羁押 1 日折抵刑期 2 日。依据第 40 条之规定，管制期满，执行机关应即向本人和其所在单位或者居住地的群众宣布解除管制。

⑤由公安机关执行和群众监督改造。

管制的执行机关只能是公安机关。但由于管制是一种开放性的刑罚方法，故也离不开群众的监督。事实上，刑法典第 39 条所规定的"服从监督",即服从群众的监督。这充分体现出管制是我国专门机关与群众相结合的司法路线实践经验的创造性产物。

（2）拘役。

拘役，是短期剥夺犯罪人自由，就近关押并实行教育劳动改造的刑罚方法。拘役作为介于管制和有期徒刑之间的轻刑，在我国刑法中适用相当广泛。刑法分则356个条文中，有263个条文规定了拘役，占75.2%。

拘役具有如下特点和内容：

①拘役适用的对象。

拘役主要适用于那些罪行较轻，但又必须短期剥夺其人身自由进行劳动改造的犯罪人。

②拘役是剥夺自由的刑罚方法。

这是拘役与管制区别之关键。拘役对犯罪人人身自由予以短期剥夺，实行关押，并对有劳动能力的，实行强制劳动改造，故其属于短期自由刑，具有一定程度的惩罚性。

③拘役刑期较短，幅度窄。

根据刑法典第42条、第64条之规定，拘役的期限为1个月以上6个月以下，数罪并罚时不得超过1年。依据刑法典第44条之规定，拘役的刑期，从判决执行之日起计算；判决执行以前先行羁押的，羁押1日折抵刑期1日。

④拘役的执行。

刑法典第43条第1款规定："被判处拘役的犯罪分子，由公安机关就近执行"。这表明公安机关是拘役刑的执行机关，具体而言是指县级公安部门。此处所谓"就近执行"，是指公安机关对于人民法院判处拘役的犯罪分子，有条件建立拘役所的，放在拘役所执行；没有条件的可放在就近的监狱或劳改队执行；远离监狱和劳动队的，可以放在就近的看守所内执行；但在监狱、劳动队或看守所执行的，要实行分管分押，以防交叉感染。

刑法典第 43 条第 2 款规定："在执行期间，被判处拘役的犯罪分子每月可以回家一天至两天；参加劳动的，可以酌量发给报酬"。被判处拘役的犯罪分子，如离家路途较远的，可以累积使用假期。此处所谓"酌量发给报酬"，既不是不发给报酬，也不是同工同酬，而是根据犯罪人参加生产劳动的表现、技术水平和生产收入情况等，发给适当的报酬。

（3）有期徒刑。

有期徒刑，是指剥夺犯罪人一定期限的人身自由，并强制进行劳动和教育改造的刑罚方法。

有期徒刑具有如下特点和内容：

①适用对象广泛。

有期徒刑属于有期自由刑，刑罚幅度变化大，它是我国适用最广泛的刑罚方法，从较轻犯罪到较重犯罪，都可以由有期徒刑给予较合适的惩罚。我国刑法分则凡规定法定刑的条文，都规定了有期徒刑。

②剥夺罪犯自由。

这是有期徒刑的根本特征。被判处有期徒刑的罪犯将被拘押于特定刑事设施之中，包括监狱、劳动改造管教队、少年犯管教所、看守所等。

③具有一定期限。

根据刑法典第 45 条、第 56 条及第 69 条的规定，有期徒刑的期限为 6 个月以上 15 年以下；死缓减为有期徒刑时为 15 年以上 20 年以下；数罪并罚时不得超过 20 年；刑期从判决执行之日起开始计算；判决执行以前先行羁押的，羁押 1 日折抵刑期 1 日。由于有期徒刑的刑期幅度很大，所以，刑法分则在法定刑中对有期徒刑的刑度作了进一步的规定。这些关于有期徒刑的刑度规定，具体表现为以下 15 种情况：1 年以下、2 年以下、3 年以下、5年以下、1年以上7年以下、2年以上5年以下、2年以上7年以下、3年以上7年以下、3年以上10年以下、5年以上10年以下、7年以上10年以下、5年以上、7年以上、10年以上和15年。

④进行劳动改造。

我国刑法典第46条规定，被判处有期徒刑的犯罪分子，"凡有劳动能力的，都应当参加劳动，接受教育改造"。此处劳动改造是强制性的，除丧失劳动能力的以外，都必须参加劳动。从这一意义上讲，我国刑法中的有期徒刑不同于某些西方国家刑法中单纯剥夺犯罪人人身自由的监禁刑。

（4）无期徒刑。

无期徒刑，是剥夺犯罪人终身自由，实行强迫劳动和教育改造的刑罚方法。

无期徒刑具有如下特点和内容：

①剥夺犯罪人终身自由。

无期徒刑没有刑期限制，需要剥夺犯罪分子终身人身自由，因而它是自由刑中最为严厉的刑罚方法。作为一种严厉性仅次于死刑的刑罚，无期徒刑只适用于严重的犯罪。我国1997年刑法典对无期徒刑的规定一般有三种形式：一是把无期徒刑与有期徒刑以及其他刑种作为选择性刑种规定在一个条文中，把无期徒刑规定为法定最高刑；二是把无期徒刑与死刑规定在一个条文里，作为选择性刑种；三是把死刑作为最高刑，将无期徒刑和处10年以上有期徒刑规定在一个条文中，作为量刑的选择性刑种。当然，需要指出的是，尽管从法律规定与理论上说，无期徒刑是剥夺终身自由，但由于法律同时规定了减刑、假释、赦免等制度，故而事实上被判处无期徒刑的犯罪人很少有终身服刑的。

②实行劳动改造。

根据刑法典第46条之规定，被判处无期徒刑的犯罪人，在监狱或其他执行场所执行；凡具有劳动能力的，应参加劳动，接受教育改造。刑法规定对判处无期徒刑的犯罪人可以减刑、假释，也在于促使犯罪人积极改造。因此，无期徒刑不同于某些国家刑法中的终身监禁。

③不可能孤立地适用。

根据刑法典第 57 条之规定，被判处无期徒刑的犯罪分子，应当附加剥夺政治权利终身。这就意味着无期徒刑不可能被孤立地适用。这也从另一个方面体现了无期徒刑的严厉性。

（5）死刑。

死刑，是剥夺犯罪人生命的刑罚方法。它是一种最古老的刑罚，也是人类阶级社会刑罚史上最重要的刑种。由于死刑的内容是剥夺犯罪人的生命，故又被称为生命刑；由于死刑是刑罚体系中最严厉的刑罚方法，故被称为极刑。

自从贝卡利亚提出废除死刑的主张以来，对于死刑的评价已经争论了 200 多年。人们大多是围绕人的生命价值，死刑是否具有威慑力，是否违宪，是否有利于贯彻罪刑相适应原则，是否会助长人们的残忍心理，是否符合刑罚目的，是否符合历史发展趋势等方面来评价死刑。纷争的结果便是形成针锋相对的两种观点：一是死刑保留论，二是死刑废止论。

保留死刑是我国一贯的死刑政策。这实际是由我国尚处于社会主义初级阶段这一基本国情所决定的。当然，保留死刑绝不意味着可以多杀、错杀。坚持少杀、防止错杀同样既是我们国家一贯的死刑政策，也是人们的共识。

正是基于上述立场，我国 1997 年刑法典从立法与司法两方面严格限制死刑的适用。这主要表现在如下方面：

①死刑适用范围的限制。

刑法典第 48 条规定："死刑只适用于罪行极其严重的犯罪分子"，这实际上是规定了严格的死刑适用条件。"只适用于"从表述上就体现了限制死刑的精神。

"罪行极其严重",指罪行对国家和人民利益的危害特别严重,手段极其残忍,情节特别恶劣,同时行为人具有极其严重的人身危险性,主观恶性特别巨大。审判机关在根据刑法分则的具体规定适用死刑时,应该遵循此一标准,并符合适用死刑的总体情节的要求。

②死刑适用对象的限制。

刑法典第49条规定:"犯罪的时候不满18周岁的人和审判的时候怀孕的妇女不适用死刑",这为死刑的适用对象作出了限制。也就是说,对于犯罪的时候不满18周岁和审判的时候怀孕的妇女,即使其属于罪行极其严重的犯罪分子,也不能适用死刑。此处所谓"犯罪的时候",是指犯罪人实施犯罪行为的时候。所谓不适用死刑,是指不能判处死刑,而不能理解为可以判处死刑,但暂时不执行,待犯罪分子年满18周岁或怀孕妇女分娩后再执行死刑。

另外,"不适用死刑"既包括不能判处死刑立即执行,也包括不能判处死刑缓期2年执行。所谓"审判的时候怀孕的妇女",是指在人民法院审判的时候,被告人是怀孕的妇女。对于怀孕的妇女,无论是羁押期间还是受审期间,都不应当为了要判处死刑而给其进行人工流产;已经人工流产甚至自然流产的,仍应视为审判时怀孕的妇女,不能适用死刑。

③死刑核准程序的限制。

我国1997年刑法典第48条规定:"死刑除依法由最高人民法院判决的以外,都应当报请最高人民法院核准。死刑缓期执行的,可以由高级人民法院判决或者核准"。这是我国刑法中关于死刑核准程序的规定。死刑核准程序是在一般的一审、二审程序之外,对死刑案件予以审核批准的特别监督程序。这一程序的建立,有利于保证死刑判决的质量,客观上也限制了死刑适用的数量。但需要指出的是，1997 年 4 月最高人民法院又依据《中华人民共和国人民法院组织法》，以通知的形式重申将部分案件的死刑核准权下放给高级人民法院。

④死刑执行制度上的限制。

刑法典第 48 条规定："对于应当判处死刑的犯罪分子，如果不是必须立即执行的，可以判处死刑同时宣告缓期二年执行。"这就是我国刑法中的死刑缓期执行制度。死缓制度对于应当判处死刑的犯罪人，又在是否实际执行的环节上留了一线生机，只要不是必须立即执行的，均可适用死刑缓期执行的规定。根据上述规定，适用死刑缓期执行必须具备两个条件：一是"罪该处死"，即必须是罪行极其严重；二是"不是必须立即执行"。这是适用死缓的基本条件。所谓"不是必须立即执行"刑法未作明确规定，但根据司法实践，通常是指犯罪后自首、立功或有其他法定从轻情节的；在共同犯罪中罪行不是最严重的；因被害人的过错导致被告人激愤犯罪或者有其他表明容易改造的情节的；有令人怜悯的情节的；有其他应当留有余地的情况。由于死缓不是独立刑种，只是死刑的一种执行方法，故判处死缓会出现不同结局。

根据刑法典第 50 条之规定，对于死缓犯，有三种处理结局：其一，在死刑缓期执行期间，没有故意犯罪的，二年期满以后，减为无期徒刑；其二，在死刑缓期执行期间，有重大立功表现的，二年期满以后，减为十五年以上二十年以下有期徒刑；其三，在死刑缓期执行期间，故意犯罪的，由最高人民法院核准，执行死刑。

刑法典第 51 条规定："死刑缓期执行的期间，从判决确定之日起计算。死刑缓期执行减为有期徒刑的刑期，从死刑缓期执行期满之日起计算。"换言之，死缓判决确定之前的羁押时间不计算在缓期二年的期限之内，缓期二年届满后至裁定减为有期徒刑之前的关押日数，则应计算在减刑之后的有期徒刑的刑期之内。

2. 附加刑

附加刑，是指既可独立适用，又可附加于主刑适用的刑罚。根据刑法典第 34 条、第 35 条之规定，我国刑法中有罚金、剥夺政治权利、没收财产与驱逐出境四种附加刑。

（1）罚金。

罚金，是人民法院判处犯罪人向国家缴纳一定数额金钱的刑罚方法。罚金属于财产刑的一种，它在处罚性质、适用对象、适用程序、适用主体、适用依据等方面与行政罚款、赔偿损失等处罚措施有着严格的区别。

罚金刑的适用对象主要是经济犯罪和贪利性犯罪。此外，在刑法明确规定对犯罪单位施以双罚制时，对单位一律使用罚金刑。

刑法分则对于罚金刑的规定有四种方式：一是选处罚金，即将罚金规定为选择法定刑，只能单独适用，不能附加适用。二是单处罚金，即罚金只能单独判处，此一情况只适用于犯罪的单位。三是并处罚金，即罚金只能附加适用不能单独适用。四是并处或者单处罚金，即罚金既可以附加适用，也可以独立适用。

刑法典第 52 条规定："判处罚金，应当根据犯罪情节决定罚金数额。"所谓犯罪情节，是指犯罪人在实施犯罪过程中所存在和呈现出来的，决定其主观恶性大小和社会危害程度的主客观因素，包括犯罪的动机、目的、手段、时间、地点、违法所得数额、销售金额等。刑法分则对于罚金数额的规定，则分为三种情况：一是无限额罚金制，即没有规定罚金的具体数额，完全由法官依据犯罪情节予以判处。二是普通罚金制，也称限额罚金制，即规定了相对确定的罚金数额，法官只能在数额幅度之内依据犯罪情节决定应当判处的数额。三是倍比罚金制，即以违法所得或犯罪涉及的数额为基数，然后以其一定的倍数或比例来确定罚金数额。

根据刑法典第53条的规定，在我国，罚金有以下五种执行方式：①一次缴纳，即要求犯罪人在判决指定的期限内一次性缴纳完所判罚金的数额。②分期缴纳，即要求犯罪人在判决确定的期限以内分期缴纳所判罚金的方式。③强制缴纳，指在判决确定的期限届满以后，犯罪人未缴纳或未全部缴纳的，由人民法院强制其缴纳的方法。④随时追缴，指对于不能全部缴纳罚金的犯罪人，人民法院在任何时候发现其有可以执行的财产的，应随时予以追缴的方法。⑤减免缴纳，即如果由于遭遇不能抗拒的灾祸使犯罪人缴纳确实有困难的，可以酌情减少或免除其缴纳数额的方法。

（2）剥夺政治权利。

剥夺政治权利，是指依法剥夺犯罪人一定期限参加管理国家和政治活动的权利的刑罚方法。

根据刑法典第56条、第57条之规定，剥夺政治权利一般附加适用于以下三类犯罪分子：①危害国家安全的犯罪分子，应当附加剥夺政治权利。所谓应当，就是必须一律附加，而不是可以附加，也可以不附加。②严重破坏社会秩序的犯罪分子，可以附加剥夺政治权利。所谓"严重破坏社会秩序的犯罪分子"，是指实施故意杀人、强奸、放火、爆炸、投毒、抢劫等犯罪的犯罪分子。所谓"可以"，是指根据犯罪的情节、危害结果等情况综合予以考虑，可以附加，也可以不附加。③对于被判处死刑、无期徒刑的犯罪分子，应当剥夺政治权利终身。

至于独立适用剥夺政治权利的犯罪，则应以刑法分则的明确规定为依据。我国刑法典分则中，可以单独判处剥夺政治权利的条文共22条，主要涉及危害国家安全罪、侵犯公民人身权利民主权利罪、妨害社会管理秩序罪和危害国防利益罪四类。

根据刑法典第54条之规定，剥夺政治权利是剥夺如下权利：①选举权和被选举权；②言论、出版、集会、结社、游行、示威自由的权利；③担任国家机关职务的权利；④担任国有公司、企业、事业单位和人民团体领导职务的权利。

根据我国刑法的规定，剥夺政治权利的期限有以下四种情况：①对于判处死刑、无期徒刑的犯罪分子，应当附加剥夺政治权利终身。②对于死刑缓期执行减为有期徒刑的，或者无期徒刑减为有期徒刑的，应当把附加剥夺政治权利的期限改为 3 年以上 10 年以下。③独立适用剥夺政治权利或者判处有期徒刑、拘役而附加剥夺政治权利的，其期限为 1 年以上 5 年以下。④判处管制附加剥夺政治权利的，其期限与管制的期限相等，同时执行。

剥夺政治权利的刑期起算与执行分为以下几种情况：①独立适用的，按执行判决的一般原则，从判决执行之日起计算、执行。②被判管制附加剥夺政治权利的，刑期与管制的刑期同时起算，同时执行。③被判有期徒刑、拘役附加剥夺政治权利的，以及死缓、无期徒刑减为有期徒刑附加剥夺政治权利的，其刑期从徒刑、拘役执行完毕之日起，或从假释之日起开始计算；剥夺政治权利的效力当然施用于主刑执行期间。④判处死刑、无期徒刑而剥夺政治权利终身的，从主刑执行之日起开始执行。

剥夺政治权利由公安机关执行。根据刑法典第 58 条第 2 款的规定，被剥夺政治权利的犯罪分子在执行期间，应当遵守法律、行政法规和国务院公安部门有关监督管理的规定，服从监督，不得行使刑法典第 54 条规定的各项权利。

（3）没收财产。

没收财产，是将犯罪分子个人所有财产的部分或全部强制无偿地收归国有的一种刑罚方法。

没收财产主要适用于危害国家安全罪、破坏社会主义市场经济秩序罪、侵犯财产罪以及贪污贿赂罪。

根据我国刑法分则的规定，没收财产主要有以下三种适用方式：①并处没收财产，即应当附加适用没收财产。②可以并处没收财产，即在量刑时，既可以对犯罪人附加适用，也可以不附加适用。③并处罚金或者没收财产，即对罚金或者没收财产必须择一判处，且只能附加适用。

我国刑法典第 59 条规定："没收财产是没收犯罪分子个人所有财产的一部或者全部，没收全部财产的，应当对犯罪分子个人及其扶养的家属保留必需的生活费用。在判处没收财产的时候，不得没收属于犯罪分子家属所有或者应有的财产。"据此规定，对犯罪分子个人所有的财产，可以没收一部分，也可以没收全部；至于具体没收多少，要由人民法院根据犯罪分子罪行的轻重和案件的具体情况来决定。但不能没收属于犯罪分子家属所有或者应有的财产。所谓"属于犯罪分子家属所有的财产"，是指所有权明确属于犯罪分子家属本人的那一部分财产，或者犯罪分子家属用本人劳动所得购买的归本人使用的生活用品等。所谓"属于犯罪分子家属应有的财产"，是指家庭共同所有财产中，应当归家属所有的那部分财产。

没收财产的判决由人民法院执行；在必要时，可以会同公安机关执行。没收财产以前犯罪分子所负正当债务，需要以没收的财产偿还的，经债权人请求，应予偿还。

（4）驱逐出境。

驱逐出境的适用对象仅为犯罪的外国人，是强迫犯罪的外国人离开中国国境或边境的刑罚方法。

二、刑罚的裁量

（一）量刑

刑罚裁量，简称量刑，是指审判机关在查明犯罪事实、认定犯罪性质的基础上，依法对犯罪分子裁量刑罚的刑事审判活动。在量刑时，应坚持以犯罪事实为根据和以刑事法律为准绳的量刑原则。

人民法院依法量刑时，应考虑量刑情节，即在某种行为已经构成犯罪的前提下，人民法院对犯罪分子裁量刑罚时应当考虑的，据以决定量刑轻重或者免除刑罚处罚的各种情况。量刑情节主要包括法定情节与酌定情节。

法定情节主要是指刑法明文规定的、在量刑时应当予以考虑的情节，主要包括从轻、减轻、免除、从重情节。酌定情节主要是指刑法没有明文规定，人民法院在司法实践中灵活掌握、酌情适用的情节。

（二）累犯

所谓累犯，是指被判处一定刑罚的犯罪人，在刑罚执行完毕或者赦免以后，在法定期限内又犯一定之罪的情况。对累犯应当从重处罚，但是过失犯罪和不满 18 周岁的人犯罪的除外。累犯不得适用缓刑和假释。累犯又分为一般累犯与特殊累犯。

1. 一般累犯

王顺犯盗窃罪被判处有期徒刑，刑罚执行完毕后第 4 年又犯了强奸罪。

李三犯故意伤害罪被判有期徒刑 10 年，执行 6 年后获得假释，假释第 2 年又犯了诈骗罪。

张五犯非法拘禁罪被判有期徒刑，刑罚执行完毕后第 2 年又犯了抢劫罪。

刑法典第 65 条第 1 款规定："被判处有期徒刑以上刑罚的犯罪分子，刑罚执行完毕或者赦免以后，在五年以内再犯应当判处有期徒刑以上刑罚之罪的，是累犯，应当从重处罚，但是过失犯罪除外。"这就是关于一般累犯的规定。据此，所谓一般累犯，是指因犯罪被判处有期徒刑以上刑罚，刑罚执行完毕或者赦免以后，在五年以内再犯应当判处有期徒刑以上刑罚之罪的犯罪分子。其成立条件如下：

（1）前罪与后罪都必须是故意犯罪。这是构成累犯的主观条件。

（2）前罪被判处有期徒刑以上刑罚，后罪应当判处有期徒刑以上刑罚。这是构成累犯的刑度条件。

（3）后罪发生的时间，必须在前罪所判处的刑罚执行完毕或者赦免后的 5 年之内。这是构成累犯的时间条件。

2. 特殊累犯

所谓特殊累犯，是指因犯特定之罪而受过刑罚处罚，在刑罚执行完毕或者赦免以后，又犯该特定之罪的犯罪分子。刑法典第 66 条规定："危害国家安全的犯罪分子在刑罚执行完毕或者赦免以后，在任何时候再犯危害国家安全罪的，都以累犯论处。"这是关于危害国家安全累犯的规定。它具有如下构成条件：

（1）前罪与后罪都必须是特定之罪即危害国家安全罪。这是构成特殊累犯的实质条件。

（2）前罪被判处的刑罚和后罪应当判处的刑罚的种类及其轻重不受限制。即使前后两罪或者其中之一被判处或者应当判处拘役、管制或者单处附加刑，也不影响特殊累犯的成立。

（3）前罪的刑罚执行完毕或者赦免以后，任何时间再犯危害国家安全罪或毒品犯罪的，都构成相应的特殊累犯。换句话说，构成特殊累犯不受前后两罪相距时间长短的限制。

（三）自首与立功

1. 自首

根据我国刑法典第 67 条的规定，所谓自首，是指犯罪分子在犯罪以后自动投案，如实供述自己的罪行的行为，或者被采取强制措施的犯罪嫌疑人、被告人和正在服刑的罪犯，如实供述司法机关尚未掌握的本人其他罪行的行为。据此，自首可以分为两种，即一般自首和特别自首。一般自首，是指犯罪分子犯罪以后自动投案，如实供述自己罪行的行为。特别自首，又称准自首、余罪自首或余首，是指被采取强制措施的犯罪嫌疑人、被告人和正在服刑的罪犯，如实供述司法机关尚未掌握的本人其他罪行的行为。

一般自首具有如下构成条件：

①自动投案。所谓自动投案，一般是指犯罪未被发觉，或者虽被发觉但尚未被司法机关查获或被群众扭送，犯罪人主动将自己置于司法机关的合法控制下，接受司法机关的审查与裁判的行为。

②如实供述自己的罪行。

第一，投案人供述的必须是犯罪事实。在司法实践中，鉴于犯罪人因作案时间、地点、环境的特殊或因生理、心理上的原因，往往难以当即做出全面供述或准确供述，故只要求其能供述主要犯罪事实即可。如果犯罪人只供述自己的次要的犯罪事实而回避主要犯罪事实，则不能视为自首。

第二，投案人所供述的必须是自己的犯罪事实，即由自己实施，并由自己承担刑事责任的罪行。当然，这里既可以是投案人个人单独实施，也可以是与他人共同实施，既可以是一罪，也可以是数罪。

第三，投案人所供述的犯罪必须如实。所谓如实，是指犯罪嫌疑人所首事实与所为事实相一致。

第四，投案人供述犯罪事实必须主动。所谓主动，是指犯罪人出于自愿，积极供述自己的犯罪事实。其主动性体现其主观恶性的减弱。

上述自动投案和主动如实供述自己的罪行，是成立自首的必不可少的条件。二者相辅相成，密不可分。

特别自首具有如下构成条件：

①适用于特定对象，即被采取强制措施的犯罪嫌疑人、被告人和正在服刑的罪犯。

②如实供述自己的其他罪行，即如实供述的罪行是犯罪人被采取强制措施或者服刑所依据的犯罪事实以外的其他罪行。

③所供述的必须是司法机关尚未掌握的罪行。这是由余罪自首的案犯已经因某罪归案待审或正在服刑的特殊情况所决定的。

我国刑法典第 67 条第 1 款后段规定："对于自首的犯罪分子，可以从轻或者减轻处罚；其中，犯罪较轻的，可以免除处罚。"可见，自首只是可以从轻的情节。对于某些情节特别恶劣，罪行特别严重的犯罪，也可以不予从宽。

不过，按照《刑法修正案（八）》新增"坦白"制度的规定，犯罪嫌疑人虽不具有自首情节，但是如实供述自己罪行的，可以从轻处罚；因其如实供述自己罪行，避免特别严重后果发生的，可以减轻处罚。

此外，根据刑法第 68 条第 2 款之规定，犯罪后自首又有重大立功表现的，应当减轻处罚或者免除处罚。

2. 立功

立功，是指犯罪分子有揭发他人犯罪的行为，经查证属实，或者提供重要线索，从而得以侦破其他案件的行为。

对属于法定从轻量刑情节之一的立功行为，可以对犯罪分子从轻或者减轻处罚；有重大立功表现的，可以减轻或者免除处罚；犯罪后自首又有重大立功表现的，应当减轻或者免除处罚。但是，对属于自首或者坦白范围内的行为，不能认定为立功。

（四）数罪并罚

数罪并罚，是一种刑罚裁量制度，是对一行为人所犯数罪合并处罚的制度。

我国刑法中的数罪并罚，是指人民法院对一行为人在法定期限内所犯数罪分别定罪量刑后，按照法定的并罚原则及刑期计算方法，决定其应执行的刑罚的制度。

具体而言，判决生效前又犯罪的一律按数罪并罚。判决宣告以前一人犯数罪的，除判处死刑和无期徒刑的以外，应当在总和刑期以下、数刑中最高刑期以上，酌情决定执行的刑期。但是管制最高不能超过 3 年，拘役最高不能超过 1 年。有期徒刑总和刑期不满 35 年的，最高不能超过 20 年；总和刑期在 35 年以上的，最高不能超过 25 年。数罪中有判处附加刑的，附加刑仍须执行。其中附加刑种类相同的，合并执行；种类不同的，分别执行。

在判决生效后、刑罚执行完毕前，需要适用数罪并罚的，主要遵循以下两种方法：一是先并后减。判决宣告以后，刑罚执行完毕以前，发现被判刑的犯罪分子在判决宣告以前还有其他罪没有判决的，应当对新发现的罪作出判决，把前后两个判决所判处的刑罚，依照前述数罪并罚的规定，决定执行的刑罚。已经执行的刑期，应当计算在新判决决定的刑期以内。二是先减后并。判决宣告以后，刑罚执行完毕以前，被判刑的犯罪分子又犯罪的，应当对新犯的罪作出判决，把前罪没有执行的刑罚和后罪所判处的刑罚，依照前述数罪并罚的规定，决定执行的刑罚。

（五）缓刑

缓刑，是指对于被判处拘役、3 年以下有期徒刑的犯罪分子，根据其犯罪情节和悔罪表现，在一定的考验期限内附条件地不执行原判刑罚的一项制度。

缓刑的适用条件包括：必须是被判处拘役、3 年以下有期徒刑的犯罪分子；犯罪情节较轻；有悔罪表现；没有再犯罪的危险；宣告缓刑对所居住社区没有重大不良影响。对于符合缓刑条件的，对不满 18 周岁的人、怀孕的妇女和已满 75 周岁的人，应当宣告缓刑；对于累犯和犯罪集团的首要分子，不适用缓刑。

三、刑罚的执行

刑罚执行简称行刑，是指法定的刑罚执行机关，依法将生效的刑事裁判所确定的刑罚内容付诸实施的刑事司法活动。

刑罚执行的主体是法定的刑罚执行机关。在我国，刑罚执行机关是人民法院、公安机关、司法行政机关与社区矫正机关。刑罚执行的对象是犯罪分子。刑罚执行的依据是发生法律效力的刑事判决与裁定。刑罚执行的基本内容，是将有效的刑事裁判所决定的刑罚内容予以实施、实现。我国刑法规定的行刑制度，主要包括减刑与假释。

1. 减刑

所谓减刑，是被判处管制、拘役、有期徒刑、无期徒刑的犯罪分子，在执行期间，如果认真遵守监规、接受教育改造，确有悔改表现，或者立功表现的，可以适当减轻其原判刑罚的制度。

减刑可分为应当减刑与可以减刑两种。应当减刑与可以减刑的对象条件和限度条件相同，但实质条件有所不同。对于犯罪分子减刑，应该具有以下适用条件：

（1）对象条件。

减刑只适用于被判处管制、拘役、有期徒刑、无期徒刑的犯罪分子。

（2）实质条件。

受刑人在刑罚执行期间必须具有法定的事由或者法律事实才能减刑。例如：认真遵守监规、接受教育改造、确有悔改表现或者有重大立功表现等，应当减刑。

（3）限度条件。

减刑限度，是指犯罪分子经过一次或者几次减刑以后，应当实际执行的最低刑期。刑法典第 78 条和有关司法解释作出了明确的规定，判处管制、拘役、有期徒刑的，不能少于原判刑期的 l/2；判处无期徒刑的，不能少于 13 年；人民法院依照《刑法》第 50 条第 2 款规定限制减刑的死刑缓期执行的犯罪分子，缓期执行期满后依法减为无期徒刑的，不能少于 25 年，缓期执行期满后依法减为 25 年有期徒刑的，不能少于 20 年。

2. 假释

我国刑法典第 81 条规定："被判处有期徒刑的犯罪分子，执行原判刑期二分之一以上，被判处无期徒刑的犯罪分子，实际执行十三年以上，如果认真遵守监规，接受教育改造，确有悔改表现，没有再犯罪的危险的，可以假释。"据此，所谓假释，是指被判处有期徒刑、无期徒刑的犯罪分子，在执行一定刑罚之后，如果确有悔改表现，不致再危害社会的，司法机关可以附条件地将其提前释放的刑罚制度。

根据上述规定，假释的适用必须同时符合如下条件：

（1）对象条件。

假释只能适用于被判处有期徒刑或者无期徒刑的犯罪分子。

（2）刑期条件。

即被判处有期徒刑的犯罪分子，执行原判刑期 1/2 以上，被判处无期徒刑的犯罪分子，实际执行 13 年以上，才可以假释。如果有国家政治、国防、外交等方面特殊需要的情况，经最高人民法院核准，可以不受上述执行刑期的限制。

（3）实质条件。

犯罪分子只有认真遵守监规，接受教育改造，确有悔改表现，假释后不致再危害社会的，才可以假释。这是对犯罪分子适用假释的实质性条件，也是最重要的条件。

（4）限制条件。

犯罪分子必须不是累犯和因杀人、爆炸、抢劫、强奸、绑架等暴力性犯罪被判处 10 年以上有期徒刑和无期徒刑的罪犯。

对于犯罪分子的假释，由执行机关向中级以上人民法院提出假释建议书，人民法院应组成合议庭进行审理。非经法定程序不得假释。

四、时效制度

时效，是指刑事法律所规定的国家对犯罪人行使刑罚请求权或刑罚执行权的有效期限。据此，刑法中的时效可以分为追诉时效和行刑时效两种。追诉时效，是指刑事法律所规定的，对犯罪人追究刑事责任的有效期限。行刑时效，则是指刑事法律所规定的，对判处刑罚的犯罪人执行刑罚的有效期限。我国刑法中所规定的时效，仅指追诉时效，而不包括行刑时效。

追诉时效，是指刑法规定的追究犯罪分子刑事责任的有效期限，在这个期限内，司法机关有权追究犯罪分子的刑事责任；超过了这个期限，司法机关就不能再追究刑事责任。一般来讲，犯罪经过下列期限不再追诉：第一，法定最高刑为不满 5 年有期徒刑的，经过 5 年；第二，法定最高刑为 5 年以上不满 10 年有期徒刑的，经过 10 年；第三，法定最高刑为 10 年以上有期徒刑的，经过 15 年；第四，法定最高刑为无期徒刑、死刑的，经过 20 年。如果 20 年以后认为必须追诉的，须报请最高人民检察院核准。

在人民检察院、公安机关、国家安全机关立案侦查或者在人民法院受理案件以后，逃避侦查或者审判的，不受追诉期限的限制。被害人在追诉期限内提出控告，人民法院、人民检察院、公安机关应当立案而不予立案的，不受追诉期限的限制。

追诉期限从犯罪之日起计算；犯罪行为有连续或者继续状态的，从犯罪行为终了之日起计算。在追诉期限以内又犯罪的，前罪追诉的期限从犯后罪之日起计算。

第四节　如何预防大学生犯罪

【案例】上海复旦大学研究生投毒案

2013 年 4 月 1 日，时年 26 岁的复旦大学医学院 2010 级在读研究生黄洋在饮用寝室饮水机的水后中毒，于 4 月 16 日去世。4 月 25 日，黄洋室友林森浩因涉嫌故意杀人罪被依法批捕。警方称，林森浩因生活琐事与黄洋关系不和，将实验室内的剧毒化合物注入饮水机内。在 2013 年 11 月 27 日的庭审中，林森浩承认投毒杀人的指控，2014 年 2 月 18 日，上海市第二中级人民法院一审以故意杀人罪判处林森浩死刑。2014 年 12 月 8 日此案二审开庭。2015 年 1 月 8 日，上海市高级人民法院宣判，驳回上诉、维持原判，死刑判决依法报请最高人民法院核准。

（来源：光明网，http://edu.gmw.cn/node_39185.htm）

近年来，我国大学生犯罪呈总体上升趋势，而且发生了多起恶性犯罪案件，呈现出多样化、暴力化等特点。人们在为犯罪大学生扼腕叹息的同时，不禁反思，是什么原因使象牙塔中的这些天之骄子如此崇尚暴力？我们又该如何有效预防大学生刑事犯罪？

一、大学生犯罪现状及特点

从已掌握的资料看，我国当代大学生犯罪呈现以下状况与特点。

（一）从犯罪数量上看，犯罪率和犯罪人数逐年递增

从中华人民共和国成立之初至 20 世纪五六十年代，我国青少年犯罪占全社会犯罪的 20%～30%，其中大学生犯罪在青少年犯罪中约占 1%；"文化大革命"期间，青少年犯罪增加，占犯罪人数的 60%，大学生犯罪占青少年犯罪的 2.5%；从 20 世纪 70 年代后期开始，大学生犯罪比例呈现逐年上升之势，2000 年青少年犯罪占到了刑事犯罪的 80%，其中大学生犯罪占到了青少年犯罪的 17%。随着我国教育事业的快速发展，高校犯罪率和犯罪人数也逐渐增加。这与我国高校从 1999 年起急剧扩招、高校大学生数量迅猛增加等因素密切相关。

在一些高校与大学生集中的地区，这种上升趋势体现得更为明显。例如，2000 年至 2004 年北京市公安局海淀分局刑事拘留的大学生人数为 547 人，其中 2000 年为 55 人，2001 年为 85 人，2002 年为 100 人，2003 年为 130 人，2004 年为 177 人。与

2000 年相比，分别为 2000 年的 1.5 倍、1.8 倍、2.4 倍、3.2 倍，五年间大学生犯罪人数共上升 220%。在南京浦口区，大学生违法犯罪案件从 1997 年起呈逐年上升趋势，2001 年较 2000 年上升了 300%，2002 年又较 2001 年上升了 120%。以武汉市洪山区人民法院为例，在受理的审查起诉案件中，2006 年有 38 件 47 人为在校大学生；2007 年有 55 件 59 人为在校大学生；2008 年有 57 件 62 人为在校大学生。由此可见，大学生犯罪现象日益频繁，犯罪发生率逐年扩张。

（二）从犯罪类型上看，呈现多样化与广泛性

我国刑法根据同类客体的不同，将犯罪共分为十类，即危害国家安全罪，危害公共安全罪，破坏社会主义市场经济秩序罪，侵犯公民人身权利、民主权利罪，侵犯财产罪，妨害社会管理秩序罪，危害国防利益罪，贪污贿赂罪，渎职罪和军人违反职责罪。传统大学生刑事犯罪主要发生在侵犯公民人身权利、民主权利罪，侵犯财产罪，妨害社会管理秩序罪等领域。

1. 侵财型案件和伤害型案件占据主流

张某系上海某大学大二学生，在 2013 年 3 月至 5 月期间，先后五次在本校学生宿舍盗窃财物，共盗窃手机两部、iPad 两部，案值 6000 余元。经依法审判，张某被判处 2 年有期徒刑。

与其他大学生犯罪类型相比较，侵财型案件和伤害型案件占据较大比例。在侵财型案件中，像张某这样的盗窃犯罪约占大学生犯罪总数的一半，位居大学生犯罪首位。盗窃的目标往往是钱包、银行卡以及一些贵重物品，例如手机、便携式电脑甚至教学实验室中有较高价值的教学仪器等。

2014 年情人节前夕，徐州某大学大三学生小李与女友在出租屋内发生争执。随后，失去理智的小李用刀疯狂地捅向女友。案发当晚，小李向派出所投案。后经公安机关现场勘查，小李女友全身共有近 50 处刀口。

　　大学生陈某与同学在某酒楼聚会，喝至烂醉后，因与酒楼老板发生口角，顺手拎起桌上的酒瓶砸向老板头部，老板当场血流如注。后经鉴定，酒楼老板的伤情为轻伤。

　　故意杀人罪、故意伤害罪等犯罪，在大学生犯罪中所占比重相当大。大学生年轻气盛，自制能力较差，极易因为生活中的小事、情感纠纷等发生打架斗殴现象。而很多伤害甚至是杀人案件都缘于这些琐事，最终引发极其严重的后果，给当事人各方带来不可逆转的损害。

　　2. 其他类型案件逐渐增多

　　当代大学生刑事犯罪的领域，逐渐呈现多样化的趋势。

　　林某为某大学在校学生。某日，他在街上偶然捡到一个公文包，其中装有中央国家机关重要的经济机密文件。林某捡到后即带回学校并私藏起来。林某在校期间曾与一女留学生谈恋爱，而且一心想出国。为了博取该女生欢心，林某将机密文件的内容告之。后来，该女生将机密文件秘密送交本国政府。事发后，林某在公安部门面前仍隐瞒实情，意图逃避责任。

　　黄某是某大学的博士生，其所在的实验室是国家重点实验室，承担我国多项重点国防工程的科研任务。某日，实验室接到一项国家级保密的课题，黄某也被导师推荐进了课题组。黄某在研究过程中接触了大量的数据和资料。一次，黄某发现网络上有网友讨论我国武器发展的新趋势和评价。为了炫耀自己所掌握的信息，黄某在网上化名发表了千把字的文章，主要涉及其研制的课题情况并附上数张照片。事后，这些信息被境外机构获得，造成我国机密的泄露。经查，发现是黄某所为。

　　林某的行为构成非法持有国家机密文件和为境外非法提供国家秘密罪；黄某的行为则构成故意泄露国家秘密罪。上述两个案例，虽然均涉及泄露国家的秘密和机密，但由于犯罪构成不同，最后定罪量刑也有所不同。第一，两者侵犯的客体不同，林某的行为侵犯的客体是国家安全和利益，属于危害国家安全罪的范畴；黄某的行为侵犯的客体是国家的保密制度，属于渎职罪的范畴。第二，两者的客观方面表现不同，林某行为的客观方面表现为为境外人员非法提供国家秘密的行为，行为方式是非法提供；黄某行为的客观方面表现为将自己了解和掌握的国家秘密泄露给他人的行为，行为方式是泄露国家秘密。第三，两者构成犯罪的情节不同，非法提供国家秘密的行为在构成犯罪上没有情节要求，泄露国家秘密则要求情节严重的才构成犯罪。第四，林某行为的主体是一般主体，黄某行为的主体主要是国家机关工作人员。

2001 年至 2003 年，中科院上海有机化学研究所博士生黄某，在即将赴美攻读博士后前夕，多次参与制造游离碱、苯丙胺等毒品，后被判处有期徒刑 8 年；2007 年，银川大学女大学生王某、彭某等运输毒品 2600 多克，被分别判处有期徒刑 10 年；2006 年至 2008 年期间，南京某大学学生杨某从事非法传销，致使 33 所高校的 800 多名在校大学生被骗，杨某后被判有期徒刑 3 年。这些案件的发生表明，大学生的犯罪领域趋向多元化。在危害国家安全、危害公共安全、破坏社会主义市场经济秩序、渎职等领域，也出现越来越多的大学生犯罪现象。

3. 作案手段残暴

2004 年寒假，云南大学在校学生马加爵与同学打牌时，因被同学怀疑作弊而发生争执。马加爵认为同学的指责伤害了他的自尊心，转而动了杀机。随后，马加爵买了一把石工锤，分别于 2 月 13 日晚、14 日晚、15 日连杀四人，并将他们的尸体藏于宿舍的柜子中。同年 3 月 15 日，马加爵在海南落网。2004 年 6 月 17 日，云南省高级人民法院裁定核准了昆明市中级人民法院以故意杀人罪判处马加爵死刑、剥夺政治权利终身的刑事判决。宣判结束，马加爵即被押赴刑场执行死刑。

　　马加爵案过去三年后，云南大学又发生一起大学生犯罪的恶性案件。2007年，云南大学在校学生张超在打工期间认识男友谢宏，后又与某项目经理木某交往。当谢宏得知木某的情况后，便萌生抢劫恶念。同年12月19日，张超将木某骗至自己的房间，在威逼木某说出银行卡密码并取款成功后，张超伙同谢宏及他人杀死并肢解了木某。2008年，张超、谢宏因犯抢劫罪，被判处死刑。

　　近年来，大学生犯罪中的暴力犯罪时有发生。使用暴力或以暴力相威胁的手段实施犯罪，在大学生犯罪中呈恶性发展趋势。上述两个案件就是比较典型的大学生暴力犯罪案件。大学生犯罪，一般不会经过深思熟虑和长时间的预谋策划。这些案件的诱因，多是日常生活小事。但是，由于当事人心胸狭隘或被利益蒙蔽，一时冲动、失去理智而激情杀人，成为大学生恶性犯罪的常态。正是因为这种感情的失控，也导致在大学生犯罪中，当事人的犯罪手段显得越来越残暴冷血。像在张超案中，张超伙同他人，将木某肢解为260多块后抛尸，手段令人发指。

　　4. 犯罪呈现智能化

　　邵某是北京某大学研究生。在实习期间，他操作计算机非法侵入北京某证券公司营业部的中心数据库，窃取多位股民的股票交易账号、资金账号等信息，并破译了股民的交易密码。随后，邵某通过盗买、盗卖他人股票意图牟利，给股民带来了巨大经济损失。自首后，邵某被判处有期徒刑7年。

　　大学生是一个高智商群体，这也使大学生犯罪逐渐向智能化发展。在一些新兴犯罪行为中，大学生的犯罪手段比一般犯罪表现出高智能、高技术性以及高隐蔽、高危害性。比如，轰动一时的2000年郑州"12·9"特大系列银行被劫案，主犯之一就是警校毕业的学生，具有很强的反侦查能力，使该案破案难度陡然增加。此外，还有某些博士生、硕士生利用所学科学知识，从事高科技犯罪。当然，日益增多的诈骗犯罪、网络犯罪、计算机犯罪等大学生犯罪，也从一个侧面体现出大学生犯罪逐渐趋向专业化和智能化。

（三）从犯罪主体来看，涉案大学生的范围有扩大趋势

目前，来自重点大学甚至名牌大学的犯罪大学生较以往明显增多。2007年，武汉市洪山辖区的59名犯罪大学生中有12人来自重点大学，占总数的20.34%；2008年，62名犯罪大学生中有15人来自重点大学，占总数的24.19%。并且，同一学校一年内多次发生学生犯罪的案例不在少数。例如，某大学在一年中连续发生5起大学生犯罪案件，犯罪类型涉及盗窃、故意伤害和诈骗。同时，大学生犯罪的主体也呈现出复杂化趋势，不仅仅限于本科学生，专科生、成教生、研究生等，均成为大学生犯罪的主体。

此外，在大学生犯罪中，女大学生犯罪现象有上升趋势。武汉市洪山区人民法院2007年受理的大学生犯罪案件中，有3名女大学生涉案；2008年受理的大学生犯罪案件中，有12名女大学生涉案。女生违法犯罪直线上升的现象，成为一个不容忽视的问题。女大学生犯罪主要以盗窃为主，其原因除少数是经济窘迫外，绝大多数是虚荣心过强，受社会不良风气的影响，喜欢攀比。例如，2008年11月11日，某高校设计专业女大学生王某在虚荣心驱使下，用自己留存的钥匙打开其他寝室的房门，盗走数码相机1部、女靴2双、耳环2对及化妆品若干。

（四）从犯罪动机来看，非贫困化趋势明显

传统的大学生犯罪，尤其是财产型犯罪，其作案动机常出于家庭贫困的原因。但近几年来，非贫困化的作案动机占据主要地位。非贫困化的动机有多种：有的出于追求享受，爱慕虚荣；有

的为打击报复，发泄私愤；有的是因为学习上的竞争或是恋爱方面的原因；有的则是出于空虚无聊，寻求刺激。例如，2008 年 10 月 27 日上午 10 时许，武汉某高校财务管理专业学生何某，在其所住的学生宿舍里，趁寝室无人之机，盗走同寝室同学的笔记本电脑、MP4 及耳机各 1 部。在对何某的提审过程中了解到，何某与同寝室学生常因生活琐事发生争执，心怀不满，遂决定通过盗窃行为对其同学实施报复，以排解心中的怨恨。这就是典型的非贫困化作案动机。

（五）从犯罪经验来看，大学生犯罪多为初犯、偶犯

绝大部分大学生已经属于法律意义上的成年人，但是，他们从小学到中学始终处于从家庭到校园的单纯、狭小的生活环境，对周围的环境有较强的依赖性，心理发育相对不太成熟，社会和人生经验不足，法治意识淡薄。同时，多数大学生犯罪为初犯、偶犯，采取的犯罪手段相对单一；而且，他们对犯罪后果没有深刻认识，多存有侥幸心理，主观恶性较小。在大多数大学生犯罪中，受害人能够原谅犯罪嫌疑人，愿意对其从宽处理。因此，犯罪的大学生被挽救的可能性还是相当大的。

二、诱使大学生犯罪的因素

大学生犯罪的产生，有着深刻的个体、家庭、学校和社会因素。

（一）大学生个体因素

1. 享乐欲望强烈

当代大学生接触到越来越多的社会生活，这使他们更容易受到社会上功利主义、享乐主义的影响。还有学生崇尚高消费，把高消费看作一种时髦。但是，绝大多数大学生没有独立的经济来源，主要依靠父母给予有限的生活费。很多学生在有限的金钱和

165

现实强烈的物质诱惑之间，形成巨大的心理落差。此外，同学之间各自家庭经济条件不同，物质条件差距极大，这也给部分同学的心理带来极大刺激，容易诱发犯罪行为。2006 年 9 月 3 日，某高校大学生余某因手头紧张，便邀约苏某、吴某跟余某的同伙郝某以打扑克"扎金花"方式赌博，后余某以苏某、吴某"做笼子"为由对二人进行殴打，抢走桌上赌资 2800 元，后又强迫二人取款共计 6000 元。

2. 生理与心理发展不协调

在校大学生正处于青年时期，生理发育迅速成熟，但心理发育相对缓慢，两者之间存在一定的不协调。他们往往年轻气盛，遇事缺少冷静的思考，自控能力差；人生态度、思维模式都没有定型，情绪波动比较大；在判断事物时常常更倾向于自己的主观感受，容易偏重事物阴暗的一面。此外，在越来越严峻的就业形势下，"读书无用论"在部分大学生的思想中蔓延。部分大学生在巨大的压力下，心里往往会产生消极想法，常常因为一些小事就导致过激行为的产生。

3. 人际交往困难

目前，我国在校大学生绝大多数都是独生子女，很多大学生习惯以自我为中心，待人接物缺乏多角度的换位思考；同时，大学生又多来自五湖四海，客观上存在生活习惯、家庭背景等因素的诸多差异。因此，人际交往障碍成为大学生中一个不可忽视的问题。人际交往困难，往往导致大学生面临小事也容易选择极端的解决手段，进而引发犯罪。

（二）家庭因素

1. 家庭结构不健全对子女的影响

家庭的完整与和睦与否，对子女的心智健康成长极其重要。很多犯罪大学生因父母离婚、死亡、服刑，其家庭的完整性遭到破坏。残缺家庭往往缺乏家庭亲和力，在大学生成长过程中，容易给其心灵蒙上阴影；有些大学生容易产生自卑心理，形成孤僻性格；有些大学生因缺少家庭温暖和管教，而逐渐养成不良习性和反社会意识，极易步入歧途。

2. 父母失当的教育方式对孩子的影响不容忽视

有的家长教育方式专制，对孩子要求过高，控制过严，扼杀了孩子的个性特点，严重影响了孩子心理的健康发展。有的家长则溺爱娇纵，使子女任性自私，傲慢无礼，贪图享受。这些失当的教育方式，不同程度地导致一些大学生的个性心理发育出现障碍。据专家分析，处于溺爱型家庭、打骂型家庭、放任型家庭、失和型家庭等"问题家庭"的大学生，较正常家庭的孩子更容易犯罪。其根源，就是缺乏适当的教育方法和健康的教育方式。家庭教育的失当，是影响大学生犯罪的一个极其重要的因素。我们在研究"问题大学生"时，也不应忽略其背后的"问题制造者"，应注重对家庭教育方式的修正。

（三）学校因素

学校是培育人才的摇篮，是传道、授业、解惑的重要场所。大学生犯罪的日益增多，学校也应承担不可推卸的责任。

1. 学校教育存在偏差

目前，高校素质教育虽然被广泛提倡，但重学分轻实效的现象依然普遍。为了提高就业率，很多高校更注重学生们的知识教育，而忽略了对学生正确人生观、价值观的培养，忽略了对学生道德素质和法制教育的宣传，使学生在合法与否、罪与非罪上认识不清、界限不分。在这种情况下，大学生更容易产生心理、行为危机，形成人格缺陷，进而产生不良行为，甚至是犯罪行为。

2. 学校管理存在漏洞

随着高等教育体制改革的深入，高校招生数量逐年增多，规模逐年扩大，但管理体制和管理措施却明显滞后。例如，由于高校住宿条件的缺乏或简陋，不少大学生在校外租房，他们的思想和行为便难以得到有效引导和控制，从而导致部分大学生违法犯罪行为的发生。高校的扩招，客观上造成师资力量的紧张，导致对学生的管理力度明显削弱，学校不能及时了解学生的思想动向，使一些学生失去直接的监督和约束。

（四）社会因素

市场经济的飞速发展，深刻影响和冲击着每一个社会成员，大学生也不例外。

1. 不良社会环境的滋扰

当今社会中，功利主义和享乐主义风气较重。面对社会中的一些腐败、不公与两极分化现象，一些大学生极易在困惑中迷失方向，人生观和价值观彻底发生改变。对物质生活的过度占有欲与过分追求，致使一部分学生走上犯罪道路。

2. 不良文化的侵袭

目前，一些消极、颓废的不良文化占据着传播媒介。尤其在网络时代，由于网络传播的无监管和快速性，这些不良文化极易对大学生的社会化过程产生强烈的负面影响，侵蚀着他们的灵魂，成为少数大学生犯罪的催化剂。一旦受到某种条件的刺激，个别大学生便会将不良的主观诉求外化为具体行动，进而实施犯罪行为。

三、预防大学生犯罪的方法

预防是减少犯罪最有利的办法。预防大学生犯罪既是对人才的珍惜与培养，也是学校、家庭和社会应承担的共同责任。通过对大学生犯罪特点和心理形成的分析，我们认为，预防大学生犯罪，主要应抓好四个方面。

（一）培养大学生良好的心理素质

心理是导致行为产生的动力性因素。要想遏制犯罪行为，必须首先抑制导致犯罪行为产生的心理状态。大学时代是人的世界观、人生观、价值观形成的关键时期，在这一时期，同样应注重良好心理素质的培养与形成。

对学校而言，应当建立有效的心理辅导机构，做好学生的心理保健工作，善于对学生的心理问题有针对性地进行辅导或咨询，及时主动地给有心理困惑、心理障碍的学生以及时、必要的帮助。对于大学生出现的心理问题，学校和家长应积极配合，重视心理辅导和心理干预，并加强与大学生的深入交流，缩小彼此之间的心理差距，增进沟通、理解与互信。引导大学生正确认识自我，认识社会，树立正确的人生方向和追求目标，增强大学生的公德意识，帮助大学生形成健康向上的心理。良好心理素质的养成，并非一朝一夕之功，需要学校、家长以及社会长期不懈的努力。只有增强大学生自身的心理素质，才能够有效地防御外界不良因素的侵蚀。

（二）创造和谐的家庭环境

健康、和谐、融洽的家庭关系是大学生健康发展的基础。而缺少家庭的温暖和爱护，子女会形成孤僻、偏激、仇恨、冷漠等不健康心理。这些消极因素将影响子女的生活和学习，甚至会诱发犯罪行为。父母在营造和谐的家庭环境中扮演着最为关键的角色，父母应改变传统的专制式的教育方式，营造一种民主平等的氛围，并善于与孩子交流和沟通。

（三）创造良好的校园文化环境

学校不仅要给大学生提供良好的学习条件，还应当营造良好的文化氛围。校园文化应该是以大学精神为主要内容的特殊群体文化，同时，也具有教育、导向、感化、激励等方面的功能。学校要精心组织校园文化活动，营造和谐校园环境，搭建交流平台，形成浓厚的学习氛围，帮助大学生建立良好的心态，树立正确的人生观、价值观；吸引学生积极参加校园活动，使他们在活动中发挥主观能动性，提高创新能力、沟通能力和实际动手能力，增强战胜挫折和困难的信心，形成健全的人格和健康的心理。学校应多了解大学生的需求，并通过开展丰富多彩的业余文化活动，使大学生培养多方面的兴趣爱好，参与社会实践活动，提高社会适应能力。高品位的校园文化，还必须建立健全各项规章制度，形成健康向上的校园环境，使大学生增强自我约束的能力并能够正确面对成长过程中遇到的问题。

（四）加强法制宣传和教育

学校在对大学生进行知识传授的同时，尤其不能忽视法制教育。学校应该开展具有针对性的法制宣传和教育活动，使大学生了解法律基础理论、基本知识和重要制度。高校应增设法制宣传栏、宣传刊，采取各种方式有针对性地加强法律通识教育。同时，司法机关应与高校建立长效合作机制，帮助学校建立良好的校园环境；加强校内的司法宣传教育，由司法机关工作人员结合办案实践，对大学生进行现实的法制教育，强化他们的法制观念，真正做到防患于未然。加强法制宣传和教育，是增强大学生法律意识的保证，是端正大学生法律态度和提高法律素养的基础，也是有效预防大学生违法犯罪的根本手段。

第四章 大学生的行政管理和权利保障

【案例】执法人员知法犯法

郝某经所在区工商局批准开办了一家文化用品商店，一日郝某所在地工商所人员康某来到郝某的店里，要拿几本书回去看，郝某不让。康某说："有人举报你的店里卖淫秽书籍，要对你罚款，你现在交罚款。"郝某说："我的店从来没有卖过那种东西，不信你可以查。"康某说："我不用查，你如果不交罚款，我就封你的店。"郝某无奈当即交了1000元罚款（注：康某的罚款行为，不是法律、法规和规章规定以工商所名义作出的）。郝某对此向有关机关申请复议，康某又与复议人员赵某串通捏造郝某卖淫秽书籍的"事实"，复议机关维持原来的罚款决定，又作出吊销郝某营业执照的决定。两个月后，复议机关认为此案证据不足，经调查确认处罚决定是错误的，随即作出撤销吊销营业执照决定和罚款决定，并对赵某与康某给予了行政处分。郝某对此先向赔偿义务机关申请赔偿，但郝某对赔偿义务机关决定给予赔偿的数额不服，遂向本区人民法院作出申请国家赔偿决定。区人民法院受理了此案。在审理中，经人民法院调解，双方达成如下协议：①由赔偿义务机关赔偿返还1000元罚款；②赔偿吊销营业执照期间租房、水电等必要的开支2500元；③按正常营业收入的30%赔偿因吊销营业执照期间不能经营所造成的损失1500元。

行政法与国家行政权力的发展紧密相连。与宪法、民法、刑法等法律部门不同，我国并没有一部专门的行政法典，但自行政法这一法律部门产生以来，它就一直和我们的生活息息相关。如果说宪法是公民的生活规范、宪法的生命在于融入公民生活，那么行政法就是主导我们生活的具体规则。大学生所在的高校并不是政府部门，却与大学生形成一种独特的行政法律关系。作为一种较为特殊的法律关系，它在性质和作用方式上并不完全等同于政府与公民之间的关系。

第一节　行政法：与我们息息相关的法

行政法是现代社会中非常重要的法律部门。日常生活中，我们会和很多行政机关打交道：我们要办理户籍、办理身份证，需要向公安派出所申请；我们要创设公司，需要到工商行政管理部门登记；我们要成为公务员，需要参加人事部门组织的统一考试；我们要获得国家提供的社会福利，需要到社会保障部门办理社会保险……我们的生活中有很多行政机关的影子：保护环境的环保部门、土地管理的国土资源部门、规划城市的规划部门等。它们并不经常出现，却无时无刻不在影响着我们的生活。现代行政法的主旨，就是促进行政主体为公民提供社会生活各领域"从摇篮到坟墓"的服务。因此，大学生有必要了解和掌握我国行政主体的主要范围，以及它们的主要行为模式。

一、行政法与行政法律关系

（一）行政法的概述

行政法是规定公共行政管理活动，调整行政关系的法律规范的总称。行政法的核心，是规范公共行政管理活动，那什么是公共行政管理活动呢？这需要从两个方面来认识。

1. 私行政与公行政

行政，"原具有执行管理之意义，无论国家、社会、私人企业或个人，皆有执行管理，亦即行政之问题"。因此，它既可能是公行政，即政府或其他从事公共管理的组织进行的公共管理活动；也可能是私行政，即国家机关、社会团体、企事业组织的管理活动。行政法的"行政"，首先是"公行政"。

王某是某高校2009级的本科生。某天傍晚，他在学校宿舍里私自用电炉煮饭时不慎失火，造成部分公私财物损毁，本人也被轻微烧伤。因其行为严重违反学校《关于禁止在学生宿舍使用燃煤、燃油炉具和各种用于煮饭、烧水的电热器的规定》，故受到记大过的处分。同时，学校后勤保障部依据学校有关规定给予其罚款500元的"行政处罚"。王某不服，认为学校不是行政机关，无权对其实施行政处罚，于是将此情况反映到省教育厅，要求撤销学校作出的"行政处罚"，责令学校退还该项罚款。

法律中的"罚"，具有惩戒性、单方面性和强制性，是一种处罚措施。根据我国《行政处罚法》的规定，只有有关国家机关才能依法设定相应的行政处罚；实施行政处罚的，也只有拥有行政处罚权的行政机关、综合执法机关、法律法规授权的组织，以及行政机关委托的组织。后勤保障部是高校的行政管理部门，代表高校行使后勤行政管理职能。后勤保障部门的职能属于"私行政"的范畴，显然无权作出《行政处罚法》所规定的行政处罚。当然，后勤保障部门可以采用经济手段进行内部管理。学校的公共财物因学生的过错行为受到人为毁损后，按照"有损害必有救济"的民事原则，是有权要求责任人予以赔偿的。本案中的罚款行为就是学校的内部管理措施，其实质是一种比较特殊的赔偿金。这种非《行政处罚法》所说的行政处罚或非行政法意义上的私行政，只要不违反法律规定，省教育厅就不应干预其正常的管理活动。因此,尽管王某认为学校后勤保障部无权作出行政处罚的意见有一定道理,但其提出的退还罚款的要求是不能满足的。当然,高校有关规章制度的用语也应进一步规范化,以减少误解。

公行政和私行政在内容上非常接近,但在如下三个方面存在重要差别:(1)主体不同。私行政的主体是私法上的主体,其往往通过公司法、结社法、工会法而组织,具有私法上的主体资格;公行政的主体原则上是国家。(2)目的不同。私行政的目的在于私人利益,公行政的目的在于公共利益。(3)手段不同。私行政的管理原则上只能通过合同方式,公行政的管理则可以采取强制措施。

2. 公共行政与国家行政

国家行政,是国家行政机关基于国家公权力之行政权对公共事务的组织与管理活动。国家行政是行政法规范的内容,但并不是行政法规范的全部内容。

董某系郑州大学材料工程学院 2001 级学生。2003 年 3 月 2 日,张某替董某参加一门课程的补考时,被监考老师发现。郑州大学以严肃校纪为由,于 2003 年 4 月 4 日对董某和张某作出"勒令退学"处分。董某认为,郑州大学的处分侵犯了他受教育的权利,且学校没有给予自己申辩的机会。2003 年,董某以母校为被告提起行政诉讼,请求依法撤销或变更学校作出的处分决定。郑州大学认为,根据《高等教育法》的规定,高校有权对学生进行学籍管理并实施奖励或者处分,被告对原告作出的处分是一种内部行政行为,不属于行政诉讼的受案范围;且被告作出处分之后,已将结果告知原告本人,履行了法定告知义务,原告称被告未给予其书面材料的说法不能成立。法院在审理该案时认为,原告在校期间与被告存在管理与被管理的特殊行政关系,且被告对原告的处分已侵犯到原告的受教育权,该行为是准行政行为，属于行政诉讼的受案范围。该案中，学校作出处分决定后，并未将决定送达，也没有告诉学生申辩、申诉权，更没有将处分送报有关部门备案，属于行政程序违法。学校制定的校规不符合《普通高等学校学生管理规定》的有关规定，处分明显过重，显失公正。据此，法院作出了撤销被告作出的处分决定。

上述案件中，高校对学生的学籍管理、奖励、处分权，事实上存在双重性质。一方面，其相对于高校主管部门（教育行政部门）而言是一种权利，属于办学自主权范畴，应当由高校自主行使，教育行政部门不得任意侵犯；另一方面，对于受教育者等作用对象而言，这些职权又具有明显的单方意志性和强制性，符合行政权力的主要特征，在性质上应当属于行政权力或公共管理权力。因此，董某对此提起行政诉讼，属于人民法院的受案范围。和学籍管理一样，《中华人民共和国教育法》《中华人民共和国高等教育法》《中华人民共和国学位条例》等还授权给高校多项行政职权，如高等学校具有对受教育者颁发学业证书和学位证书的权力等。这种权力具有特定性，是法律法规授予高等学校的行政权力，而不是高等学校作为事业法人所具有的民事权利。因此，高等学校在以上法律法规授权的情况下，运用这种行政权力作出的行为属于可诉的行政行为，属于公共行政的范畴。由此可见，高校管理活动不仅限于前述王某案中的寝室管理的私行政范畴，同样也涉及学籍管理等公行政范畴。虽然高校不是国家行政机关，但依然能通过法律的授权，成为公共行政主体。

上述案件说明一个问题，"国家行政属于公行政，但公行政并不等于国家行政。公行政除了国家行政以外，还包括其他非国家的公共组织的行政，如公共社团的行政以及公共企事业单位的行政"。行政法关注的对象主要是公共行政，公共行政的主要内容是国家行政，也就是由政府所进行的行政活动。同时，公共行政还应包括社会行政，也就是由社会组织对公共事务的组织和管理活动，这些主体包括事业单位（高等院校等）、社会团体（如工会、妇联、青联等）、行业协会（律师协会、医师协会等）和基层群众性自治组织（村民委员会、居民委员会）等。

（二）什么是行政法律关系

法律关系，是指在法律规范调整社会关系中产生的各主体之间的权利和义务关系。行政法律关系是法律关系的一种，是行政法规范在对行政权力行使中产生或引发的各种社会关系加以调整之后所形成的一种行政法上的权利义务关系。

1. 行政法律关系的要素

行政法律关系包括三个要素。

第一，主体，包括行政主体、行政相对人和行政第三人。行政主体是行政权力的行使者，行政相对人是行政权力的承受者、被管理者，行政第三人则是受到行政权力间接影响的一方。例如，某甲殴打某乙，公安机关对某甲处以 15 天行政拘留。公安机关是这一事件中的行政主体，某甲是这一事件中的相对人。相对人直接出现在处罚决定书中，并受到处罚行为的直接影响。而某乙则没有受处罚决定直接影响，也不出现在处罚决定书中，但他显然与这一决定有一定的利害关系，因此是第三人。

第二，客体，也就是主体活动指向的标的或对象。一般认为，行政法的客体包括三方面内容：物、行为和精神财富，也有学者认为，行政法的客体就是利益。我们认为，这两种理解并不冲突，行政法的客体在形式上体现为物、行为和精神财富，其本质则是这些物质所反映的利益诉求。

第三，内容，即行政主体、相对人和第三人所享有的权利和承担的义务。在不同的行政法律关系中，行政主体、相对人和第三人的权利义务是有所差异的，但总体而言，大体应包括如下几个方面：（1）行政主体的权利。行政主体的权利，也可称为行政主体的职权，具体包括行政立法权、行政检查权、行政决定权、行政强制权、行政司法权等。（2）行政主体的职责。行政职责是行政职权的另一个方面，对行政主体而言，职权就是职责。这是因为，国家权力不是国家机关的，而是人民授予的。人民授权国家机关行使国家权力，就是要求其履行好管理国家与社会的责任。例如，食品安全部门有检查食品卫生安全的职权，也就有检查食品安全的职责，当检查不力时，就应当承担责任。行政主体职责的核心，就是依法行政相对人的权利，包括知情权、申请权、参与权、批评建议权、控告申诉权、复议权和请求国家赔偿、补偿权等。（3）行政相对人的义务，包括服从管理、协助公务、接受监督等。

2. 内部行政法律关系与外部行政法律关系

根据不同的标准，可以对行政法律关系进行不同分类。其中，根据行政权力的作用范围不同，可以分为内部行政法律关系与外部行政法律关系。根据我国行政复议与行政诉讼的法律制度，因内部行政法律关系产生的行政争议，不属于行政复议和行政诉讼的受案范围。

所谓内部行政法律关系，是指行政权力作用于行政系统之内而在行政主体与内部相对人之间形成的行政法律关系。这种内部关系主要体现为行政主体与公务员之间形成的法律关系。前述董某诉郑州大学案中，郑州大学辩称自己对董某的处分是内部行政行为，就是将高校和学生之间的关系类比为内部行政法律关系。所谓外部行政法律关系，是指行政权力作用于行政系统外而在行政主体与外部相对人之间形成的行政法律关系。它具体包括行政机关或法律、法规授权的组织与行政相对人之间发生的行政法律关系。

二、我国的行政主体及其种类

(一) 什么是行政主体

行政主体，就是具有行政权能，以自身名义运用行政权力，独立承担相应法律后果的社会组织。我国的行政主体包括作为职权行政主体的国家行政机关和作为授权行政主体的被授权组织。公务员和受委托组织则不是行政主体。

需要注意的是，某组织具有行政主体资格，并不意味着这些组织永远都是行政主体。这需要通过该组织的具体法律行为，来判断其在不同法律关系中的法律地位。例如，某省公安厅具有行政主体资格，在扩建自己的办公大楼时，它需要向国土部门、规划部门提出行政许可申请。这时，该公安厅的地位就不是行政主体，而是行政相对人。在购买办公家具时，它需要签署购销合同，这时，该公安局的地位也同样不是行政主体，而是民事活动的一方。

(二) 国家行政机关

职权行政主体，是指行政职权随组织的成立而自然取得，不需要通过其他组织授予的行政主体。我国的行政机关是依宪法或组织法的规定设立的，设立它们的目的就是行使国家行政权，对国家各项行政事务进行管理。因此，行政机关是当然的行政主体，主要分为中央国家行政机关和地方国家行政机关。

1. 中央国家行政机关

中央国家行政机关，也就是活动范围与管辖事项涉及全国的行政机关，我国的中央行政机关具体包括：

国务院，即中央人民政府，是最高国家权力机关的执行机关，也是我国最高国家行政机关。国务院由总理、副总理、国务委员、各部部长、各委员会主任、审计长、秘书长组成，实行总理负责制。

国务院所属机构中，具有行政主体资格的主要包括：（1）国务院组成部门，共 25 个。包括外交部、国防部、公安部、国家安全部等部，国家发展和改革委员会、国家民族事务委员会等委员会，中国人民银行和审计署。（2）国务院直属特设机构，即国务院国有资产监督管理委员会。（3）国务院直属机构，共 15 个。包括中华人民共和国海关总署、国家税务总局、国家工商行政管理总局、国家质量监督检验检疫总局、国家新闻出版广电总局、国家知识产权局等。在国务院直属机构中，国务院参事室与国务院机关事务管理局不具有行政主体资格。（4）国务院部委管理的国家局，共 16 个。包括国家外汇管理局、国家海洋局、国家烟草专卖局、国家粮食局、国家信访局、国家邮政局等。

国务院 13 个直属事业单位，包括银监会、证监会、保监会、新华通讯社、中国科学院、中国社会科学院、中国工程院等。其中，部分事业单位经授权也可以取得行政主体资格。

国务院其他的办事机构，如国务院办公厅、法制办等，属于附属机构，不具有行政主体资格。

2. 地方国家行政机关

地方国家行政机关，也就是活动范围与管辖事项仅限于一定行政区域的行政机关。主要包括地方各级人民政府、县级以上地方人民政府的职能部门、地方人民政府的派出机关。

根据我国宪法和组织法，地方人民政府通常分为四级：第一级是省级人民政府，包括省、自治区、直辖市人民政府。第二级是市级人民政府，包括设区的市、自治州人民政府。第三级是县级人民政府，包括县、县级市、市辖区、自治县人民政府。第四级是乡级人民政府，即乡、镇、民族乡人民政府，根据宪法和有关法律规定，县级以上地方各级人民政府根据工作需要，设立若干职能部门，承担某一方面行政事务的组织与管理；此外，县级以上人民政府根据工作需要，经有权机关批准，可以在一定区域内设立派出机关，其职能主要是承担该区域内各项行政事务的组织与管理活动。

（三）被授权组织

授权行政主体就是被授权组织，是指依据有关法律法规授权而依法行使特定行政职能的组织。根据我国的司法实践，在最高人民法院关于执行《行政诉讼法》若干问题的解释中，规章也被纳入授权的形式。被授权组织一般包括六大类：

（1）基层群众性自治组织，也就是在城市和农村按居民居住地区设立居民群众自我教育、自我管理、自我服务的基层群众性自治组织，即城市居民委员会和农村村民委员会。根据法律规定，人民群众通过居民委员会、村民委员会以及下设的各种委员会管理社会事务，办理公共福利和其他事业，解决生活、学习、文娱、体育和卫生等方面的问题，保护和改善本区域的环境；宣传遵纪守法，进行自我教育；协助政府，与犯罪分子的破坏活动做斗争；排解人民内部纠纷，调解一般民事和轻微刑事案件，保障良好的社会秩序，保护群众的权利和利益。

（2）行业组织，就是从事一定行业的公民、法人或其他组织在自愿基础上，基于共同的利益要求组成的一种民间性、非营利性的社会团体。我国的一些行业组织有一定的行政职能，如依据《中华人民共和国律师法》，中华全国律师协会的主流律师工作经验，组织律师依法执业，维护律师的合法权益，总结、交流律师工作经验，组织律师业务培训，进行律师职业道德和执业纪律的教育、检查和监督，组织律师开展对外交流，调解律师执业活动中发生的纠纷，等等。

（3）社会团体，也就是由公民或企事业单位自愿组成、按章程开展活动的社会组织，包括行业性社团、学术性社团、专业性社团和联合性社团，如工会、共青团、妇联、科协、侨联等。根据一些单行的规定，这些机构有可能承担一定的行政职能。

（4）事业单位，即以增进社会福利，满足社会文化、教育、科学、卫生等方面需要，提供各种社会服务为直接目的的社会组织。有鉴于事业单位的公益性，法律法规也经常授予事业单位一定的行政权能，例如我国教育法就授权公立教学机构进行招生、对受教育者进行处分等。

（5）企业组织。一般说来，企业组织作为营利机构，不应被授予行政职能。但由于我国在特定时期，一些过去的专业主管行政机关转轨形成大型的全国专业公司或行业集团，其行政职权难以剥离，于是仍有一些企业享有一定的行政职权，如全国烟草总公司、各省烟草公司，根据《中华人民共和国烟草专卖法》享有一定行政计划权，等等。

（6）行政机构，主要包括内设机构、派出机构和临时机构。内设机构，也就是独立机构的内部组织，它一般不能单独用本机构的名义对外行使职权，如某市公安局办公室。派出机构，则是行政机关依法在一定区域内设立的分支机构或代表机构，如某市公安局的派出所，就是一个派出机构。临时机构，是行政机关设立的、协助其处理某项临时性行政工作的组织，如国家防汛指挥部等。通常说来，行政机构都不能对外以自身名义进行行政活动。但出于实践需要，法律往往赋予这些机构一定的权力，例如《中华人民共和国治安管理处罚法》就授予公安机关一定的行政处罚权（警告和 500 元以下罚款）。

三、行政行为与行政救济

对行政主体和行政行为的探讨，可以为我们认识高校与学生之间的法律关系提供理论基础；同时，高校学生可能接触很多国家机关和社会组织，因而对其进行了解，有助于判断哪些是行政主体、哪些是行政行为，对于高校学生在面临行政纠纷时正确选择权利救济途径，将会提供智识上的支持。

（一）什么是行政行为

行政行为，是享有行政权能的组织运用行政权力针对行政相对人作出的，具有法律效果且表示于外部的法律行为，包括抽象行政行为和具体行政行为两大类。

所谓抽象行政行为，是指国家行政主体针对不特定相对人实施的制定法规、规章和具有普遍约束力的决定、命令等行政规则的行为。抽象行政行为包括通过行政立法制定行政法规、行政规章的行为，以及行政主体除行政立法以外制定普遍性规则——行政规范的行为。

所谓具体行政行为，是国家行政主体针对特定的行政相对人就特定事项实施的行政行为。除前述三种抽象行政行为的模式外，其他的行政行为都是具体行政行为，主要包括行政许可、行政处罚、行政强制、行政奖励、行政裁决、行政征收、行政征用、行政给付、行政确认、行政合同等多种行为。绝大多数具体行政行为是可诉的。

在所有行政行为分类中，抽象行政行为与具体行政行为是一种最基本的分类，也是最具实定法意义的分类。我国行政复议只受理对具体行政行为和部分抽象行政行为的审查，而且对抽象行政行为只是附带和间接审查；我国行政诉讼法明确规定，只有对具体行政行为不服而提起诉讼才属于行政诉讼的受案范围。因此，我们有必要对两者的区别进行分析。一般认为，两者在行为对象、效力和功能等方面存在根本区别；从行为的对象看，抽象行政行为针对的是不特定的相对人，具体行政行为则是针对特定的相对人；从行为的效力看，抽象行政行为的效力及于以后所发生的事件，且可以反复适用，而具体行政行为则只对以往的或已发生的事件发生法律效力，且只能一次性适用；从行为的功能看，抽象行政行为是设置行政法律关系模式的行为，其内在功能是抽象出一般的行为规则模式，而具体行政行为则是实现行政法律关系模式的行为，其内在功能是将人们的行为规则模式在现实生活中加以具体适用。

（二）行政救济的主要途径

行政救济是指特定国家机关依法对有瑕疵的行政行为予以矫正，以及对行政行为造成的不利后果予以消除而实施的一种法律补救机制。具体而言，行政救济包括行政内救济和行政外救济。行政内救济就是通过行政主体系统内部进行的救济，包括行政复议、行政申诉、行政信访、人事仲裁等；行政外救济主要是指立法机关和司法机关对行政行为的救济，包括立法救济和行政诉讼。其中，最主要的行政救济途径，就是行政复议与行政诉讼。

行政复议是指公民、法人或其他组织认为具体行政行为违法或不当、侵犯其合法权益时，向复议机关提出复议申请；复议机关受理后，对该具体行政行为进行合法性和合理性审查，并作出复议决定的活动。行政复议的范围主要包括：第一，可以复议的具体行政行为，主要有行政处罚、行政强制、行政许可、行政确权行为、侵犯经营自主权的行为、变更或废止农业承包合同、违法要求履行义务的行为、行政不作为及其他具体行政行为。第二，可以复议的抽象行政行为，包括国务院部门的规定、县级以上地方各级人民政府及其工作部门的规定、乡镇人民政府的规定。这些规定不包括政府规章。行政相对人只能附带提出复议申请，即在对具体行政行为申请行政复议时，一并向行政复议机关提出对该规定的审查申请，而不能单独直接提出。第三，不能申请复议的事项，除了行政立法外，还包括不服行政处分及其他人事处理决定的，即内部行政行为，不服行政机关对民事纠纷作出的调解和其他处理的。

行政诉讼是指作为行政相对人的公民、法人或者其他组织认为有关行政机关及其工作人员的具体行政行为侵犯其合法权益，依法向人民法院起诉，而由人民法院审理并作出裁判的活动。行政诉讼只受理针对具体行政行为不服的诉讼，和行政复议中可以申请复议的具体行政行为的范围一致。

第二节　高等院校与大学生的行政法律关系

【案例】考试舞弊案

24岁的张某是江西九江人，2009年考入江西××大学。2011年2月22日，学校组织学生参加线性代数补考，补考过程中，张某请他人代替参加考试，学校给予了张某留校察看的处分。

但是，张某仍未吸取教训。2013年4月19日，他在参加电气控制与可编程控制器课程清欠考试中夹带资料，后被学校认定为夹带作弊。同年5月10日，江西××大学对张某作出开除学籍的处分决定。

处分决定书显示：因该生在线性代数课程补考中请他人代替其参加考试，已受到学校留校察看处分，学校还未对其解除留校察看。根据《江西××大学学生违纪处分规定》第二十九条规定，张某同学找人替考作弊后再次考试夹带作弊事实清楚，经教务处和学生工作部审核，校领导办公会批准，决定给予张某开除学籍处分。

对于这样的"极刑"处罚，张某认为处罚得太重。遂在向学校及省教育厅申诉无果后，选择与母校对簿公堂。不过，这起官司历经一审、二审，张某皆败诉，两级法院依法作出了维持学校对张某作出开除学籍的处分决定。

《中华人民共和国刑法修正案（九）》（以下简称《刑法修正案九》）由中华人民共和国第十二届全国人民代表大会常务委员会第十六次会议于2015年8月29日通过，自2015年11月1日起施行。《刑法修正案九》的亮点之一，就是针对当前社会诚信缺失、欺诈等背信行为多发的实际情况，增加规定了组织考试作弊犯罪。也就是说，2015 年 11 月 1 日开始，在国家考试中组织作弊、提供作弊器材、出售或者提供试题答案、替考等作弊行为，不仅是考试违规行为，而且可能构成犯罪，将受到刑事处罚。

高等院校在社会生活中的角色是复杂的。在不同的法律关系中，高校的法律地位不尽相同。按照我国《教育法》等法律法规的界定，高校是独立的事业单位法人；通过法律法规的授权，高校又能行使部分涉及高等教育的行政管理职权，具有公法人性质。因此，我们有必要对高等学校的法律地位进行梳理，进而关注学生之间形成的不同法律关系。

一、作为行政主体的高等院校

（一）高等院校的法律地位

1. 高校是独立事业单位法人

长期以来，我国高校并没有独立的法人地位，直到 1992 年发布的《关于国家教委直属高等学校内部管理体制改革的若干意见》，才首次提出"国家教委直属高校是国家教委直接管理的教育实体，具有法人地位"。

1995 年的《教育法》和 1998 年的《高等教育法》，首次明确了高校的法人地位。《教育法》第三十一条规定："学校及其他教育机构具备法人条件的，自批准设立或者登记注册之日起取得法人资格。学校及其他教育机构在民事活动中依法享有民事权利，承担民事责任。学校及其他教育机构中的国有资产属于国家所有。学校及其他教育机构兴办的校办产业独立承担民事责任。"《高等教育法》第三十条规定："高等学校自批准设立之日起取得法人资格。高等学校的校长为高等学校的法定代表人。高校在民事活动中依法享有民事权利，承担民事责任。"

按照我国《民法典》的规定，法人分为营利法人、非营利法人和特别法人，其中非营利法人包括事业单位法人、社会团体法人和捐助法人。根据《事业单位登记管理暂行条例》的规定，事业单位，是指国家为了社会公益，由国家机关举办或者其他组织利用国有资产举办的，从事教育、科技、文化、卫生等活动的社会服务组织。因此，我国高等院校属于事业单位法人。

2. 高校是法律法规授权的行政主体

国家通过公共财政投入提供高等教育的服务，其意义在于实现国家的教育权，保障人民的受教育权。现行《宪法》第二十四条规定："国家通过普及理想教育、道德教育、文化教育、纪律和法制教育，通过在城乡不同范围的群众中制定和执行各种守则、公约，加强社会主义精神文明的建设。"这是国家举办教育的宪法依据。为了适应国家对教育的主导地位，法律法规授权高等院校行使部分高教行政职权，目的也是落实国家的教育权。

我国《教育法》第二十八条规定："学校及其他教育机构行使下列权利：（一）按照章程自主管理；（二）组织实施教育教学活动；（三）招收学生或者其他受教育者；（四）对受教育者进行学籍管理，实施奖励或者处分；（五）对受教育者颁发相应的学业证书……"《高等教育法》第四十一条规定："高等学校的校长全面负责本学校的教学、科学研究和其他行政管理工作，行使下列职权：……（四）聘任与解聘教师以及内部其他工作人员，对学生进行学籍管理并实施奖励或者处分……"这些规定，分别涉及高校对大学生的招生权、学籍管理、奖励、处分等权力。这些法律"授予公立高等学校学生管理权中涉及学生能否完整地获得政府提供的高等教育服务的那些权力"的实质，是"国家公权力，即执行法律法规的行政执法权"。因此，高等学校具有法律法规授权的行政主体地位和资格。

我国司法实践中已出现大量的行政诉讼案例，从实务层面认可了高校行政主体的法律地位。具有代表性的，如后文将重点分析的田永诉北京科技大学案等。

（二）高等学校中的法律关系

高等学校基于不同的法律地位，与大学生之间形成的法律关系也有所不同。这些不同的法律关系，涵盖了前述王某案和董某诉郑州大学案，涉及高校对大学生两种不同类型的管理事项。

首先，基于"私行政"事项形成的民事法律关系。民事法律关系是根据民法调整的平等民事主体之间的民事权利义务关系。大学管理中的"私行政"事项，实际就是学校作为一个与学生平等的主体，基于一定的民事关系进行的管理。依照前述《教育法》第三十一条的规定，高校和学生首先是作为法人与公民的身份存在，两者能够享有财产权、人身权等民事权利，两者在日常管理活动中也必然产生以财产关系和人身关系为内容的民事法律关系。例如，学校与学生签署住宿合同，根据住宿合同所约定的条款进行管理。再比如，学校作为校园设施的所有者，对于校园设施的使用问题进行管理，其管理基础就是设施的所有权；前述王某案中，后勤保障部门要求王某进行民事赔偿，就是这个道理。因此，涉及公共财产的管理、学生公寓的使用、饮食管理与服务、对学生校园伤害的赔偿等，均是这种民事法律关系的体现。

其次，基于"私行政"事项形成的行政法律关系。公行政，就是学校作为一个与学生地位不平等的主体，以公权力的行使者身份，对学生进行强制性处理，它的基础在于前述的法律、法规的授权。例如，学校对学生进行退学的处分，就不同于多数民事行为，而是一种单方行为，只要学校有进行处理的意志，即可完成。对于这些行为不服的，学生一般可以提起行政诉讼，而不是民事诉讼。高校在行政法律关系中的权利和义务，后文将重点阐述。

二、作为行政相对人的大学生

(一) 大学生的多重身份

大学生是一个具有身份特性的群体,他们具有多重身份,需要进行区别认识:(1) 大学生首先是公民。作为公民,大学生理所当然地享有公民的基本权利,同时需要履行公民的基本义务,这一点不因大学生的身份而有任何的区别。(2) 大学生是学校这一公营造物的利用者,因此基于公营造物的利用关系,而产生特定的权利义务。(3) 大学生是国家教育权的对象,国家在进行教育的过程中,必然要对其活动进行一定的限制。例如,国家可以规定大学生毕业的具体条件,入学的具体要求,等等。

如果从公共行政的角度来说,大学生作为行政相对人的权利义务,也可来自两方面内容:第一,大学生作为公民,与其他人一样,享有法律规定的权利,承担法律规定的义务。例如,大学生在自身出现危险时,可以要求公安机关履行保护义务;如果大学生违反治安管理的要求,同样可能受到治安管理的处罚。第二,大学生作为学校教学科研设施的利用者,必须服从学校安排。例如,大学生应遵守学校图书馆的使用规则,不喧哗嬉闹;应遵守考试纪律,不抄袭舞弊;等等。

这两个层面的权利义务在一定情况下可能发生融合。例如,学校会制定规则,当大学生出现舞弊情形时,应予以开除的处分。在这种情形下,大学生的学生身份与公民身份就发生了重合,甚至是一种冲突。究竟是基于大学生的公民身份保障其受教育权,还是基于大学自治,而支持学校对学生学籍的限制和剥夺,这是我们在司法实践中经常遇到的矛盾。

(二) 大学生的权利义务

大学生的权利义务首先体现为公民的权利和义务,这一点无须赘述。这里所讨论的大学生的权利义务，主要是大学生基于其大学生身份所应享有的权利和义务。

大学生在高校中的权利义务的核心，是宪法层面的平等的受教育权。通过《教育法》《高等教育法》等法律法规的具体化，宪法层面的受教育权体现为行政法层面的公法权利。这种受教育权可以分解为以下权利：获得录取资格权；获得帮助权，包括获得物资帮助权、获得指引、支持权、获得必要服务权；知情权；事务参与权，包括教学事务参与权与其他事务参与权；自主安排学业权；营造物利用权；获得公正评价权；毕业要求权与学位获取权；程序保障与获得救济的权利。

根据《普通高等学校学生管理规定》，上述权利被进一步具体化，学生在校期间依法享有下列权利：参加学校教育教学计划安排的各项活动，使用学校提供的教育教学资源；参加社会服务、勤工助学，在校内组织、参加学生团体及文娱体育等活动；申请奖学金、助学金及助学贷款；在思想品德、学业成绩等方面获得公正评价，完成学校规定学业后获得相应的学历证书、学位证书；对学校给予的处分或者处理有异议，向学校、教育行政部门提出申诉；对学校、教职员工侵犯其人身权、财产权等合法权益，提出申诉或者依法提起诉讼；法律、法规规定的其他权利。

同时，根据《普通高等学校学生管理规定》第六条的规定，学生在校期间依法履行下列义务：遵守宪法、法律、法规；遵守学校管理制度；努力学习，完成规定学业；按规定缴纳学费及有关费用，履行获得贷学金及助学金的相应义务；遵守学生行为规范，尊敬师长，养成良好的思想品德和行为习惯；法律、法规规定的其他义务。

第三节　高等院校对大学生的行政管理

依法治国是我国基本的治国方略，体现在高等学校的治理中，就是高等教育逐渐走向法治化。确立高等学校行政主体的法律地位和资格，是淡化高校特别权力地位、将高校纳入行政法治轨道，进而实现高教法治的重要基础。以高校为代表，"教育行政主体由管理到执法的转变过程实际上也就是高教法治逐步确立的过程"。本书没有严格界分行政管理与行政执法，而是基于同样内涵予以使用。因此，高校对大学生的行政管理，也就是一种高教行政执法，即有关行政主体（高等院校）在高等教育管理过程中采取的直接影响行政相对人（大学生）权利义务的具体行政行为。

一、高等院校行政管理的基础

高校实行大学自治，并非所有的事务均自主处理，而是基于高校的目的，国家保障大学自主安排教学科研活动和其他内部事务。高校的管理权分为两类：一类是具有行政权性质的"权力"，如对受教育者的学籍管理权、处分权、颁发学业证书权以及对老师和其他职工的奖励或处分权等；另一类则是具有民事性质的"权利"，如对学校设施的管理和使用权、科技文化交流和合作等。

事实上，前一类权力，就是高校根据法律法规授权所获得的；而后者则不需要法律法规的特别说明，即可以从高等院校的法律地位中推导出来。例如，《高等教育法》第三十二条至第三十八条对高校的这些可以自行决定的事项进行了规定，主要包括核定办学规模，制定招生方案，调节系科招生比例，自主设置和调整学科、专业，自主制定教学计划，选编教材，组织实施教学活动，自主开展科学研究、技术开发和社会服务，自主开展对外科学技术文化交流与合作等多个方面。

从这些条款中，我们可以看出，这些权利主要是私权性质的权利，是学校可以自行决定的事项。《高等教育法》对于高校自主权的列举并未穷尽，其理论来源是高校所应有的活动权利。它在本质上是一种权利，也就是用来避免教育行政部门干预的权利。

从另一个视角来看，大学的行政权力又分化为"学术权力"与"行政权力"。学术权力，主要是学者、教授、学术组织等直接从事教学、科研活动的主体，对学术事务、学术活动和学术关系等客体支配的力量。这种学术权力往往和行政权力交织在一起。比如，在研究生学位的授予中，学位论文答辩委员会行使的是学术权力，而学位评定委员会和学位授予单位行使的则是行政权力。学术权力是大学自治、学术自由的重要元素。为了维护这种学术自由，当出现针对行使学术权力产生的纠纷时，我国法院均采取审慎的审查态度。后文中刘燕文诉北京大学案，就是典型的案例。

二、高等院校行政管理的内容

根据《普通高等学校学生管理规定》，高等院校行政管理的主要内容包括学籍管理、纪律和秩序管理、毕业与学位管理三个方面。

（一）学籍管理

1. 入学

按国家招生规定录取的新生，应持录取通知书，按学校有关要求和规定的期限到校办理入学手续。因故不能按期入学者，应当向学校请假。未请假或者请假逾期者，除因不可抗力等正当事由以外，视为放弃入学资格。新生入学后，学校在三个月内按照国家招生规定对其进行复查。复查合格者予以注册，取得学籍。复查不合格者，由学校区别情况，予以处理，直至取消入学资格。凡属弄虚作假、徇私舞弊取得学籍者，一经查实，学校应当取消其学籍。情节恶劣的，应当请有关部门查究。对患有疾病的新生，经学校指定的二级甲等以上医院（下同）诊断不宜在校学习的，可以保留入学资格一年。保留入学资格者不具有学籍。在保留入学资格期内经治疗康复，可以向学校申请入学，由学校指定医院诊断，符合体检要求，经学校复查合格后，重新办理入学手续。复查不合格或者逾期不办理入学手续者，取消入学资格。每学期开学时，学生应当按学校规定办理注册手续。不能如期注册者，应当履行暂缓注册手续，未按学校规定缴纳学费或者其他不符合注册条件的不予注册。家庭经济困难的学生可以申请贷款或者其他形式资助，办理有关手续注册。

2. 休学

由于一些特殊情况（如入伍参军等），学生可以办理休学。学生可以分阶完成学业。学生在校最长年限（含休学）由学校规定。学生申请休学或者学校认为应当休学者，由学校批准，可以休学。休学次数和期限由学校规定。学生应征参加中国人民解放军（含中国人民武装警察部队），学校应当保留其学籍至退役后一年。休学学生应当办理休学手续离校，学校保留其学籍。学生休学期间，不享受在校学习学生待遇。休学学生患病，其医疗费按学校规定处理。学生休学期满，应当于学期开学前向学校提出复学申请，经学校复查合格，方可复学。

3. 退学

退学是学籍管理的一种，它虽然会带来很严重的后果，但在行为的类型上，并不是对学生的处分。一般来讲，导致退学的原因主要包括：（1）学业成绩未达到学校要求或者在学校规定年限内（含休学）未完成学业的；（2）休学期满，在学校规定期限内未提出复学申请或者申请复学经复查不合格的；（3）经学校指定医院诊断，患有疾病或者意外伤残无法继续在校学习的；（4）未请假离校、连续两周未参加学校规定的教学活动的；（5）超过学校规定期限未注册而又无正当事由的；（6）本人申请退学的。对学生的退学处理，应由校长会议研究决定。对退学的学生，由学校出具退学决定书并送交本人，同时报学校所在地省级教育行政部门备案。

4. 开除

开除是学校对学生最严重的处分。出现下列情形的，学校可以对学生进行开除：（1）违反宪法，反对四项基本原则、破坏安定团结、扰乱社会秩序的；（2）触犯国家法律，构成刑事犯罪的；（3）违反治安管理规定，性质恶劣的；（4）由他人代替考试、替他人参加考试、组织作弊、使用通信设备作弊及其他作弊行为严重的；（5）剽窃、抄袭他人研究成果，情节严重的；（6）违反学校规定，严重影响学校教育教学秩序、生活秩序以及公共场所管理秩序，侵害其他个人、组织合法权益，造成严重后果的；（7）屡次违反学校规定受到纪律处分，经教育不改的。

由于开除是对学生受教育权的剥夺，因此，高校应严格遵循基本的程序要求，应做到程序正当、证据充分、依据明确、定性准确、处分适当。学校对学生作出开除学籍处分决定，应当由校长会议研究决定。而且，学校对学生作出处分，应当出具处分决定书，送交本人。开除学籍的处分决定书报学校所在地省级教育行政部门备案。

5. 学籍管理中的基本权利问题

在学籍管理中，应充分保障学生作为公民所应享有的基本权利。例如，2010 年 2 月，中华人民共和国人力资源和社会保障部、教育部、卫生部联合发布《关于进一步规范入学和就业体检项目维护乙肝表面抗原携带者入学和就业权利的通知》，提出入学、入职体检均不得再进行乙肝项目检测，并禁止各级医疗机构在入学、就业常规体检中提供乙肝检查项目。因职业特殊确需在就业体检时检查"乙肝五项"的，应由行业主管部门提出研究报告和书面申请，经卫生部门核准后方可进行。未经卫生部门核准，任何行业、单位不得自行将"乙肝五项"检查项目列入入学、就业体检标准。军队、武警、公安特警的体检工作按照有关规定执行。这就限制了学校在入学体检中的权力，学校如果在体检中检查这些内容，就构成了对乙肝表面抗原携带者的歧视，侵害了公民合法的受教育权。

（二）纪律和秩序管理

学校应当维护校园正常秩序，保障学生的正常学习和生活。学校应当建立和完善学生参与民主管理的组织形式，支持和保障学生依法参与学校民主管理。具体而言，主要包括：

1. 校内治安

学生应当自觉遵守公民道德规范，自觉遵守学校管理制度，创造和维护文明、整洁、优美、安全的学习和生活环境。学生不得有酗酒、打架斗殴、赌博、吸毒，传播、复制、贩卖非法书刊和音像制品等违反治安管理规定的行为；不得参与非法传销和进行邪教、封建迷信活动；不得从事或者参与有损大学生形象、有损社会公德的活动。任何组织和个人不得在学校进行宗教活动。学生使用计算机网络，应当遵循国家和学校关于网络使用的有关规定，不得登录非法网站、传播有害信息。学校应当建立健全学生住宿管理制度。学生应当遵守学校关于学生住宿管理的规定。

2. 社会活动

学生可以在校内组织、参加学生团体。学生成立团体，应当按学校有关规定提出书面申请，报学校批准。学生团体应当在宪法、法律、法规和学校管理制度范围内活动，接受学校的领导和管理。学校提倡并支持学生及学生团体开展有益于身心健康的学术、科技、艺术、文娱、体育等活动。学生举行大型集会、游行、示威等活动，应当按法律程序和有关规定获得批准。对未获批准的，学校应当依法劝阻或者制止。学生进行课外活动不得影响学校正常的教育教学秩序和生活秩序。学校应当鼓励、支持和指导学生参加社会实践、社会服务和开展勤工助学活动，并根据实际情况给予必要帮助。学生参加勤工助学活动应当遵守法律、法规以及学校、用工单位的管理制度，履行勤工助学活动的有关协议。

3. 纪律管理应与法律相一致

必须明确的是，这些管理必须与相关领域的法律、法规相一致。首先，高校的纪律管理不得违反上位法的规定。例如，某学校规定不得在教室吸烟，违者予以警告处分。这是学校基于学生对学校的利用关系作出的规定。通常说来，这种日常管理是不可起诉的。但当日常管理违背了法律法规的规定时，仍应得到干预。在前例中，学校如果规定，对在教室吸烟者予以 100 元罚款，这就违背了《行政处罚法》的规定。因为，只有规章以上层级的法律方能设置罚款的行政处罚。在这种情况下，司法权是可以介入审查的。

其次，高校管理应执行现有法律法规的规定。例如，任何组织和个人不得在学校从事宗教活动，与我国的教育政策相一致，也与我国的宗教政策和宗教法律相一致。我国的《宗教事务条例》第十二条规定："信教公民的集体宗教活动，一般应当在经登记的宗教活动场所（寺院、宫观、清真寺、教堂以及其他固定宗教活动处所）内举行，由宗教活动场所或者宗教团体组织，由宗教教职人员或者符合本宗教规定的其他人员主持，按照教义教规进行。"显然，学校并非这里所说的宗教活动场所，从公营造物的目的而言，也不能用于宗教活动，其用途是特定的。再例如，高校学生的集会、游行、示威活动，应遵循相应的法律法规。我国颁布实施了《集会游行示威法》，对集会游行示威活动进行必要的限制，大学生的集会游行示威活动，也必须遵守这些限制，不能有所逾越。

（三）毕业与学位管理

学生在学校规定期限内，修完教育教学计划规定的内容，德、智、体达到毕业要求，准予毕业，由学校发给毕业证书。学生在学校规定期限内，修完教育教学计划规定内容，未达到毕业要求，准予结业，由学校发给结业证书。结业后是否可以补考、重修或者补作毕业设计、论文、答辩，以及是否颁发毕业证书，由学校规定。对合格后颁发的毕业证书，毕业时间按发证日期填写。学满一学年以上退学的学生，学校应当颁发肄业证书。学校应当执行高等教育学历证书电子注册管理制度，每年将颁发的毕（结）业证书信息报所在地省级教育行政部门注册，并由省级教育行政部门报国务院教育行政部门备案。对完成本专业学业同时辅修其他专业并达到该专业辅修要求者，由学校发给辅修专业证书。对违反国家招生规定入学者，学校不得发给学历证书、学位证书；已发的学历证书、学位证书，学校应当予以追回并报教育行政部门宣布证书无效。毕业、结业、肄业证书和学位证书遗失或者损坏，经本人申请，学校核实后应当出具相应的证明书。证明书与原证书具有同等效力。

根据《中华人民共和国学位条例》的规定，国家实行学位制度。学士学位，由国务院授权的高等学校授予；硕士学位、博士学位，由国务院授权的高等学校和科学研究机构授予。授予学位的高等学校和科学研究机构（以下简称学位授予单位）及其可以授予学位的学科名单，由国务院学位委员会提出，经国务院批准公布。符合学位授予条件者，学位授予单位应当颁发学位证书。学位授予单位对于已经授予的学位，如发现有舞弊作伪等严重违反本条例规定的情况，经学位评定委员会复议，可以撤销。

（四）奖励

获得奖励是学生的一项法定权利，根据《普通高等学校本、专科学生实行奖学金制度的办法》的规定，国家和有关部门设立优秀学生奖学金、专业奖学金和定向奖学金。优秀奖学金分三等，其目的是鼓励学生刻苦学习，奋发向上，德、智、体、美、劳等全面发展；专业奖学金则用以鼓励学生报考师范、农林、体育、民族、航海等专业，凡学生录取为这些专业学生的，均享有专业奖学金；定向奖学金是有关部门和地区为鼓励立志毕业后到边疆地区、经济贫困地区和自愿从事煤炭、矿业、石油、地质、水利等艰苦行业的学生设立的。

研究生的奖励则依据《普通高等学校研究生奖学金办法》执行，包括普通奖学金和优秀奖学金两类，普通奖学金是为了保障基本生活而提供的，优秀奖学金则是为了奖励优秀研究生设立的。

第四节　高等院校与大学生行政法律关系的合理界定

大学成员具有身份角色的双重性特征。大学生既是国家公民，又是以学术自主权为核心的大学自治体的主体和成员。基于大学自治的特别权力关系，大学生的权利会受到部分限制。但作为公民，大学生所享有的与学术自由权无关的基本权利，大学如果没有明确法律规定，则不能予以限制。事实上，近年来高校与学生之间产生的诸多纠纷，就是源于这个界限的模糊。

一、学生惩戒与基本权利的协调

学生惩戒，是高校针对未达到学校要求，或行使某种特定行为的学生采取的使其承担不利后果的措施。学生惩戒有两种情形：一是未达到学校要求，例如学生成绩不及格，未能修满学分等；二是行使了一定的行为，例如考试作弊、打架斗殴等。

《普通高等学校学生管理规定》规定的法定惩戒形式，主要包括：（1）取消入学资格，这是针对已被高校录取但尚未取得学籍的学生实施的惩戒；（2）取消学籍；（3）不予注册；（4）课程考试成绩记为无效；（5）留级、降级；（6）退学；（7）纪律处分，包括警告、严重警告、记过、留校察看、开除学籍。此外，高校还可以根据自主管理的需要，规定惩戒形式。但这些惩戒形式不能超越法定的惩戒形式。

但是，就目前情况来看，各高校的校纪校规的制定非常粗疏，随意性很大，监督机制也不完备。这使得各高校作出的处分决定，给学生的基本权利造成很大侵害，也成为学校与学生纠纷的多发地带。

柳斌（化名）今年21岁，陈芳（化名）19岁。他们都是成都某大学2003级外国语学院的本科班学生，同时也是一对谈恋爱已一年的情侣。2004年5月9日晚上6时许，二人一同到教室去上自习。因教室没有其他同学自习，两人于是将一间教室的前后门都关上。8时左右，各自看了一阵书的两人抱在一起接吻，然后顺势躺到了地上，这一切都被学校的监控录像设备录了下来。之后，两人又开始看书。十几分钟后，几名保安敲门走进教室，对他们进行了询问。随后，保安把柳斌带到一楼的监控室。3天后，二人被叫至院领导办公室接受教育，并上交检讨书。5月20日，校方根据该校《大学学生违纪处分规定》第十三条第三款"发生非法性行为者，给予开除学籍处分"的规定，对二人作出了勒令退学的处分决定。7月5日，学院领导正式向柳斌、陈芳两人宣读了学校勒令其退学的决定。

2002年暑假期间，19岁的大二学生李静（化名）和男友李军（化名）在旅游时同住了一晚，发生了性关系。10月1日，李静突觉肚子疼，便到校医院进行检查，诊断结果竟为妇科病引起的宫外孕。李静便自费住进了地方医院，并做了手术。10月15日李静出院返校后，即被学校通知至少要被处以留校察看的处分，男友李军被定为勒令退学，并通报全校。原来校医院将她的孕情通报了系领导，许多同学也都知道了。10月17日，学校要求李静写份深刻检查，交代发生性关系的时间、地点、次数等情节，承认犯有"品行恶劣，道德败坏"的错误。最后，学校以李静写的检查"认识不到位、狡辩"为由，于10月30日作出决定，将两人同处以勒令退学处分，并要求立即离校。学校处分的依据是：《××学院学生违纪处罚条例》第二章第二十条规定："品行恶劣，道德败坏，情节轻微者给予严重警告或记过处分；情节严重和发生不正当性行为者，给予留校察看直至开除学籍处分"。这对恋人不服，认为学校的做法侵犯了他们的隐私权，遂向法院起诉。

　　这两个案件均引起社会的强烈反响。但是，两案最终都被法院以不属于行政诉讼受案范围为由驳回起诉。这两起案件，均涉及惩戒学生对公民基本权利的侵犯问题，其中的核心问题在于四个方面。

（一）对公民自由的限制问题

　　限制公民自由如何界定？这里涉及两个问题：第一，限制自由的界限。任何公民，在社会生活中都有公共领域和私人领域的区别，从法律的逻辑来看，只有公民进入了公共领域当中，其自由才应得到限制。这个公共领域并非单纯指地域上的公共领域。而是指涉及以公共利益为核心的公权力的管辖范围。例如，两个人在密室中互殴，致使一人死亡，法律仍需进行干预，因为伤害他人生命的行为具有严重的社会危害性。而在上述两个案件中，当事人的行为并未进入公共领域，恰恰相反，是权力的触角伸进

199

了他们的私人空间。第二，限制自由的方式。西方有句很著名的法谚，即"法无明文禁止即自由"。这就是说，要限制自由，必须以法律的方式进行。至少，要用一个比自由更高位阶的价值来进行限制。在现代社会中，这个高位阶的价值，只能是法治。然而，我国法律并没有明确禁止婚前性行为，也没有明确禁止亲密活动，但法律明确规定了受教育权。这就使上述校方用亲密行为去对抗甚至是限制一个高位阶的权利与自由，缺乏合法的依据。

（二）对学生处理的程序问题

如前所述，学校的管理活动需要遵循必要的程序。特别是对学生权利的限制或剥夺方面，尤其要注重程序。然而，在上述两起案例中，学校均未采取有效的措施进行调查取证，也没有听取当事人的意见和申诉，而是自行作出了决定。这种处理方式，对于勒令退学这样严重的处分而言，显然是不充分、不严谨、不妥当的。因此，程序的缺失也就导致行政行为缺乏正当性。

（三）道德与法律的界限问题

婚前性行为最多是一个道德问题，它与法律问题具有相对的独立性。法律固然要体现道德诉求，但也不能成为道德的傀儡。1990 年施行的《普通高等学校学生管理规定》（已废止）也曾将"道德败坏"作为法定处分的理由，1979 年的《中华人民共和国刑法》（已废止）也曾将"流氓罪"当成一个罪名。这些都是泛道德化的立法方式，缺乏明确性，容易让人无所适从，实际上是不符合法治国家建设要求的。这种倾向在立法中已经越来越少，但在校纪校规中却仍然屡见不鲜。既然法律都未作禁止，道德又如何成为更为严厉的约束呢？

（四）校纪校规与法律的冲突问题

从制度来看，上述学校的校纪校规与国家法律是相冲突的。我国《宪法》和《婚姻法》都明确规定了公民有结婚的自由，这种自由只受到结婚年龄、身体条件等方面的限制，并不受到其他任何因素的干涉。结婚自由隐含的是生育、性行为等的自由。2005年修订的《普通高等学校学生管理规定》将在校学生禁止结婚的条款删去，这是对公民基本权利的尊重，也是对上位法律的有效回应。当然，删除这一条款，并不意味着教育部门就大力鼓励在校学生结婚。删除这一条款的实质意义在于，高校的行为应遵循上位法的要求；同时，在行政执法中，应该"法律的归法律，道德的归道德"。

二、学术自治与国家法制的融合

大学的存在，其目的在于教学和科研，其支撑在于人才，其价值在于知识。从这个意义上讲，高校必有其纪律，也就是校纪校规。这些校纪校规存在的目的，在于塑造符合特定要求的人才，贯彻一定的教育理念，形成优良的大学传统。因此，大学具有一定的自治性：一方面是学术自治，它强调的是教学活动与科研活动的自主性；另一方面是行政自治，它强调的是学校章程的自主权。在纪律维持、设施使用等方面，高校有一定的自主权。正是基于这样的考虑，维护大学在一定程度上的自治，是一种非常重要的公共利益，也正是在这一意义上，高校在一些特定问题上也必须豁免司法审查。

当然，自治并非毫无界限，大学也绝非国中之国，它是国家实现其教育权的手段，也必须遵守国家法律的规定。

原告刘燕文系北京大学1992级无线电电子学系电子、离子与真空物理专业博士研究生。1994年4月27日，刘燕文通过北京大学安排的笔试考试，并于当年5月10日通过了博士研究生综合考试，成绩为良。之后，刘燕文进入博士论文答辩准备阶段。1995年12月22日，刘燕文提出答辩申请，将其博士论文提交学校。经过专家论文评阅、同行评议等程序后，刘燕文顺利参加并通过了答辩。刘燕文所在系的系论文答辩委员会与系学位评定委员会的表决结果，都是建议授予其博士学位。

1996年1月24日，北京大学学位评定委员会召开第41次会议，应到委员21人，实到16人，同意授予刘燕文博士学位者6人，不同意授予刘燕文博士学位者7人，3人弃权，该次会议将3票弃权票计算在反对票中，其表决结果为：校学位评定委员会不批准授予刘燕文博士学位。对此结果，刘燕文不服，后于1999年11月向北京市海淀区人民法院提起诉讼，1999年12月，海淀法院当庭作出一审判决：

按照国家教委的《研究生学籍管理规定》第三十三条规定：

一、撤销北京大学为刘燕文颁发的博士研究生结业证书，责令北大在判决生效后两个月内向原告刘燕文颁发博士研究生毕业证书；撤销北京大学学位评定委员会不授予刘燕文博士学位的决定，责令北大学位评定委员会于判决生效后三个月内对是否批准授予刘燕文博士学位的决议审查后重新作出决定。

二、本案的诉讼费用由被告承担。

判决后，北京大学不服，上诉至北京市第一中级人民法院。2000年12月，二审法院以原审法院"未能查清诉讼时效问题"为由，撤销原判，发回重审。海淀区人民法院在重审中以诉讼时效问题驳回了刘燕文的起诉。后刘燕文不服，向北京市第一中级人民法院提起上诉。2001年3月，北京市第一中级人民法院作出终审裁定，驳回刘燕文的上诉，维持原裁定。

刘燕文案最终败诉，关键问题在于诉讼时效。抛开这个案件中的时效问题，本案的核心争议问题在于校学位评定委员会的行政行为是否合法？换言之，校学位评定委员会能否对博士学位的授予进行一个实质审查？

原告代理人在诉讼中认为，第一，校学位评定委员会并不具备对博士论文进行实质审查的资格。"依照我国现行的制度，博士学位的授予可以说采用三级评审制：第一级是答辩委员会，第二级是校学位评定委员会设在各系的分委员会，最后是校学位评定委员会。"原告方认为，答辩委员会与各系的分委员会，一般都是与博士论文主题研究方向相关的专家。他们的知识结构和学术水平，能够胜任对博士论文实质审查的工作。但是，校学位评定委员会的委员来自全校各院系的专家，虽然他们在各自领域内是具有很深学术造诣的权威，但对于其他领域而言就是"门外汉"。因此，他们不具备对刘燕文博士论文进行实质审查的能力。

第二，校学位评定委员会没有遵循正当程序的要求。"就本案而言，如果校学位评定委员会在作出最终决定之前，给刘燕文一个在各位委员面前陈述和申辩的机会，结果可能完全不同；即使结果仍然是否决，也应当把结果用书面形式及时通知刘燕文本人，并说明理由。尽管没有一条法律条文明确要求这样做，但法律的正当程序要求这样做，被告北京大学没有履行这些程序原则，其所作的不授予刘燕文博士学位的决定不具有合法性，已构成滥用职权。"

原一审人民法院并没有采纳原告方第一条意见，回避了法院对校学位委员会有没有对博士学位论文水准进行实质审查资格这个问题的回答，却集中力量对第二条意见进行了审查。

原一审人民法院判决认为，首先，校学位委员会作出的不批准学位论文答辩委员会报请授予刘燕文博士学位的决议的决定，未经校学位委员会全体成员过半数通过。因为北京大学第四届学位评定委员会共有委员 21 人，但对是否授予刘燕文博士学位的表决结果，只有参会委员中的 7 人反对，违反了《学位条例》第十条第二款关于"经校学位委员会全体成员过半数通过"的规定。其次，因为不授予学位的决定，关系到学位申请者能否获得相应学位证书的权利，但本案被告校学位委员会在做出不批准授予刘燕文博士学位前，未听取刘燕文的申辩意见；在作出决定之后，也未将决定向刘燕文实际送达，影响了刘燕文向有关部门提出申诉或提起诉讼权利的行使，该决定应予撤销。

通过原一审人民法院的意见可以看出，法院在这个问题上提出了两个意见：第一，学位委员会的决定必须以全国人大常委会制定的《学位条例》为依据，任何决定都必须过半数才能通过，无论这个决定是肯定的，抑或否定的；第二，学位评定委员会的活动必须根据正当程序原则的要求，听取当事人申辩意见，并在作出决定后及时送达。这些要求并没有涉及学术上的专业问题，而是对授予学位的法定程序进行解释。从这一点来看，原一审法院很好地把握了学术自治与法治之间的关系问题。

在本案中，原一审法院回避对原告关于学位评定委员会对博士论文实质审查的问题，客观上实现了对学术自治的维护。法院对学术问题不审查，实际上表明，学术内治意味着学校、学术共同体对一个学者水平的判断标准、判断结果，是由学校和学术共同体自主决定的事项。而"法治"，则意味着学校、学术共同体对一个学者水平的判断程序、判断过程，必须遵循法律已明确规定的事项。当判断标准有误的时候，法院并不干预，因为法官只是法律的专家，而学术共同体才是专业问题的专家；但当判断过程有违法律规定的时候，法院作为法律的专家，却能够进行监督。这样的判决，既能够避免法院审判学术，又能够避免以学术自治为名对公民受教育权的侵害。

三、大学管理与司法审查的衔接

在高校行政管理活动中，如果以大学自治完全排斥司法审查，学校的活动就无法得到实质的监督。上述三个案例，虽然通过新闻报道，在现实生活中引起广泛讨论，但它们都没能引起司法审查的良好互动。涉案公民的基本权利也因此没有得到有效保障。

而 1999 年的田永诉北京科技大学拒绝颁发毕业证、学位证行政诉讼案，则成为我国行政诉讼乃至行政法治的进程中具有里程碑意义的案件。该案不仅突破了传统行政主体理论和行政诉讼受案范围的局限，而且将正当程序等原则运用到审判之中，为大学管理与司法审查的有效衔接，提供了实证基础。

1994 年 9 月，原告田永考入被告北京科技大学下属的应用科学学院物理化学系，取得本科生学籍。1996 年 2 月 28 日，田永在参加"电磁学"课程补考过程中，随身携带的纸条在中途去厕所时掉出，被监考教师发现。监考教师虽未发现田永有偷看纸条的行为，但还是按照考场纪律，当即停止了田永的考试。同年 3 月 5 日，北京科技大学以本校"凡考试作弊者，一律按退学处理"的规定，决定对田永按退学处理，4 月 10 日填发了学籍变动通知。但是，北京科技大学没有直接向田永宣布处分决定和送达变更学籍通知，也未给田永办理退学手续。田永继续在该校以在校大学生的身份正常参加学习及学校组织的活动。这期间，被告还为田永补办学生证，每学年还在收取田永交纳的学费，并为田永进行注册、发放大学生补助津贴；田永还参加了大学生毕业实习设计，并以该校大学生的名义参加了大学英语四级等多个考试并获取证书。田永在该校学习的 4 年中，成绩全部合格，通过了毕业实习、设计及论文答辩，获得优秀毕业论文及毕业总成绩全班第九名。

被告北京科技大学的部分教师曾经为原告田永的学籍一事向原国家教委申诉，原国家教委高校学生司于 1998 年 5 月 18 日致函北京科技大学，认为该校对田永违反考场纪律一事处理过重，建议复查。同年 6 月 5 日，北京科技大学复查后，仍然坚持原处理结论。

1998 年 6 月，被告北京科技大学有关部门以原告田永不具有学籍为由，拒绝为其颁发毕业证，进而也未向教育行政部门呈报毕业派遣资格表。田永遂向北京市海淀区人民法院起诉。1999年2月14日，该院作出判决，要求被告向原告田永颁发大学本科毕业证书，召集本校的学位评定委员会对原告田永的学士学位资格进行审核，同时，向当地教育行政部门上报原告田永毕业派遣的有关手续的职责。

北京科技大学不服一审判决，提出上诉，二审法院驳回上诉，维持原判。

法院在处理这一案件时，运用了比较复杂的论理方法。

第一，法院首先确认了本案作为行政诉讼案件的性质，其核心论点在于，被告北京科技大学在学籍管理中行使的是行政管理的权力。"在我国目前情况下，某些事业单位、社会团体，虽然不具有行政机关的资格，但是法律赋予它行使一定的行政管理职权。这些单位、团体与管理相对人之间不存在平等的民事关系，而是特殊的行政管理关系。他们之间因管理行为而发生的争议，不是民事诉讼，而是行政诉讼。"

法院认为，"尽管《中华人民共和国行政诉讼法》第二十五条所指的被告是行政机关，但是为了维护管理相对人的合法权益，监督事业单位，社会团体依法行使告诉赋予的行政管理职权，将其列为行政诉讼的被告，适用行政诉讼法来解决它们与管理相对人之间的行政争议，有利于化解社会矛盾，维护社会稳定"。而且，按照我国《教育法》《学位条例》等规定，本案被告北京科技大学是从事高等教育事业的法人，原告田永诉请其颁发毕业证、学位证，正是由于其代表国家行政权力时引起的行政争议，可以适用行政诉讼法予以解决。

第二，高校的教育自主权不得与上位法冲突，不得超越上位法制更加严苛的标准。法院认为，原告田永应当接受被告的管理，但"教育者在对受教育者实施管理中，虽然有相应的教育自主权，但不得违背国家法律、法规和规章的规定"。北京科技大学可以根据本校的规定对田永违反考场纪律的行为进行处理，但是这种处理应当符合法律、法规、规章规定的精神，至少不得重于法律、法规、规章的规定。《普通高等学校学生管理规定》（1990年）第十二条规定，凡擅自缺考或者考试作弊者，该课程成绩以零分计，不准正常补考，如确实有悔改的表现，经教务部门批准，在毕业前可给予一次补考机会。考试作弊的，应予以纪律处分。该规定第二十九条中应予退学的十种情形中，没有不遵守考场纪律或者考试作弊应予退学的规定。因此，被告对原告的处理，不仅扩大了认定"考试作弊"的范围，而且对"考试作弊"的处理明显重于《普通高等学校学生管理》第十二条的规定，也与第二十九条规定的退学条件相抵触，应属无效。

第三，按退学处理，涉及公民受教育权的重要问题，应按法定程序进行，不得有违正当程序的要求。法院认为："按退学处理，涉及被处理者的受教育权利，从充分保障当事人权益的原则出发，作出处理决定的单位应当将该处理决定直接向被处理者本人宣布、送达，允许被处理者本人提出申辩意见。北京科技大学没有照此原则办理，忽视当事人的申辩权利，这样的行政管理行为不具有合法性。北京科技大学实际上从未给田永办理注销学籍、迁移户籍、档案等手续。特别是田永丢失学生证以后，该校又在1996年9月为其补办了学生证并注册，这一事实应视为该校自动撤销了原对田永作出的按退学处理的决定。此后发生的田永在该校修满四年学业，还参加了该校安排的考核、实习、毕业设计，其论文答辩也获得通过等事实，均证明按退学处理的决定在法律上从未发生过应有的效力，田永仍具有北京科技大学的学籍。"

一审法院这种论理方法，不仅很好处理了这个个案，更重要的是，其通过详细的论理，说明了高校在学籍管理、学位授予等问题上的权力属性问题。同时，也实现了对公民权利的有效维

护。《最高法院公报》将其作为典型案例刊载，更加深化了这一
案例的实践价值。

四、大学目标与法治国家的统一

大学生具备两种身份：一是基于公营造物利用关系与高校之
间形成的特别关系；二是基于公民身份享有的权利关系。大学也
有两种目标：一是培养人才；二是塑造公民。两个层面问题不能
始终处于冲突当中，更要融合、衔接。在田永诉北京科技大学
案、刘燕文诉北京大学案前后，我国出现了一系列与高校有关的
案件，如张旺诉东南大学不依法履行法定职责附带行政赔偿案、
闵笛诉苏州大学自主招生案、林群英诉厦门大学博士生招录案
等。无论这些案件最终审理结果如何，司法权力的介入，为行政
法治的进步和大学目标与法治国家的统一，必然会发挥有力的推
动作用。

（一）以公民的培育为指向进行管理

高校不仅要培养专业人才，还要为社会培育公民。这就要求
我们认识青年成长的特质，辨明正确的观念，以激励个人志节，
规划适当的人生方向；体认人文自然的关系，涵泳高尚的气质，
以充实精神生活，培育典雅的文化素养；了解民主法治的真义，
发扬守法的精神，以树立民主的风范，落实有效的民主生活；认
知未来就业的环境，培养敬业的态度，以建立专业伦理、经营进
取的职业生涯。

因此，大学的管理，也不只是教导专业知识，更要将公民的
知识融入管理当中，要将学生视为公民，视为管理的主体，而非
管理的对象。大学必须以身作则，进一步推动良好社会的建设。
大学要在管理过程中强调程序意识，用良好的程序促进大学生的
程序思维；要在管理过程中强化正义理念，用正当合理的规则来
呵护大学生的正义情怀；要在管理过程中增强法治精神，用合法

有序的纪律来加强大学生的法律意识。从这个意义上来讲，大学的管理与公民权利之间不应存在冲突，而应体现为一种互通共济的关系。

（二）以法制统一的精神为前提完善制度

大学的管理，不能超越法治的要求。这里说的以法制统一的精神为前提完善制度，不只是要求大学必须设立合法的规则，更要求其他机关以法治为目标对大学进行监督。目前，高校的行政主体资格在我国司法实践中得到普遍认可，学生起诉母校的行政诉讼也在各地频频出现。这类案件，不论成败，都已经成功地将高等院校纳入司法监督的范围之内，并产生了良好的社会效果。

但是，我们对于大学进行司法审查的理论尚有缺漏。法院在何种情况下可以对高校的行政行为进行审查，审查的范围和力度应当如何，都存在一定疑点。既不能干涉高校自治的固有范畴，又不能使其在自治名义下侵犯公民合法权利，这对法院而言仍是一个挑战。

我们认为，对高校行政行为的审查应遵循如下几个方面的要求：一是法律优先和法律保留原则的要求，也即，高校的活动不得与法律、法规相冲突，不得对只能由法律加以规定的事项进行规定；二是重要性原则的要求，高校的日常管理活动，应属高校自主决定的事项，只要不与法律、法规冲突，即不应纳入审查范围；三是正当程序的要求，高校的管理活动，应遵循正当程序，法院应对高校管理活动是否具有表面上的正当性进行审查，例如上述案例中，来自其他领域的专家，对博士论文的审查，只能是形式审查，如是否有抄袭、是否存在规范问题等，而不能就其内容进行审查，这种做法实际上违背了正当程序原则的要求。

（三）以基本原则的确立为手段制约权力

与行政机关的执法活动一样，高校教育执法不仅需要遵循法律规则的控制，还要接受法律原则的制约。高等院校行政管理活动，尤其要遵循如下几个基本原则：

1. 法律优先原则

狭义的法律，指的是全国人民代表大会及其常务委员会制定的法律。广义的法律，则是所有的立法主体制定的规范性法律文件的总称。所谓法律优先，从狭义上说，法律在效力上高于任何其他规范。从广义上说，法律优先是指上一层次的法律规范的效力高于下一层次的法律规范。法律优先具体包括两方面内容：第一，在已有法律规定的情况下，任何其他法律规范包括行政法规、地方性法规和规章都不得与法律相抵触；第二，在法律尚未规定、其他法律规范作了规定时，一旦法律就此项作出规定后，则法律优先，其他法律规范必须服从法律。

2. 法律保留原则

我国《立法法》第八条规定，下列事项只能由全国人大及其党委会制定法律：国家主权的事项；各级人民代表大会、人民政府、人民法院和人民检察院的产生、组织和职权；民族区域自治制度、特别行政区制度、基层群众自治制度；犯罪和刑罚；对公民政治权利的剥夺、限制人身自由的强制措施和处罚；对非国有财产的征收；民事基本制度；基本经济制度以及财政、税收、海关、金融和外贸的基本制度；诉讼和仲裁制度；必须由全国人民代表大会及其常务委员会制定法律的其他事项。《立法法》第九条更明确限定，"有关犯罪和刑罚、对公民政治权利的剥夺和限制人身自由的强制措施和处罚、司法制度等事项"，只能制定法律进行规范。

这就是说，法律将一部分事项保留在自己的权限内，不允许其他的规范性文件涉及，从而避免行政机关在那些特别重要的领域内的恣意妄为。同样，高等院校也不能通过校纪校规的方式，超越法律的限制，进行非法的规定。因此，虽然高校对于学生有管理的权力，也能在一定程度上进行纪律处分，但这并不意味着高校能够超越法律。如前所述，高校虽然可以规定不得在教室吸烟，却不可以规定对吸烟者处以罚款，因为它超越了《行政处罚法》的规定，也就无法满足法治原则的基本要求。

3. 比例原则

比例原则是行政法的重要原则，是指行政主体实施行政行为时，应兼顾行政目标的实现和保护相对人的权益，应当选择既为实现行政目标所绝对必要，也为对相对人权益限制或损坏最小的手段。换言之，如果行政目标的实现可能对相对人的权益造成不利影响，则这种不利影响应被限制在尽可能小的范围和限度之内，两者有适当的比例。学界认为，比例原则包含适当性原则、必要性原则和狭义比例原则三个子原则。

比例原则的实质是对行为合理性的审查。具体到高校行政管理活动中，一方面体现在高校的行政决定应尽可能使大学生的损害保持在最小的范围内；另一方面，高校的行政决定对大学生合法权益的干预，不得超过预实现的管理目的和行政目标的价值，两者之间必须均衡、相称或合比例。比如，有的学校规定"考试作弊一律开除"，而不分情节、方式、影响后果等因素，一概作最严厉的处分，就违反了比例原则的要求。再比如，像前述两对情侣的案件中，他们的私人行为对高校管理活动并没有带来极其严重的后果，而且基本是在一个相对私密的环境中进行。对于这样的行为，不分青红皂白就予以开除的处分，也是不符合比例原则的基本精神的。

4. 正当程序原则

高校在作出各种决定时，应当遵循正当程序的基本要求。

一方面，应更多地听取被管理者的意见。根据《普通高等学校学生管理规定》的规定，学校对学生的处分，应当做到程序正当、证据充分、依据明确、定性准确、处分适当。学校在对学生作出处分决定之前，应当听取学生或者其代理人的陈述和申辩。

另一方面，应为受处分学生提供权利救济的机会。根据《普通高等学校学生管理规定》的要求，学校对学生作出的处分决定书应当包括处分和处分事实、理由及依据，并告知学生可以提出申诉及申诉的期限。学校应当成立学生申诉处理委员会，受理学生对取消入学资格、退学处理或者违规、违纪处分的申诉。如学生对申诉处理委员会的复查决定仍不服，可以在接到学校复查决定书之日起 15 个工作日内，向学校所在地省级教育行政部门提出书面申诉。

（四）以救济方式的健全为途径保障权利

高教法治对大学自治的规范，除了有赖于国家权力的监督，高教救济制度也亟待完善。救济制度的完善，一方面，是实现高教法治的必然要求；另一方面，也可以最大限度地规范国家权力对高校事务的干预。具体而言，主要应健全和完善三项救济制度，即高校体制内的教育申诉制度、高校体制外的教育复议制度和教育诉讼制度的健全。因教育复议是教育行政主管部门的救济方式，教育诉讼是司法权的救济方式，相对而言，教育诉讼对高校学生权利保障的力度，要大于高校体制内的教育申诉制度。

教育复议是行政复议的一种。我国《教育法》《高等教育法》《普通高等学校学生管理规定》中，均没有规定教育行政复议的内容。我们已经明确高等学校的行政主体地位，那么针对高等学校的具体行政行为，作为相对人一方的大学生就有权提出行政复议。但是，按照我国《行政复议法》第六条第九项的规定，"申请行政机关履行保护人身权利、财产权利、受教育权利的法定职责，政机关没有依法履行的"，相对人可以依法提起行政复议。这就把大学生提起行政复议的前提，局限在行政不作为事项。这显然不利于对大学生权利的全面保护。具体而言，应通过以下几方面来完善教育行政复议制度：首先，修改相关法律及法规，将二次申诉转换为行政复议制度。《普通高等学校学生管理规定》第六十二、六十三条规定，学生对处分决定不服的，可以向学校学生申诉处理委员会提出书面申诉进行复查；学生对复查决定有异议的，可以向学校所在地省级教育行政部门提出书面申诉。这实际上是一种二次申诉的制度。但对于二次申诉后教育行政主管部门的答复，原规定没有能否再进行救济的规定。因此，将二次申诉转换为行政复议，就保留了当事人再提起诉讼的权利，更有利于学生权利的保护。其次，应该赋予学生"或申诉或复议"的制度选择权。针对高校的处分决定，应允许学生在高校体制内外都能选择救济途径。如果学生选择通过申诉进行救济，当其对申诉结果不满时，可以再提起复议；对复议结果不满时，还可以提起诉讼。最后，在行政复议过程中，实行复议停止执行原则。即当学生申请行政复议后，原处理决定暂停执行，避免学生的受教育权和受教育的过程遭受不可逆转的损害。

对教育行政诉讼制度的完善，应侧重于受案范围和审查原则两方面。首先，明确受案范围。教育行政诉讼的受案范围，应主要包括前述的学籍管理、纪律与秩序管理、毕业与学位管理三方面。具体而言，针对学籍管理提起诉讼的事项，主要是对有关入学资格、退学等学籍变动、开除等决定不服的；针对毕业与学位管理提起诉讼的事项，主要是对学历学位证书颁发决定不服的；针对纪律与秩序管理提起诉讼的事项，主要是对损害学生人身权、财产权方面行为不服的。上述事项均应纳入成为教育行政诉讼的受案范围。其次，在具体的司法审查方面。校纪校规应成为人民法院司法审查的对象。同时，教育行政诉讼司法审查同样应遵循前述的一些原则：一个是实体性原则，即比例原则；另一个是程序性原则，即正当法律程序原则。前者主要审查高校行政决定的合理性问题，后者主要审查决定是否依照正当程序作出。

第五章　大学生创业和就业相关的法律

【案例】王光个人独资企业成立登记申请被拒案

王光是一家国有企业的职工，由于王光所在的企业效益连年下滑，收入很低，因此他想创办一家企业，利用自己多余的时间经营管理，同时也可以为自己增加收入。经过一系列的市场调查，王光写出了自己的创业计划书：成立一家名为"悦来"的快餐店，取名为"悦来快餐食品有限责任公司"。听说独资企业的注册资本只需1元钱，即象征性地出一点资金就可以了，所以资本暂定为400元，外加一些碗筷、几组桌椅。王光觉得自己出资越低，承担的责任就越少，经营风险就越低。另外由于找不到合适的营业场地，王光借用了朋友的一处即将拆迁的临街门面房作为经营场地，雇用了3名职工，从事快餐制作销售，并决定不设置账簿，不配备专门的财会人员。同时，由于王光还必须到工厂上班，所以另外聘请一人担任经理来进行日常管理，重大事项由王光自己决定。一切准备妥当后，王光到工商行政管理部门申请营业执照准备开业。王光到工商行政管理部门去登记时，工商行政管理部门认为其还不具备成立个人独资企业的条件，不予登记。

——（来源：豆丁网，http://www.docin.com/p-437379539.html）

第一节 大学生创业——企业法

在我国经济社会发展的新时期，自主创业不仅是大学生实现自我价值的有益选择和缓解大学生就业压力的有效途径，而且有利于促进科研成果转化为生产力，加快建设创新型国家的进程。

企业法，是指调整企业在设立、组织形式、管理和运行过程中发生的经济关系的法律规范的总称。从法律的角度讲，企业是依法成立，具有一定的组织形式，独立从事商品生产经营、服务活动的经济组织。

企业法是以确认企业法律地位为主旨的法律体系，因此，广义的企业法应当是规范各种类型企业的法律规范的总称。包括按企业资产组织形式划分的公司、合伙企业和独资企业，也包括按照所有制形式划分的国有企业、集体企业和私营企业，以及按照有无涉外因素划分的内资企业和外商投资企业等。目前中国现行企业法对上述不同类型的企业都有所调整。

一、大学生创业的现状及问题

（一）大学生创业模式

大学生创业模式是大学生在特定区域、特定环境中形成的，在创业动机、创业方式、产业进入、资金筹集、组织形式、创新力度和政府支持等方面具有相似性、典型性的创业行为，是对各种创业因素的一种配置方式。大学生创业模式会随着创业实践的发展而不断改进和革新，并形成新的创业模式。

1. 传统小店创业模式

大学毕业后，陈婧在青岛市大学生创业孵化基地开起了"小礼工坊"的创意礼品店。她选择了便签本这一产品作为市场的切入点，店里所有的便签本都由她自己设计，采取订单式生产的方式，可根据客户的需要印上企业的品牌名称和企业文化。开业一个月的时间，除零售外，陈婧已经接到两笔企业订单。

传统小店创业模式是指大学生以个人或几个人组成创业团队的形式，白手起家，完全独立创业的形式。这种创业模式立足于校园以及周边市场，主要为广大学生消费群体服务。由于前期投入小、经营成本少、技术含量低，这种模式是我国高校大学生创业及就业较为普遍的途径，属于典型的个人创业。

2. 加盟连锁创业模式

加盟连锁创业是指大学生以加盟直营、区域代理或购买特许经营权的方式来销售某种商品或服务的创业活动。加盟的行业主要是商业零售、饮食、化妆品、服装等技术含量不高而用工较多的行业。

3. 概念创新模式

这种创业模式是近年来新兴的一种创业模式，是大学生根据自己的新颖构想、创意、点子、想法进行的创业活动。概念创新集中于网络、艺术、装饰、教育培训、家政服务等新兴行业，通过创业者的概念与设想的创新，为企业在本行业或领域中抢占市场先机提供智力支持。

4. 网络媒介创业模式

互联网的发展改变着人们的生活方式，也为大学生提供了全新的创业工具。网络媒介创业不同于传统创业，只需利用现成的网络资源进行必要的交易。目前，大学生网络媒介创业主要有网上开店和网上加盟两种形式。依托网络创业的典型现象，越来越多的大学生在淘宝网上注册经营各类淘宝网店。此外，正在热起的网络创业模式，还有建立个人网站模式和独立网店模式，以及以承接创意设计、文字编辑、翻译、研究报告、网站策划和编程类任务、做淘客等获取报酬的威客模式，与提供产品技术咨询和维修服务、对消费者免费开放的 Apple Store 实体零售店模式。随着网络技术的飞速发展和人们网上需求的日益增加，将会出现越来越多的网络媒介创业模式。

5. 模拟孵化模式

模拟孵化模式是大学生受各种创业大赛的驱动和高校创业园区创业环境的熏陶、资助、催化而进行的创业活动。这种创业模式集中于高科技行业，而很多项目是研究生的导师承担的各级政府课题基金项目的成果。

（二）大学生创业的现状

我国大学生创业起步较晚，真正意义上的创业活动开始于清华大学举办的首届创业计划竞赛。以这次大赛为契机，全国陆续有一些高校也组织了自己的创业大赛。1999 年 7 月，国内第一家学生企业——视美乐科技发展有限公司在清华大学挂牌并与"上海一百"就吸收 5000 万元风险投资达成协议，紧接着陆续出现了武汉天行健公司、清华易得方舟、北大天正等成功融资的学生公司和一大批闻名全国的学生"知本家"。

虽然我国大学生创业发展的势头喜人，但经过十几年的发展，其暴露出的问题也不容忽视。

1. 参与大学生创业的人数和规模较小

对全国 21 所高校大学生的调查显示，大学生具有强烈的创业意向，但真正创业的凤毛麟角。《2009 年中国大学生就业报告》和《2010 年中国大学生就业报告》是麦可恩公司（MyCOS）对全国 2008 届和 2009 届大学生毕业半年后所做的调查报告。报告显示，2008 届大学毕业生创业的比例为 1％，2009 届大学生创业的比例为 1.2％。而以美国为代表的西方国家为 20％~30％。这在一定程度上也反映出高校现有的创业教育和社会创业环境存在问题。

2. 创业集中在技术含量低的行业

在国内创业的学生中，大部分学生是从事家教家政服务、零售经营行业以及其他服务业等技术含量低的传统性行业。这些技术含量较低的企业虽然准入门槛较低，需要投资的资金少，风险也较小，但竞争更为激烈，也不易做大做强。而能体现大学生智力优势的项目大多数都是关于高新技术的，但单凭大学生个人之力进行高科技创业，往往显得势单力薄。比如，2008 届大学毕业生中，来自私营企业主、企业经理人员和个体户等家庭的大学生创业比例最高；其专业最多的是工科类，其次是财经管理类；经营范围主要集中于零售行业和文体娱乐业，筹资主要依靠父母、亲友和个人储蓄。2009 届大学生创业者中，本科生创业最多的是艺术设计、计算机、英语和国际经济与贸易专业，高职高专创业最多的是机电一体化专业；创业领域集中于销售行业和个人服务业，筹资主要依靠父母、亲友和个人储蓄。

3. 大学生创业的成功率较低

教育部 2004 年的一项报告显示，全国 97 家较早成立的学生企业，有 17％能实现盈利，5 年内还能继续存在下去的学生创业企业仅占 30％左右。2005 年的另一项统计则表明，创业企业失败率高达 70％以上，而大学生创业成功率只有 2％～3％，远低于一般企业。到 2007 年，根据零点公司的调查，大学生创业成功率只有 0.01％。尽管以上各项调查可能存在一定误差，但却反映出一个共同事实——大学生创业成功率低。

导致我国大学生创业成功率较低的因素是多方面的，主要表现在以下几方面：

（1）创业资金缺失。

资金不足是刚走出校门的大学生创业的首要难题。对于大学生而言，创业基金的筹集途径主要有四种：自己平时的积蓄、家庭资助、小额贷款和风险资金。但是，对大学生而言，自己的积蓄和家庭的资助毕竟十分有限。而要想得到小额贷款和风险资金的扶持，要求的门槛和标准又相对较高，因而一般很难实现。

（2）创业教育滞后。

创业教育被联合国教科文组织称为教育的"第三本护照"，被赋予了与学术教育、职业教育同等重要的地位。但是，我国创业教育存在明显的问题，就是大学教育中缺乏创业教育的系列课程，更不要说具体的创业思维、创新精神、创业方法等的教育。这已成为影响我国大学生创业的主要因素。

（3）市场意识缺乏。

市场意识缺乏是大学生创业初期成功的主要瓶颈。大学生有激情、有抱负，但在实践中往往"眼高手低"，缺乏市场意识，对具体的市场开拓缺乏经验与相关知识，对市场信息又难以准确和快捷地把握。因此，大学生创业很难打开市场，所创办的公司或企业也不具备盈利的能力。这无疑有悖于经济规律，因而必将被市场无情地淘汰。

（4）管理经验不足。

学生创业公司的共同特点是持有技术。但一旦成立公司，他们就必须完成从技术人员向管理和经营人员的转化。然而，一般的学生创业公司都难以做好这点。他们缺乏实际管理经验，缺乏商业创新能力和市场拓展能力，最终造成公司"内部管理空有制度而不能执行，外部合作举步维艰而不知所措"，导致公司或企业的发展举步维艰。

（5）政策支持不力。

我国近年来虽然出台了一系列鼓励大学生自主创业的优惠政策，但这些优惠政策有些缺乏具体的实施细则，可操作性不强，有些在执行过程中变了样，尤其是在经营领域、融资渠道和税收优惠等关键问题上，创业的大学生们并没有得到足够的扶持。

综上所述，虽然当今创业市场商机无限，但对资金、能力、经验都有限的大学生创业者来说，却并非"遍地黄金"。在竞争日益激烈的创业市场，大学生创业者只有根据自身特点，处理好各种关系，找准"落脚点"，才能不被激烈的竞争所淘汰，才能闯出一片真正适合自己的新天地。

二、《个人独资企业法》

（一）《个人独资企业法》的概念及成立条件

《中华人民共和国个人独资企业法》（以下简称《个人独资企业法》）是为了规范个人独资企业的行为，保护个人独资企业投资人和债权人的合法权益，维护社会经济秩序，促进社会主义市场经济的发展，根据宪法，制定本法。由第九届全国人民代表大会常务委员会第十一次会议于 1999 年 8 月 30 日修订通过，自 2000 年 1 月 1 日起施行。

根据《个人独资企业法》第 8 条的规定，设立个人独资企业应当具备下列条件：

（1）投资人为一个自然人，且只能是中国公民。但是，并不是所有的中国公民都可以投资设立个人独资企业，无民事行为能力人、国家公务员、党政机关领导干部、警官、法官、检察官、现役军人等人员，不得作为投资人申请个人独资企业。

（2）有合法的企业名称。个人独资企业的名称应当符合国家关于企业名称登记管理的有关规定。如果不对企业名称进行法律上的规定，就可能出现重名的混乱现象，造成经济交往和法律诉讼中的无序。因此，企业名称是企业登记的一项重要内容。由于个人独资企业名称的重要性和专用性，《个人独资企业法》还规定：企业名称应与其责任形式及从事的营业相符合，不得使用"有限""有限责任"或"公司"字样。同时在企业名称中不得标明与所从事的营业不相符的内容，如服装店用"串串香"的名称就不合适。

（3）有投资人申报的出资。投资人申报的出资，是指在设立个人独资企业时，投资人承诺将投入企业资本的总和。它既是企业设立和经营的财产保障，也是登记机关据以登记的企业注册资本额。为了鼓励个人兴办企业，《个人独资企业法》对设立个人独资企业的出资数额未作限制，但是，投资人申报的出资额应当与企业的生产经营规模相适应。个人独资企业的出资方式也是多样的，可以用货币出资，也可以用实物、土地使用权、知识产权或者其他财产权利出资。采取实物、土地使用权、知识产权或者其他财产权利出资的，应将其折算成货币数额，依法需要评估作价的，应当由法定机构进行评估。

（4）有固定的生产经营场所和必要的生产经营条件。固定的生产经营场所和必要的生产经营条件是企业开展经营活动的物质基础。生产经营场所包括企业的住所和与生产经营相适应的处所。住所是企业的主要办事机构所在地，是企业的法定地址。处所是企业的生产经营场所。《个人独资企业法》规定住所只能有一处，而生产经营场所可以根据实际需要设置，可能是一处或多处。只有一处经营场所时，其处所即是住所，当有多处经营场所时，主要办事机构所在地即为其住所。

（5）有必要的从业人员。即要有与其生产经营范围、规模相适应的从业人员。从业人员是企业开展经营活动必不可少的要素和条件，只有有了与企业经营规模相适应的从业人员，才能保证企业所提供的产品或服务达到合格要求，企业才能顺利发展。关于个人独资企业的从业人员的人数，我国法律并没有作具体规定，由个人独资企业视具体经营情况自行决定。

（二）个人独资企业的投资人及事务管理

个人独资企业的投资人可以自行管理企业事务，也可以委托或者聘用其他具有民事行为能力的人负责企业的事务管理。投资人委托或者聘用他人管理个人独资企业事务，应当与受托人或者

被聘用的人签订书面合同，明确委托的具体内容和授予的权利
范围。

投资人对受托人或者被聘用人员职权的限制，不得对抗善意
第三人。这里的善意第三人是指本着合法交易的目的，诚实地通
过受托人或者被聘用的人员，与个人独资企业从事交易的人，包
括法人、非法人团体和自然人。个人独资企业的投资人与受托人
或者被聘用的人员之间有关权利义务的限制只对受托人或者被聘
用的人员有效，对第三人并无约束力，受托人或者被聘用的人员
超出投资人的限制，与善意第三人的有关业务交往应当有效。

受托人或者被聘用的人员应当履行诚信、勤勉义务，按照与
投资人签订的合同负责个人独资企业的事务管理。《个人独资企
业法》第 20 条规定：投资人委托或者聘用的管理个人独资企业
事务的人员不得有下列行为：

（1）利用职务上的便利，索取或者收受贿赂；

（2）利用职务或者工作上的便利侵占企业财产；

（3）挪用企业的资金归个人使用或者借贷给他人；

（4）擅自将企业资金以个人名义或者以他人名义开立账户
储存；

（5）擅自以企业财产提供担保；

（6）未经投资人同意，从事与本企业相竞争的业务；

（7）未经投资人同意，同本企业订立合同或者进行交易；

（8）未经投资人同意，擅自将企业商标或者其他知识产权转
让给他人使用；

（9）泄露本企业的商业秘密；

（10）法律、行政法规禁止的其他行为。

（三）个人独资企业的解散和清算

个人独资企业的解散是指个人独资企业终止活动使其民事主
体资格消灭的行为。

根据《个人独资企业法》的规定，个人独资企业有下列情形之一时当解散：（1）投资人决定解散；（2）投资人死亡或被宣告死亡，无继承人或者继承人决定放弃死亡继承；（3）被依法吊销营业执照；（4）法律、行政法规规定的其他行为。

个人独资企业解散时，应当进行清算。《个人独资企业法》对个人独资企业的清算作了如下的规定：

（1）清算人的产生。个人独资企业解散，由投资人自行清算或者由债权人申请人民法院指定清算人进行清算。因此，个人独资企业的清算原则上由投资人为清算人。但经债权人申请，人民法院得指定投资人以外的人为清算人。

（2）通知和公告债权人。个人独资企业解散，由投资人自行清算或者由债权人申请人民法院指定清算人进行清算；投资人自行清算的，应当在清算前 15 日内书面通知债权人，无法通知的，应当予以公告。债权人应当在接到通知之日起 30 日内，未接到通知的应当在公告之日起 60 日内，向投资人申报其债权。

（3）财产清偿顺序。个人独资企业解散的，财产应当按照下列顺序清偿：①所欠职工工资和社会保险费用；②所欠税款；③其他债务。个人独资企业财产不足以清偿债务的，投资人应当以其个人的其他财产予以清偿。

（4）清算期间对投资人的要求。清算期间，个人独资企业不得开展与清算目的无关的经营活动。在按前述财产清偿顺序清偿债务前，投资人不得转移、隐匿财产。如有转移、隐匿财产的行为，依法追回其财产，并按照有关规定予以处罚。构成犯罪的，追究刑事责任。

（5）投资人的持续偿债责任。个人独资企业解散后，原投资人对个人独资企业存续期间的债务仍应承担偿还责任，但债权人在五年内未向债务人提出偿债请求的，该责任消灭。

（6）注销登记。个人独资企业清算结束后，投资人或者人民法院指定的清算人应当编制清算报告，并于清算结束之日起 15 日内向原登记机关申请注销登记。个人独资企业办理注销登记时，应当缴回营业执照。

根据《个人独资企业法》的规定，个人独资企业及其投资人在清算前或者清算期间隐匿或者转移财产，逃避债务的，依法追回其财产，并按照有关规定予以处罚；构成犯罪的，依法追究刑事责任。投资人违反规定的，应当承担民事赔偿责任和缴纳罚款、罚金，其财产不足以支付的，或者被判处没收财产的，应当承担民事赔偿责任。

（四）清算期间注意事项

（1）个人独资企业不得开展与清算无关的经营活动。

（2）在按前述财产清偿顺序清偿债务前，投资人不得转移、隐藏财产。

（3）个人独资企业解散后，原投资人对个人独资企业存续期间的债务仍应承担偿还责任，但债权人在 5 年内未向债务人提出偿债要求的，该责任消灭。

三、《合伙企业法》

《中华人民共和国合伙企业法》（以下简称《合伙企业法》）由第八届全国人民代表大会常务委员会第二十四次会议于 1997 年 2 月 23 日通过，自 1997 年 8 月 1 日起施行，后于 2006 年 8 月 27 日修订，自 2007 年 6 月 1 日起施行。

《合伙企业法》第二条规定：本法所称合伙企业，是指自然人、法人和其他组织依照本法在中国境内设立的普通合伙企业和有限合伙企业。

与单个的自然人和公司法人相比，合伙具有以下特征：

1. 合伙协议是合伙得以成立的法律基础

如果说公司是以公司章程为成立基础，那么合伙就是以合伙协议为成立基础。但公司章程与合伙协议在性质上有很大的不同。公司章程是公司组织和行为的基本准则，具有公开的对外效力，其功能主要是约束作为法人组织的公司本身，而合伙协议是处理合伙人相互之间的权利义务关系的内部法律文件，仅具有对内的效力，即只约束合伙人，合伙人之外的人如欲入伙，须经全体合伙人同意，并在合伙协议上签字。所以，合伙协议是调整合伙关系、规范合伙人相互间的权利义务、处理合伙纠纷的基本法律依据，也是合伙得以成立的法律基础，此即合伙的契约性。当然，合伙协议的订立方式既可以是书面协议，也可以是口头协议，但根据合伙企业法的规定，合伙企业的合伙协议应当采用书面形式。如果合伙人之间未订立书面形式的合伙协议，但事实上存在合伙人之间的权利义务关系，进行了事实上的合伙营业，仍然视为合伙。

修订后的《合伙企业法》，充分体现了合伙企业的自治性，突出了合伙协议的作用，大部分的规则都只是在合伙协议没有约定时才适用，如果合伙协议有不同或相反约定时均优先适用合伙协议的约定。

2. 合伙须由全体合伙人共同出资、共同经营

其一，出资是合伙人的基本义务，也是其取得合伙人资格的前提。与公司不同的是，合伙出资的形式丰富多样，比公司灵活，公司股东一般只能以现金、实物、土地使用权和知识产权四种方式出资，而合伙人除了可以上述四种方式出资外，还可以其他财产权利出资，如债权、技术等，也可以劳务的方式出资，只要其他合伙人同意即可。

其二，合伙人共同经营是合伙不同于公司的又一特征，公司的股东不一定都参与公司的经营管理，甚至不从事公司的任何营业行为，而普通合伙人必须共同从事经营活动，以合伙为职业和谋生之本。若相互之间无共同经营之目的与行为，则纵

使有某种利益上的关联，也非合伙，如约定一方为另一方设定担保或基于约定由一方独立处理经营事务而另一方坐分利润，不参与经营，则均非合伙，而是其他法律关系。所以，可以说合伙人之间是风雨同舟、荣辱与共的关系，合伙的一些具体制度如竞业禁止等即是基于此而产生的。当然，有限合伙企业的情形则有所不同，有限合伙人可以不参加合伙企业的营业，不执行合伙事务。

其三，合伙从事的行为一般是具有经济利益的营业行为。无论是民事合伙还是商事合伙，合伙人的目的都是为了营利，特别是依据合伙企业法成立的合伙企业，属于商事合伙的性质，从事营利性行为，是一种营利性组织。

3. 合伙人共负盈亏，共担风险，对外承担无限连带责任

这也是合伙与公司的主要区别之一。公司股东按其出资比例和所持股份分享公司利润，当公司资不抵债时，股东只以其出资额为限或所持股份为限对公司债务承担责任，合伙人则既可按对合伙的出资比例分享合伙赢利，也可按合伙人约定的其他办法来分配合伙赢利，当普通合伙企业的合伙财产不足以清偿合伙债务时，合伙人还需以其他个人财产来清偿债务，即承担无限责任，而且任何一个合伙人都有义务清偿全部合伙债务（不管其出资比例如何），即承担连带责任。但在有限合伙企业中，普通合伙人对合伙企业债务承担无限连带责任，有限合伙人则仅以其出资额为限承担有限责任。

合伙是一种古老的商业组织形态。欧洲中世纪，随着商品经济的发展，合伙经营日益普遍，合伙形式也得到了新的突破，合伙的团体性质得到了增强。到了近现代，虽有公司这一萌生于合伙的营利性法人组织的出现，但合伙并未因此退出历史舞台，作为独立的联合经营形式，它在各大陆法系国家民法典中以合伙契约的形式被确立为一种基本民事制度；与此同时，在英美法系国

家，合伙的性质得到了进一步的加强，如美国统一合伙法，一方面将合伙作为一种个人联合体，另一方面又使它具有法人的各种基本特征。在现代市场经济条件下，合伙因其聚散灵活的经营形式和较强的应变能力，普遍受到各国法律的重视，已成为现代联合经营所不可缺少的形式之一。

（一）普通合伙企业

设立合伙企业，应当具备下列条件：

1. 有两个以上合伙人

合伙人为自然人的，应当具有完全民事行为能力。合伙人可以是自然人，也可以是法人和其他组织。合伙人为自然人的，应当具有完全民事行为能力。国有独资公司、国有企业、上市公司以及公益性的事业单位、社会团体不得成为普通合伙人。

2. 有书面合伙协议

合伙协议是合伙企业最重要的法律文件，也是确定合伙人之间权利义务关系的基本依据。

合伙协议依法由全体合伙人协商一致，以书面形式订立。

合伙协议经全体合伙人签名、盖章后生效。修改或者补充合伙协议，应当经全体合伙人一致同意；但是，合伙协议另有约定的除外。

合伙人违反合伙协议的，应当依法承担违约责任。

合伙人履行合伙协议发生争议的，合伙人可以通过协商或者调解解决。不愿通过协商、调解解决或者协商、调解不成的，可以按照合伙协议约定的仲裁条款或者事后达成的书面仲裁协议，向仲裁机构申请仲裁。合伙协议中未订立仲裁条款，事后又没有达成书面仲裁协议的，可以向人民法院起诉。

3. 有合伙人认缴或者实际缴付的出资

合伙人可以用货币、实物、知识产权、土地使用权或者其他财产权利出资，也可以用劳务出资。

合伙人以劳务出资的，其评估办法由全体合伙人协商确定，并在合伙协议中载明。

需要注意的是：用劳务作为出资是合伙企业特有的规定，并且只有对普通合伙人才适用；以非货币财产出资的，依照法律、行政法规的规定，需要办理财产权转移手续的，应当依法办理。

4. 有合伙企业的名称和生产经营场所，普通合伙企业名称中应当标明"普通合伙"字样

5. 法律、行政法规规定的其他条件

（二）有限合伙企业

有限合伙企业由普通合伙人和有限合伙人组成，普通合伙人对合伙企业债务承担无限连带责任，有限合伙人以其认缴的出资额为限对合伙企业债务承担责任。

有限合伙企业实现了企业管理权和出资权的分离，可以结合企业管理方和资金方的优势，因而是国外私募基金的主要组织形式，我们耳熟能详的黑石集团、红杉资本都是合伙制企业。

2007年6月1日，中国《合伙企业法》正式施行，青岛崴尔、南海创投等股权投资类有限合伙企业陆续成立，为中国私募基金和股权投资基金发展掀开了新的篇章。

设立有限合伙企业，应当具备下列条件：

（1）有限合伙企业由2个以上50个以下合伙人设立，但是，法律另有规定的除外。

（2）有限合伙企业至少应当有一个普通合伙人。

（3）有限合伙企业名称中应当标明"有限合伙"字样。

（4）有限合伙人可以用货币、实物、知识产权、土地使用权或者其他财产权利作价出资。

（5）有限合伙人不得以劳务出资。

（6）有限合伙人应当按照合伙协议的约定按期足额缴纳出资；未按期足额缴纳的，应当承担补缴义务，并对其他合伙人承

担违约责任。

（7）有限合伙企业登记事项中应当载明有限合伙人的姓名或者名称及认缴的出资数额。

（8）有限合伙企业由普通合伙人执行合伙事务。执行事务合伙人可以要求在合伙协议中确定执行事务的报酬及报酬提取方式。

（9）有限合伙人不执行合伙事务，不得对外代表有限合伙企业。

有限合伙企业事务执行的特殊规定：

1. 有限合伙企业事务执行人

《合伙企业法》规定，有限合伙企业由普通合伙人执行合伙事务。

2. 禁止有限合伙人执行合伙事务

《合伙企业法》规定，有限合伙人不执行合伙事务，不得对外代表有限合伙企业。有限合伙人的下列行为不视为执行合伙事务：（1）参与决定普通合伙人入伙、退伙；（2）对企业的经营管理提出建议；（3）参与选择承办有限合伙企业审计业务的会计师事务所；（4）获取经审计的有限合伙企业财务会计报告；（5）对涉及自身利益的情况，查阅有限合伙企业财务会计账簿等财务资料；（6）在有限合伙企业中的利益受到侵害时，向有责任的合伙人主张权利或者提起诉讼；（7）执行事务合伙人怠于行使权利时，督促其行使权利或者为了本企业的利益以自己的名义提起诉讼；（8）依法为本企业提供担保。

另外，《合伙企业法》规定，第三人有理由相信有限合伙人为普通合伙人并与其交易的，该有限合伙人对该笔交易承担与普通合伙人同样的责任。有限合伙人未经授权以有限合伙企业名义与他人进行交易，给有限合伙企业或者其他合伙人造成损失的，该有限合伙人应当承担赔偿责任。

3. 有限合伙企业利润分配

《合伙企业法》规定，有限合伙企业不得将全部利润分配给部分合伙人；但是，合伙协议另有约定的除外。

4. 有限合伙人权利

（1）有限合伙人可以同本有限合伙企业进行交易；但是，合伙协议另有约定的除外。

（2）有限合伙人可以自营或者同他人合作经营与本有限合伙企业相竞争的业务；但是，合伙协议另有约定的除外。

四、《公司法》

《中华人民共和国公司法》（以下简称《公司法》）是商法中的商事主体法，公司是重要的商事主体。了解公司的设立条件和程序、公司资本要求、公司经营活动内容等法律知识，对于大学生创业实践无疑不可或缺。它对于大学生创业者结合自身实际情况选择适合自己经营管理的公司形式，避免公司运营过程中可能产生的不必要的纠纷，并在纠纷产生时能运用法律途径合理解决都具有指导意义。

（一）《公司法》的基本制度

1. 如何设立公司

公司设立是指公司设立人依照法定的条件和程序，为组建公司并取得法人资格而必须采取和完成的法律行为。公司设立不同于公司的设立登记，后者仅是公司设立行为的最后阶段；公司设立也不同于公司成立，后者不是一种法律行为，而是设立人取得公司法人资格的一种事实状态或设立人设立公司行为的法律后果。

公司设立的方式基本为两种，即发起设立和募集设立。发起设立，是指公司的全部股份或首期发行的股份由发起人自行认购而设立公司的方式。有限责任公司只能采取发起设立的方式，由全体股东出资设立。股份有限公司也可以采用发起设立的方式。我国《公司法》第七十八条明确规定，股份有限公司可采取发起设立的方式，也可以采取募集设立的方式。发起设立在程序上较为简便。

募集设立，是指由发起人认购公司应发行股份的一部分，其余股份向社会公开募集或者向特定对象募集而设立公司。募集设立既可以是通过向社会公开发行股票的方式设立，也可以是不发行股票而只向特定对象募集而设立。这种方式只是股份有限公司设立的方式。由于募集设立的股份有限公司资本规模较大，涉及众多投资者的利益，故各国公司法均对其设立程序严格限制。如为防止发起人完全凭借他人资本设立公司，损害一般投资者的利益，各国大都规定了发起人认购的股份在公司股本总数中应占的比例。我国的规定比例是 35％，法律、行政法规另有规定的除外。

公司设立程序就是指公司设立依法必须完成的一系列具体行为步骤与过程。在我国设立公司一般要经过下列程序：首先，制定发起协议，制定公司章程；其次，缴纳出资并进行验资；再次，向登记机关提交设立申请及相关文件，我国的公司登记机关是国家工商行政管理机关；最后，核准登记。除此之外，设立股份公司以招募方式进行的，还必须向政府机关提出募资申请，制定招股说明书，与证券机构签订证券承销协议等。

2. 公司章程

公司章程，是关于公司组织和行为的基本规范。公司章程对法律要求必须记载的内容应当加以规定，对法律没有规定的内容可以根据公司的需要明确在章程中。公司章程的订立通常有两种方式：一是共同订立，是指由全体股东或发起人共同起草、协商制订公司章程，否则公司章程不得生效；二是部分订立，是指由股东或发起人中的部分成员负责起草、制订公司章程，而后再经其他股东或发起人签字同意的制订方式。公司章程必须采取书面形式，经全体股东同意并在章程上签名盖章，公司章程才能生效。

我国公司的主要类别是有限责任公司和股份有限公司。其中，有限责任公司的章程应当载明下列事项：公司名称和住所；公司经营范围；公司注册资本；公司股东的姓名或名称；股东的出资方式、出资额和出资时间；公司的机构及其产生办法、职权、议事规则；公司法定代表人；股东会会议认为需要规定的其他事项。

股份有限公司的章程应当载明下列事项：公司名称和住所；公司经营范围；公司设立方式；公司股份总数、每股金额和注册资本；发起人的姓名或者名称、认购的股份数、出资方式和出资时间；董事会的组成、职权和议事规则；公司法定代表人；监事会的组成、职权和议事规则；公司利润分配办法；公司的解散事由和清算办法；公司的通知和公告办法；股东大会会议认为需要规定的其他事项。

3. 公司资本制度

公司资本即公司的注册资本，指由公司章程所确定的全体股东的出资总额。我国公司法对公司资本采纳了一定程度上的授权资本制，即公司成立时股东实际只缴付一定比例的认缴资本，其余认缴的资本在公司成立后的一定期限内缴清即可。

2011 年 6 月，刚从学校毕业的大学生谢某、杨某和刘某决定自主创业，设立一家有限责任公司。公司设立时，三人约定分别出资 8000 元、20000 元和 12000 元。其中，现金投资 8000 元，实物和专利投资 32000 元。

有限责任公司的注册资本为在公司登记机关登记的全体股东认缴的出资额。在出资形式上，股东可以用货币出资，也可以用实物、知识产权、土地使用权等可以用货币估价并可以依法转让的非货币财产作价出资。

股份有限公司采取发起设立方式设立的，注册资本为在公司登记机关登记的全体发起人认购的股本总额。在缴足前，不得向他人募集股份。

公司注册资本遵循"资本不变原则"，即公司的资本一经确定，不得任意变动，如确实需要增资或减资的，须严格依法定程序进行。所以，资本不变原则强调的不是资本的绝对不能变，而是不能随意变。这是《公司法》的基本原则之一，目的是防止公司因随意减资而危及债权人的利益。因此，公司需要减少注册资本时，必须编制资产负债表及财产清单。公司应当自作出减少注册资本决议之日起 10 日内通知债权人，并于 30 日内在报纸上公告。债权人自接到通知书之日起 30 日内，未接到通知书的自公告之日起 45 日内，有权要求公司清偿债务或者提供相应的担保。在增加注册资本上，有限责任公司增加注册资本时，股东认缴新增资本的出资，依照设立有限责任公司缴纳出资的有关规定执行。股份有限公司为增加注册资本发行新股时，股东认购新股，依照设立股份有限公司缴纳股款的有关规定执行。

2012 年 2 月，刚从学校毕业的大学生王某和李某决定自主创业，设立甲有限责任公司。公司设立时两人约定分别出资 18000 元和 12000 元，其中王某现金投资 20000 元，李某实物和专利投资 10000 元。两人将现金存 A 银行，通过了验资机构的验资并获得证明。第二天，为筹备公司的开业典礼，王某从银行账户提现了 10000 元。随后，工商行政管理机关向甲有限公司颁发了企业法人营业执照，载明注册资金为 3 万元。之后的第二天，王某再次从银行账户取出 10000 元。甲公司成立后，因买卖交易拖欠乙公司 9000 元未还，乙公司要求甲公司清偿时，发现甲公司已经没有财产。

根据资本不变的原则，公司成立后，股东不得抽逃出资。如果股东有抽逃出资的行为，则股东在抽逃资金范围内承担责任。如果股东抽逃资金的行为发生在公司成立前，并且使公司注册时的实有资金低于最低注册资本额，则该公司即使在工商行政管理部门进行注册登记，也不视为成立，不具有法人资格。上述案例中，甲公司中王某、李某的行为就属于抽逃资金的违法行为，所以即使甲有限责任公司已经注册登记，但仍不能视为成立。他们需承担出资不实的责任。

此外，为了防止公司通过转投资来转移财产，逃避债务，侵犯债权人的利益，公司在向其他企业投资时，一般不得成为对所投资企业的债务承担连带责任的出资人。公司向其他企业投资或者为他人提供担保，依照公司章程的规定，应由董事会或者股东会、股东大会决定。公司章程对投资或者担保的总额及单项投资或者担保的数额有限额规定的，不得超过规定的限额。公司为公司股东或者实际控制人提供担保的，必须经股东会或者股东大会决定。

4. 公司的解散和清算

公司解散，是指已经合法成立的公司，因发生法律或公司章程规定的解散事由而宣告停止其积极主动的营业活动，并将进行清算的特定状态。公司解散是公司清算的前置性程序。

导致公司的解散事由，主要包括公司章程规定的营业期限届满或者公司章程规定的其他解散事由出现；股东会或者股东大会决议解散；因公司合并或者分立需要解散；依法被吊销营业执照、责令关闭或者被撤销；公司经营管理发生严重困难，继续存续会使股东利益受到重大损失，通过其他途径不能解决的，持有公司全部股东表决权 10％以上的股东，可以请求人民法院解散公司。

公司解散后，除因公司合并、分立而解散的外，都必须进入清算程序，成立清算组，由清算组织代替公司对外代表公司、对内执行清算事务，公司成为清算中的公司。当公司资产不能清偿到期债务时，公司需要进入破产程序。

公司清算，是指公司解散后，处分公司财产并了结各种法律关系，最终消灭公司法人人格的行为。公司应当在解散事由出现之日起 15 日内成立清算组，开始清算。有限责任公司的清算组由股东组成，股份有限公司的清算组由董事或者股东大会确定的人员组成。逾期不成立清算组进行清算的，债权人可以申请人民法院指定有关人员组成清算组进行清算。人民法院应当受理该申请，并及时组织清算组进行清算。

清算组在清算期间行使下列职权：清理公司财产，分别编制资产负债表和财产清单；通知、公告债权人；处理与清算有关的公司未了结的业务；清缴所欠税款以及清算过程中产生的税款；清理债权、债务；处理公司清偿债务后的剩余财产；代表公司参与民事诉讼活动。公司清算结束后，清算组应当制作清算报告，报股东会、股东大会或者人民法院确认，并报送公司登记机关，申请注销公司登记，公告公司终止。

（二）有限责任公司的法律规定

有限责任公司，指由法律规定的一定人数的股东组成，各股东仅以自己的出资额为限对公司承担有限责任，而公司则以其全部资产对公司的债务承担责任的公司形式。

1. 有限责任公司的设立条件

在我国设立有限责任公司，股东最多不能超过 50 个，最少则为 1 个，此种情形下为一人有限责任公司。除国有独资公司外，有限责任公司的股东可以是自然人，也可以是法人。设立有限责任公司的公司章程与出资要求，前面已经阐述，这里不再赘述。设立有限责任公司除需要具备股东、公司章程、有符合公司章程规定的全体股东认缴的出资额三项条件外，还应当具备下列条件：第一，公司名称；第二，公司的组织机构；第三，有公司住所。

2. 组织机构

在我国，一般的有限责任公司，其组织机构为股东会、董事会和监事会；股东人数较少和规模较小的有限责任公司，其组织机构为股东会、执行董事和监事；一人有限责任公司不设股东会。

（1）股东会。

股东会是有限责任公司的权力机关。一般而言，有限责任公司必须设立股东会。股东会不是常设的公司机构，而仅以会议形式存在。只有在召开股东会会议时，股东会才作为公司机关存在。

股东会作为有限责任公司的权力机关，行使下列职权：决定公司的经营方针和投资计划；选举和更换非由职工代表担任的董事、监事，决定有关董事、监事的报酬事项；审议批准董事会的报告；审议批准监事会或者监事的报告；审议批准公司的年度财务预算方案、决算方案；审议批准公司的利润分配方案和弥补亏损方案；对公司增加或者减少注册资本作出决议；对发行公司债券作出决议；对公司合并、分立、解散、清算或者变更公司形式作出决议；修改公司章程；公司章程规定的其他职权。

股东会分为定期会议和临时会议两种。定期会议的召开由公司章程规定，一般每年召开一次。临时会议可经代表1/10以上表决权的股东，或1/3以上的董事，或监事会，或不设监事会的公司监事提议而召开。股东会的首次会议由出资最多的股东召集和主持。以后的股东会，凡设立董事会的，股东会会议由董事会召集，董事长主持。

有限责任公司股东会可依职权对所议事项作出决议。一般情况下，股东会会议作出决议时，采取"资本多数决"原则，2/3

股东按照出资比例行使表决权。但下列事项必须经代表 2/3 以上表决权的股东通过：修改公司章程；公司增加或者减少注册资本；公司分立、合并、解散或者变更公司形式。

（2）董事会。

董事会是有限责任公司的业务执行机关，享有业务执行权和日常经营的决策权。它是一般有限责任公司的必设机关和常设机关。董事会由董事组成，其成员为 3~13 人。董事的任期由公司章程规定，各个公司可有所不同，但每届任期不得超过 3 年。董事任期届满时，连选可以连任，并无任职届数的限制。有限责任公司董事会设董事长 1 人，可以设副董事长。董事会会议由董事长召集和主持。董事会决议的表决，实行一人一票制。

有限责任公司的董事会，主要行使下列职权：召集股东会会议，并向股东会报告工作；执行股东会的决议；决定公司的经营计划和投资方案；制订公司的年度财务预算方案、决算方案；制订公司的利润分配方案和弥补亏损方案；制订公司增加或者减少注册资本以及发行公司债券的方案；制订公司合并、分立、解散或者变更公司形式的方案；决定公司内部管理机构的设置；决定聘任或者解聘公司经理及其报酬事项，并根据经理的提名决定聘任或者解聘公司副经理、财务负责人及其报酬事项；制定公司的基本管理制度；公司章程规定的其他职权。

（3）监事会。

监事会是经营规模较大的有限责任公司的常设监督机关，专司监督职能。监事会对股东会负责，并向其报告工作。监事会由监事组成，其成员不得少于 3 人。监事会应当包括股东代表和适当比例的公司职工代表，其中职工代表的比例不得低于 1/3。监事会中的股东代表，由股东会选举产生；监事会中的职工代表由职工民主选举产生；监事会应在其组成人员中推选 1 名召集人。监事的任期是法定的，每届为 3 年。监事任期届满，连选可以连任。股东人数较少和规模较小的有限责任公司，不设立监事会，可以设1~2名监事，行使监事会的职权。同时，公司董事、高级管理人员不得兼任监事。监事会每年度至少召开一次会议，监事可以提议召开临时监事会会议。监事会决议应当经半数以上监事通过。

监事会主要行使下列职权：检查公司财务；对董事、高级管理人员执行公司职务的行为进行监督，对违反法律、行政法规、公司章程或者股东会决议的董事、高级管理人员提出罢免的建议；当董事、高级管理人员的行为损害公司的利益时，要求董事、高级管理人员予以纠正；提议召开临时股东会会议，在董事会不履行《公司法》规定的召集和主持股东会会议职责时召集和主持股东会会议；向股东会会议提出提案；董事、监事、高级管理人员执行公司职务时违反法律、行政法规或者公司章程的规定，给公司造成损失的，可以对董事、高级管理人员提起诉讼；公司章程规定的其他职权。监事会、不设监事会的公司的监事行使职权所必需的费用由公司承担。

3. 一人有限责任公司的特别规定

一人有限责任公司是指只有一个自然人股东或者一个法人股东的有限责任公司。一人有限责任公司简称一人公司或独资公司或独股公司，是指由一名股东（自然人或法人）持有公司的全部出资的有限责任公司。我国公司法上的国有独资公司，其性质也是一人公司，但由于其特殊性，即设立人既非自然人，亦非法人，而是由国家单独出资、由国务院或者地方人民政府委托本级人民政府国有资产监督管理机构履行出资人职责的有限责任公司，所以将其单独作为一种特殊类型的有限责任公司。

为防止股东借一人公司的独立法律地位和股东有限责任而从事损害公司债权人及其他利害关系人的利益，我国公司法对一人公司课以较有限责任公司更严格的义务：第一，一个自然人只能投资设立一个一人有限责任公司，由一个自然人投资设立的一人有限责任公司不能作为股东投资设立一人有限责任公司。但这一限制仅适用于自然人，不适用于法人。第二，一人有限责任公司应当在每一会计年度终了时编制财务会计报告，并经会计事务所审计。这也是它与个人独资企业的区别。我国个人独资企业法没有对个人独资企业的会计制度作出此一强制性规定。第三，一人有限责任公司的股东不能证明公司财产独立于股东自己财产的，应当对公司债务承担连带责任。公司的债权人可以将公司和公司股东作为共同债务人进行追索。

（三）股份有限公司的法律规定

股份有限公司，指由一定数量的股东依照法律发起和设立的、资本分为等额股份、股东以其所持有股份对公司承担有限责任、公司以其全部资产对公司债务承担责任的公司。

1. 股份有限公司的设立

设立股份有限公司应当具备下列条件：首先，发起人符合法定人数。设立股份有限公司，应当有2人以上200人以下为发起人，其中须有半数以上的发起人在中国境内有住所。发起人可以是自然人，可以是法人或其他经济组织。其次，发起时有符合公司章程规定的全体发起人认购的股本总额或者募集的实收股本总额。此外，还包括股份发行、筹办事项达到法律规定、发起人制订了公司章程、具有公司名称、建立了符合股份有限公司要求的组织机构、具有公司住所等条件。

股份有限公司的设立方式有两种：一是发起设立，是由发起人认购公司应发行的全部股份，不向发起人之外的任何人募集而设立公司。发起设立的程序主要包括发起人认购股份、发起人缴清股款、选举董事会和监事会、申请设立登记等。二是募集设立，是由发起人认购公司应发行股份的一部分，其余部分向社会公开募集而设立公司。募集设立的程序包括发起人认购股份、公

告招股说明书、制作认股书、签订承销协议和代收股款协议、召
开创立大会、设立登记并公告等。

在公司设立中,发起人是指筹办公司的设立事务、认购公司
的股份、进行公司设立行为的人。发起人应当承担下列责任:公
司不能成立时,对设立行为所产生的债务和费用负连带责任;公
司不能成立时,对认股人已缴纳的股款,负返还股款并加付同期
银行存款利息的连带责任;在公司设立过程中,因自己的过失使
公司利益受到损害的,应当对公司承担赔偿责任;发起人虚假出
资,如未支付货币、实物或者未转移财产权,欺骗债权人和社会
公众的,责令改正,处以虚假出资金额 5%以上 15%以下的罚
款;发起人在公司成立后抽逃其出资的,责令其改正,处以所抽
逃出资金额 5%以上 15%以下的罚款。

2. 股份有限公司的组织机构

股份有限公司的组织机构包括股东大会、董事会、监事会。

(1)股东大会。

股东大会为股份有限公司必须设立的机关,是股份有限公司
的最高权力机关。股东大会由全体股东组成。股东主要通过股东
大会决议的方式行使职权。股东出席股东大会会议,所持每一股
份有一表决权。但是,公司持有的本公司股份没有表决权。股东
大会的职权主要有两类:其一,审议批准事项。如审议批准董事
会的报告,审议批准监事会的报告,审议批准公司的年度财务预
算方案、决算方案,审议批准公司的利润分配方案和弥补亏损方
案等。其二,决定、决议事项。例如,决定公司的经营方针和投
资计划;选举和更换董事,决定有关董事的报酬事项;选举和更
换由股东代表出任的监事,决定有关监事的报酬事项;对公司增
加或减少注册资本作出决议;对发行公司债券作出决议;对公司
合并、分立、解散和清算等事项作出决议;修改公司章程等。

股东大会分为年会和临时会议两种。年会应当每年召开一

次，临时股东大会则应在有下列情况之一的 2 个月内召开：董事人数不足法律规定人数或者公司章程所定人数的 2/3 时；公司未弥补的亏损达实收股本总额 1/3 时；单独或者合计持有公司 10％以上股份的股东请求时；董事会认为必要时；监事会提议召开时；公司章程规定的其他情形。

股东大会会议由董事会负责召集，董事长主持会议。召开股东大会，应在会议召开的 20 日前通知各位股东。股份有限公司发行无记名股票的，应于股东大会召开的 30 日前进行公告。无记名股票的股东要出席股东大会的，必须于会议召开 5 日以前至股东大会闭会时将股票交存于公司，否则不得出席会议。

此外，为了更好地保护股东的利益，公司法增设了股东派生诉讼，即如果监事会、董事会对因其违法或违反公司章程的行为而给公司造成损失的董事、监事和高级管理人员不提起诉讼，股东为维护公司利益可以自己的名义直接向人民法院提起诉讼。

（2）董事会。

董事会是股份有限公司必设的业务执行和经营意思决定机构，对股东大会负责。董事会由全体董事组成。董事会成员为 5~19 人。董事的产生有两种情况：在公司设立时，采取发起方式设立的公司，董事由发起人选举产生；采取募集方式设立的公司，董事由创立大会选举产生。在公司成立后，董事由股东大会选举产生。董事会设董事长 1 人，可以设副董事长。董事长和副董事长由董事会以全体董事的过半数选举产生。董事长可以为公司的法定代表人。董事长主持股份有限公司股东大会会议和董事会会议，为其会议主席。董事的任期由公司章程规定，但每届任期不得超过 3 年。董事任期届满，连选可以连任。董事在任期届满前，股东大会不得无故解除其职务。

股份有限公司董事会的职权，与前述有限责任公司董事会的职权相同。

股份有限公司的董事会会议分为定期会议和临时会议两种。董事会定期会议，每年度至少召开两次，每次应于会议召开 10 日以前通知全体董事和监事；董事会召开临时会议，其会议通知方式和通知时限可由公司章程作出规定。

股份有限公司董事会会议应有过半数的董事出席方可举行。董事会作出决议，必须经出席会议全体董事过半数通过。董事会会议的结果表现于董事会决议之中。董事会应当对会议所议事项的决定做成会议记录，由出席会议的董事和记录员在会议记录上签名。

（3）监事会。

监事会是股份有限公司必设的监察机构，对公司的财务及业务执行情况进行监督。监事会由监事组成，其人数不得少于 3 人。监事的人选由股东代表和公司职工代表构成，其中职工代表的比例不得低于 1/3。股东代表由股东大会选举产生；职工代表由公司职工民主选举产生。监事会设主席 1 人，可以设副主席。监事会主席、副主席由全体监事过半数选举产生。监事的任期每届为 3 年，监事任期届满，连选可以连任。

董事、高级管理人员不得兼任监事。监事会每 6 个月至少召开一次会议。监事可以提议召开临时监事会会议。监事会决议应当经半数以上监事通过。

3. 上市公司的特别规定

上市公司是指所发行的股票经国务院或者国务院授权证券管理部门批准在证券交易所上市交易的股份有限公司。上市公司的股票依照法律、行政法规及证券交易所的交易规则上市交易。

（1）上市公司必须符合的条件。

股份有限公司申请股票上市，应当符合下列条件：股票经国务院证券监督管理机构核准已公开发行；公司股本总额不少于人民币 3000 万元；公开发行的股份达到公司股份总数的 25% 以

上；公司股本总额超过人民币 4 亿元的，公开发行股份的比例为
10％以上；《证券法》第五十条第二款规定，证券交易所可以规
定高于前款规定的上市条件，并报国务院证券监督管理机构批
准；公司最近 3 年无重大违法行为，财务会计报告无虚假记载。

（2）上市公司组织机构方面的特别规定。

第一，对上市公司处置资产的规制。上市公司在一年内购
买、出售重大资产或者担保金额超过公司资产总额 30％的，应
当由股东大会作出决议，并经出席会议的股东所持表决权的 2/3
以上通过。

第二，上市公司设立独立董事制度。上市公司独立董事是指不
在公司担任除董事外的其他职务，并与其所受聘的上市公司及其主
要股东不存在可能妨碍其进行独立客观判断的关系的董事。独立董
事独立履行职责，不应受上市公司主要股东、实际控制人或者其他
与上市公司存在利害关系的单位或个人的影响。独立董事原则上最
多在 5 家上市公司兼任独立董事。上市公司董事会成员中应当至少
包括 1/3 的独立董事，其中至少包括 1 名会计专业人士（会计专业
人士是指具有高级职称或注册会计师资格的人士）。

第三，董事会秘书。上市公司应设董事会秘书，负责公司股
东大会和董事会会议的筹备、文件保管以及公司股东资料的管
理，办理信息披露事务等事宜。

第四，上市公司的关联交易规制。关联关系，是指公司控股
股东、实际控制人、董事、监事、高级管理人员与其直接或者间
接控制的企业之间的关系，以及可能导致公司利益转移的其他关
系。上市公司董事与董事会会议决议事项所涉及的企业有关联关
系的，不得对该项决议行使表决权，也不得代理其他董事行使表
决权。该董事会会议由过半数的无关联关系董事出席即可举行，
董事会会议所作决议须经无关联关系董事过半数通过。出席董事
会的无关联关系董事人数不足 3 人的，应将该事项提交上市公司

股东大会审议。

（3）对上市公司的监管。

为了保护投资者的利益，维护证券市场秩序，加强对上市公司的监督管理，证券法规定了以下制度：①暂停上市制度。导致上市公司暂停股票上市交易的情形有：公司股本总额、股权分布等发生变化不再具备上市条件；公司不按照规定公开其财务状况，或者对财务会计报告作虚假记载，可能误导投资者；公司有重大违法行为；公司最近 3 年连续亏损；证券交易所上市规则规定的其他情形。②终止上市制度。导致上市公司终止股票交易的情形有：公司股本总额、股权分布等发生变化不再具备上市条件，在证券交易所规定的期限内仍不能达到上市条件；公司不按照规定公开其财务状况，或者对财务会计报告作虚假记载，且拒绝纠正；公司最近 3 年连续亏损，在其后一个年度内未能恢复盈利；公司解散或者被宣告破产；证券交易所上市规则规定的其他情形。

此外，上市公司在经营过程中，应定期公告中期报告和年度报告。发生可能对上市公司股票交易价格产生较大影响的重大事件，投资者尚未得知时，上市公司应当立即将有关该重大事件的情况向国务院证券监督管理机构和证券交易所报送临时报告，并予公告，说明事件的起因、目前的状态和可能产生的法律后果，以便让投资者了解公司的经营状况，从而做出自己认为最佳的投资决定。

第二节　大学生创业——税务、工商行政管理

一、大学生创业涉及的税务问题

税收是国家为实现其职能、满足社会共同需要，依照税法的规定，凭借其政治权力向有纳税义务的人无偿地征收货币或实物

所形成的一种国民收入分配和再分配关系。对于大学生创业而言，掌握税务征收管理方面相关的知识和国家对大学生创业的相关税收优惠政策显得尤为必要。

（一）税收征收管理

1. 税务征收管理机关

全国的税务征收管理工作由国务院税务主管机关主管，即财政部和国家税务总局；税务机关是指各级税务机关、财政机关、海关。

2. 税务管理

根据《中华人民共和国税收征收管理法》的规定，税务管理包括税务登记、账簿和凭证管理、纳税申报三项制度。

（1）税务登记。

企业、企业在外地设立的分支机构和从事生产、经营的场所，个体工商户和从事生产、经营的事业单位应自领取营业执照之日起 30 日内，持有关证件，向税务机关申报办理税务登记。税务机关应当自收到申报之日起 30 日内审核并发给税务登记证件。税务登记内容发生变化的，从事生产、经营的纳税人自工商行政管理机关办理变更登记之日起 30 日内或者在向工商行政管理机关申请办理注销登记之前，持有关证件向税务机关申报办理变更或者注销税务登记。

（2）账簿和凭证管理。

纳税人、扣缴义务人按照有关法律、行政法规和国务院财政、税务主管部门的规定设置账簿，根据合法、有效凭证记账，进行核算。单位、个人在购销商品、提供或者接受经营服务以及从事其他经营活动中，应当按照规定开具、使用、取得发票。纳税人、扣缴义务人必须按照国务院财政、税务主管部门规定的保管期限保管账簿、记账凭证、完税凭证及其他有关资料。

（3）纳税申报。

纳税人必须依照法律、行政法规规定或者税务机关依照法律、行政法规的规定确定的申报期限、申报内容如实办理纳税申报，报送纳税申报表、财务会计报表以及税务机关根据实际需要要求纳税人报送的其他纳税资料。纳税人、扣缴义务人不能按期办理纳税申报或者报送代扣代缴、代收代缴税款报告表的，经税务机关核准，可以延期申报。

3. 税款征收

（1）税款征收依据、方式与征收期限。

税务机关依照法律、行政法规的规定征收税款，不得违反法律、行政法规的规定开征、停征、多征、少征、提前征收、延缓征收或者摊派税款。税务机关根据保证国家税款及时足额入库、方便纳税人、降低税收成本的原则，可以采取查账征收、查定征收、查验征收、定期定额征收以及其他方式征收税款。

纳税人、扣缴义务人按照法律、行政法规规定或者税务机关依照法律、行政法规的规定确定的期限，缴纳或者解缴税款。纳税人因有特殊困难，不能按期缴纳税款的，经省、自治区、直辖市、县税务局批准，可以延期缴纳税款，但是最长不得超过3个月。纳税人未按照规定期限缴纳税款的，扣缴义务人未按照规定期限解缴税款的，税务机关除责令限期缴纳外，从滞纳税款之日起，按日加收滞纳税款万分之五的滞纳金。

（2）税款的核定与减免申请。

纳税人有下列情形之一的，税务机关有权核定其应纳税额：依照法律、行政法规的规定可以不设置账簿的；依照法律、行政法规的规定应当设置但未设置账簿的；擅自销毁账簿或者拒不提供纳税资料的；虽设置账簿，但账目混乱或者成本资料、收入凭证、费用凭证残缺不全，难以查账的；发生纳税义务，未按照规定的期限办理纳税申报，经税务机关责令限期申报，逾期仍不申报的；纳税人申报的计税依据明显偏低，又无正当理由的。

纳税人可以依照法律、行政法规的规定书面申请减税、免税。减税、免税的申请须经法律、行政法规规定的减税、免税审查批准机关审批。地方各级人民政府、各级人民政府主管部门、单位和个人违反法律、行政法规规定，擅自作出的减税、免税决定无效，税务机关不得执行，并向上级税务机关报告。

（3）税收保全。

税务机关有根据认为从事生产、经营的纳税人有逃避纳税义务行为的，可以在规定的纳税期之前，责令限期缴纳应纳税款；在限期内发现纳税人有明显的转移、隐匿其应纳税的商品、货物以及其他财产或者应纳税的收入的迹象的，税务机关可以责成纳税人提供纳税担保。如果纳税人不能提供纳税担保，经县以上税务局（分局）局长批准，税务机关可以采取下列税收保全措施：一是书面通知纳税人开户银行或者其他金融机构冻结纳税人的金额相当于应纳税款的存款；二是扣押、查封纳税人的价值相当于应纳税款的商品、货物或者其他财产。但个人及其所扶养家属维持生活必需的住房和用品，不在税收保全措施的范围之内。

（4）强制执行措施。

从事生产、经营的纳税人、扣缴义务人未按照规定的期限缴纳或者解缴税款，纳税担保人未按照规定的期限缴纳所担保的税款，由税务机关责令限期缴纳，逾期仍未缴纳的，经县以上税务局（分局）局长批准，税务机关可以采取下列强制执行措施：一是书面通知其开户银行或者其他金融机构从其存款中扣缴税款；二是扣押、查封、依法拍卖或者变卖其价值相当于应纳税款的商品、货物或者其他财产，以拍卖或者变卖所得抵缴税款。但个人及其所扶养家属维持生活必需的住房和用品，不在强制执行措施的范围之内。

4. 法律责任

违反税法管理规定的单位和个人，税务机关可以采取罚款等处罚措施；情节严重，构成犯罪的，依法追究刑事责任。税务人员违反税法的规定，应给予行政处分；情节严重、构成犯罪的，依法追究刑事责任。

（二）国家对大学生创业的税收优惠政策

面对大学生日益严峻的就业形势，教育部、人力资源和社会保障部等部委以及许多地方政府相继出台了有关税收优惠政策，鼓励和帮助大学生自主创业、灵活就业。如国务院办公厅发出的《关于加强普通高等学校毕业生就业工作的通知》的第四部分就是"鼓励和支持高校毕业生自主创业"。对高校毕业生从事个体经营符合条件的，免收行政事业性收费，落实鼓励残疾人就业、下岗失业人员再就业以及中小企业、高新技术企业发展等现行税收优惠政策和创业经营场所安排等扶持政策。2010年10月，财政部、国家税务总局发出《关于支持和促进就业有关税收政策的通知》，明确毕业生从毕业年度起三年内自主创业可享受税收减免的优惠政策。其中，高校毕业生在校期间创业的，可向所在高校申领《高校毕业生自主创业证》；离校后创业的，可凭毕业证书直接向创业地县以上人力资源和社会保障部门申请核发《就业失业登记证》，作为享受政策的凭证。对持《就业失业登记证》（注明"自主创业税收政策"或附着《高校毕业生自主创业证》）人员从事个体经营（除建筑业、娱乐业以及销售不动产、转让土地使用权、广告业、房屋中介、桑拿、按摩、网吧、氧吧外）的，在3年内按每户每年8000元为限额依次扣减其当年实际应缴纳的营业税、城市维护建设税、教育费附加和个人所得税。

除以上规定的政策措施外，国家相关部委和地方政府还出台了相关税收优惠政策，概而言之主要有以下几个方面：大学毕业生新办咨询业、信息业、技术服务业的企业或经营单位，经税务部门批准，免征企业所得税两年；新办从事交通运输、邮电通信的企业或经营单位，经税务部门批准，第一年免征企业所得税，第二年减半征收企业所得税；新办从事公用事业、商业、物资业、对外贸易业、旅游业、物流业、仓储业、居民服务业、饮食业、教育文化事业、卫生事业的企业或经营单位，经税务部门批准，免征企业所得税一年。对到"老、少、边、穷"地区创办企业的，可以免征或减征一定年限的所得税。

这些税收优惠政策极大地推动了政府参与支持大学生创业的积极性和有效性，同时也激活了高校和高校毕业生的创业热情。但是这些税收优惠政策尚存在缺乏具体的实施细则、可操作性有待加强、手续较为烦琐等问题，不利于大学生创业实践活动的开展，亟须完善和深化。

二、大学生创业与工商行政管理

工商行政管理，是指国家为了建立和维护市场经济秩序，通过市场监督管理和行政执法等机关，运用行政和法律手段，对市场经营主体及其市场行为进行的监督管理。大学生自主创业与工商行政管理是紧密相连的。

（一）工商登记

1. 公司

根据《中华人民共和国公司登记管理条例》的规定，公司经公司登记机关依法核准登记，领取《企业法人营业执照》，方取得企业法人资格。具体而言，公司的登记事项包括：名称、住所、法定代表人、注册资本、企业类型、经营范围、营业期限、有限责任公司股东或者股份有限公司发起人的姓名或者名称。

（1）有限责任公司。

设立有限责任公司，应当由全体股东指定的代表或者共同委托的代理人向公司登记机关申请设立登记。法律、行政法规规定设立有限责任公司必须报经审批的，应当自批准之日起 90 日内向公司登记机关申请设立登记；逾期申请设立登记的，申请人应当报审批机关确认原批准文件的效力或者另行报批。

申请设立有限责任公司，应当向公司登记机关提交下列文件：公司董事长签署的设立登记申请书；全体股东指定代表或者共同委托代理人的证明；公司章程；具有法定资格的验资机构出具的验资证明；股东的法人资格证明或者自然人身份证明；载明公司董事、监事、经理的姓名、住所的文件以及有关委派、选举或者聘用的证明；公司法定代表人任职文件和身份证明；企业名称预先核准通知书；公司住所证明。法律、行政法规规定设立有限责任公司必须报经审批的，还应当提交有关的批准文件。

（2）股份有限公司。

设立股份有限公司，董事会应当于创立大会结束后 30 日内向公司登记机关申请设立登记。申请设立股份有限公司，应当向公司登记机关提交下列文件：公司董事长签署的设立登记申请书；国务院授权部门或者省、自治区、直辖市人民政府的批准文件，募集设立的股份有限公司还应当提交国务院证券管理部门的批准文件；创立大会的会议记录；公司章程；筹办公司的财务审计报告；具有法定资格的验资机构出具的验资证明；发起人的法人资格证明或者自然人身份证明；载明公司董事、监事、经理姓名、住所的文件以及有关委派、选举或者聘用的证明；公司法定代表人任职文件和身份证明；企业名称预先核准通知书；公司住所证明。

2. 合伙企业

根据我国《合伙企业法》的规定，申请设立合伙企业，应当向企业登记机关提交登记申请书、合伙协议书、合伙人身份证明等文件。合伙企业设立分支机构，应当向分支机构所在地的企业登记机关申请登记，领取营业执照。

3. 个体工商户

有经营能力的公民，依法经工商行政管理部门登记，从事工商业经营的，为个体工商户。申请登记为个体工商户，应当向经营场所所在地登记机关申请注册登记。申请人应当提交登记申请书、身份证明和经营场所证明。个体工商户登记事项包括经营者姓名和住所、组成形式、经营范围、经营场所。

在方便大学生创业方面，我国工商登记的相关法律规定还存在一些不足：第一，需要审批的范围过宽。从现行《个体工商户条例》《合伙企业法》和《公司登记管理条例》等有关公司企业注册登记规定看，几乎所有经营活动均要求营业执照，否则属非法经营。而事实上，许多大学生创业实体并没有固定的经营范围，普遍规模较小、转型较快，对经营范围加以限制，显然不利于捕捉到稍纵即逝的商机。第二，创业活动需办理的审批程序太多，成本高昂。《公司登记管理条例》比《公司法》规定的注册条件增加了一倍，另还规定较模糊的"其他条款"也需证明文件，大学生创办实体需提交的文件成倍增加。因此，必须不断地通过立法加以完善，促进大学生创业实践活动的开展。

（二）国家对大学生创业在工商行政管理方面给予的优惠政策

目前，国家各部委及各级政府不断加强政策支持，鼓励和引导大学毕业生自主创业，制定了许多有利于大学生创业的工商行政管理方面的优惠政策，如在企业注册方面，凡是大学生申请从事个体经营或者申办私营企业的，只要提交登记申请书、验资报告等主要登记材料即可，一律先予发放营业执照；在注册费用上，对大学生创业者也进行相应的减免。比如在毕业后两年内自主创业，到创办实体所在地的工商部门办理营业执照，注册资金在 50 万元以下的，允许分期到账，且首期到位资金不低于注册资本的 10%（出资额不低于 3 万元），1 年内实缴注册资本追加到 50％以上的，余款可在 3 年内分期到位。这些政策和措施对大学生创业起到了积极作用。

第三节　大学生创业——著作、商标、专利法律问题

【案例】"刘德华牌板鸭"案

前些年，"刘德华"商标纠纷闹得沸沸扬扬。

位于四川崇州观胜镇的"正宗刘德华板鸭店"的老板刘德华是位土生土长的崇州老人。其在 1980 年创办了"正宗刘德华板鸭店"，为了保护产品的品牌，为了更好地维护自己的口碑，刘德华老人在 2004 年将"刘德华"三字与自己的头像结合后向国家商标局提出商标注册申请，于 2007 年 5 月 28 日由国家工商总局批准注册，使用的商品类别为商标分类表第 29 类的板鸭、腌肉、香肠。之后"刘德华"板鸭名声日盛，许多人都慕名前来，就为了品尝一口这"刘德华板鸭店"做出的板鸭。

香港明星刘德华的经纪公司发现"刘德华"被注册为商标的情形后，认为其侵犯了明星刘德华的名誉权，损害了刘德华良好的公众形象，要求其撤销该商标。

由于"刘德华"商标由"刘德华"和一位老者的头像组成，与明星刘德华的相貌相差甚远，刘德华老人并未影响明星刘德华姓名的设定、变更以及自由使用的权利，且"刘德华"也不涉及冒用的问题；同时，其在商标注册时将姓名与自己的头像相结合使用，也不会引起他人的混淆与误认。因此，"刘德华"商标的注册与使用既未侵犯明星刘德华的姓名权，也不构成不正当竞争。明星刘德华的经纪公司在提出异议后又很快撤回了异议。

——（来源：深圳特区报，http://sztqb. sznews. com/html/2010—05/07/content _ 1065846. htm）

文学、艺术和科学作品的作者，是社会精神财富的创造者。他们为创作作品付出的辛勤劳动，应当得到社会的承认和尊重；他们因创作作品而产生的正当权益，应当受到保护。大学生是高校知识作品创作的主要力量之一。切实保障作品作者的著作权，有利于提高高校学生的创作积极性，为社会创造更加丰富的精神食粮，满足人民群众日益增长的文化生活的需要。

一、著作权法律问题

（一）著作权与著作权法

1. 什么是著作权

著作权，是指作者或其他著作权人依法对文学、艺术和科学作品所享有的各项专有权利的总称。

大学生胡某利用暑期时间赴欧洲旅游，回国后写了一篇近二十万字的多国游记。胡某打算在一个著名旅游网站上发表这篇游记的部分内容，之后还准备整理出版整部游记。但是，目前网络侵权十分严重，胡某担心自己的著作权在网络上得不到保障，后来查询到我国可以进行著作权登记，胡某便准备办理该项登记。

首先，著作权的对象主要是属于文学、艺术和科学领域的作品。我国司法实践中不仅保护文学、艺术和科学领域的作品，同样保护这些作品的数字化形式。我国最高人民法院 2006 年修正的《关于审理涉及计算机网络著作权纠纷案件适用法律若干问题的解释》中明确规定，"受著作权法保护的作品，包括著作权法第三条规定的各类作品的数字化形式"，人民法院应当予以保护。因此，胡某在网站上发表自己的作品，其著作权是受到法律保护的，任何人不能侵犯其著作权。其次，我国著作权采用"自动保护原则"。在我国，作品一经完成，著作权就自动产生，一般不必履行任何形式的登记或注册手续，也不论其是否已经发表。因此，胡某对其游记的著作权从游记完成之日就当然享有。我国著作权主管机关——国家版权局，从 1995 年开始办理著作权登记事务。作者可以自愿申请作品的著作权登记，各省版权局对符合条件的作品发给作品登记证书。这种登记遵循自愿原则，并不是取得著作权的法定程序，只是对拥有著作权这一事实行为进行认定，其法律效力十分有限。因此，胡某完全没有必要办理该项登记。再次，著作权的独占程度较弱，该权利的享有仅是排斥了对自己作品未经许可的发表、署名、修改或复制、传播等使用行为，但并不排斥他人对其独立完成的相同作品也取得著作权。就像胡某完成的旅游游记，其他人也可能根据相同的旅游景点，独立写作内容表达相同或相近似的旅游作品，胡某就不能排斥其他人的著作权。最后，著作权的内容主要包括著作人身权和著作财产权。

2. 著作权法

著作权法是指调整因著作权的产生、控制、利用和支配而发生的社会关系的法律规范的总称。其核心是国家确认和保护作者对其作品享有的著作权，在此基础上同时确认和保护与著作权有关的权益。著作权法有狭义和广义之分。狭义的著作权法是集中、系统地调整著作权关系的法律，如《中华人民共和国著作权法》。

广义的著作权法包括狭义上的著作权法、邻接权法、各种相关的法律规范以及调整国家与国家之间就相互提供著作权保护而缔结的国际条约。我国著作权法律规范主要见于《宪法》《民法典》《著作权法》《刑法》、单行法规、行政条例以及最高人民法院的司法解释等。我国参加的与著作权有关的知识产权国际公约和我国与其他国家签订的有关著作权保护的双边条约，通过立法程序，也可以转化为我国著作权法的渊源。这些公约和条约主要包括：1992 年 10 月加入的《伯尔尼公约》和《世界版权公约》、1993 年 4 月加入的《保护录音制品制作者防止未经许可复制其

录音制品公约》、2001 年 12 月加入的《TRIPs 协议》等。除了
多边公约，中国还与一些国家或地区签订了相互保护著作产权的
双边协定，它们是处理中国与相关国家、地区著作权法律关系的
直接依据。如 1992 年 1 月中美签署生效的《中美知识产权保护
谅解备忘录》、1996 年 4 月中俄签订的《知识产权合作协
定》等。

（二）著作权法的主要内容

1. 著作权的主体

著作权主体，也称著作权人，是指依法对文学、艺术和科学
作品享有著作权的人。著作权的主体首先是作者，包括直接从事
创作的自然人和依法被视为作者的法人或非法人组织。如在前述
大学生胡某旅游游记的案例中，胡某就是创作自己游记的作者，
也是其著作权的主体。当胡某署名发表游记后，只要没有相反的
证明，胡某就可以以作品署名是自己，来排斥他人对其著作权的
侵害。

除了作者，著作权主体还包括其他著作权人。其他著作权
人，是指作者以外的其他依法享有著作权的公民、法人或非法人
组织、国家。他们主要为继受著作权人。继受主体往往因继承、
遗赠、遗赠扶养协议、合同而取得著作权，特殊情况下国家也可
以取得著作权。一般来说，继受主体只能取得部分著作权。

著作权通常属于作者。但因为不同作品的创作情况有别，著
作权的归属存在不同的情况。主要包括：演绎作品的著作权由其
作者享有；合作作品的著作权由合作作者共同享有；汇编作品的
著作权由汇编人享有，但行使著作权时，不得侵犯原作品的著作
权；电影作品的著作权由制片者享有，但编剧、导演、摄影、作
词、作曲等作者享有署名权，并有权按照与制片者签订的合同获
得报酬；职务作品的著作权通常由作者享有，但法人或者其他组
织有权在其业务范围内优先使用；委托作品的归属由委托人和受

托人通过合同约定；美术作品的著作权属于作者；作者身份不明的作品，由作品原件的合法持有人行使除署名权以外的著作权。作者身份确定后，由作者或者其继承人行使继承权。

2. 著作权的客体

著作权法的客体是文学、艺术和科学作品。只要具备一定的表现形式，符合作品的构成条件，都能够成为著作权保护的作品。我国受著作权法保护的作品主要有以下九类：文字作品；口述作品；音乐、戏剧、曲艺、舞蹈、杂技艺术作品；美术、建筑作品；摄影作品；视听作品；工程设计图、产品设计图、地图、示意图等图形作品和模型作品；计算机软件；法律、行政法规规定的其他作品。

从以上的法律规定可以看出，著作权法保护的对象相当广泛，但并非所有的作品都受著作权保护。我国和世界许多国家一样，从社会公共利益等方面考虑，规定了两类不受著作权保护的对象：一类是依法禁止出版、传播的作品，主要是指违反国家法律、违反社会公德的内容反动、淫秽的作品；另一类是不适用著作权法保护的情形，比如法律、法规等规范性文件和其他公文、单纯事实消息、历法、通用数表、通用表格和公式等。

3. 著作权的内容

著作权的内容即著作权人基于作品所享有的专有权利的总和，是著作权法的核心部分，包括著作人身权和著作财产权两方面内容。著作人身权在学理上称为著作人格权、精神权利，是指作者基于作品创作而依法享有的以人身利益为内容的、没有直接财产内容的权利。著作人身权一般不能转让、继承或放弃。我国的著作权人依法享有的著作人身权包括四项：第一，发表权，即决定作品是否公之于众的权利。例如，如果"中国学位论文全文数据库"没有取得某硕士的任何授权，就将其学位论文收录其中，那么该硕士的发表权就被侵犯。第二，署名权，即表明作者身份，在作品上署名的权利。第三，修改权，即修改或者授权他人修改作品的权利。第四，保护作品完整权，即保护作品不受歪曲、篡改的权利。例如，前几年伴随着电影《无极》票房的攀升，网络上也开始流传一个名为《一个馒头引发的血案》的网络短片。该片截取了大量《无极》中的画面，将《无极》中的一些镜头与某电视台法制新闻节目镜头编辑在一起，通过重新组合和再次配音，完全以新闻纪录片的报道方式讲述了一起环环相扣的杀人案的侦破过程。《一个馒头引发的血案》以搞笑的方式对《无极》一片做了大量改动，对《无极》原有作品进行了歪曲、篡改，因此《无极》作品的完整权受到侵犯。

著作财产权，又称经济权利，是指著作权人自己使用或者授权他人以一定方式使用作品而获取物质利益的权利。我国著作权法规定的著作财产权包括十三项，分别是复制权、发行权、出租权、展览权、表演权、放映权、广播权、信息网络传播权、摄制权、改编权、翻译权、汇编权以及应当由著作权人享有的其他权利。

4. 著作权的利用与限制

（1）著作权的利用。

著作权中的财产性权利是一种法定权利，著作权人要获得财产收益，需要通过对其利用和支配的方式实现。著作权的利用，就是著作财产权通过一定的流转方式，给著作权人带来经济利益的行为。著作权最重要的两种利用方式是著作权的许可使用和著作权的转让。

①著作权的许可使用。

著作权的许可使用是指著作权人授权他人通过一定的方式，在一定的地域和期限内使用自己的作品，并收取许可使用报酬的行为。

著作财产权通常以合同的形式行使与实现，这就是著作权许可使用合同。该合同一般要包括以下条款：许可使用的权利种类；许可使用的权利是专有使用权或者非专有使用权；许可使用的地域范围、期限；付酬标准和办法；违约责任；双方认为需要约定的其他内容。

应该注意的是，使用作品的付酬标准可以由当事人约定，也可以按照国家规定的付酬核准支付报酬。当事人约定不明确的，按照国家规定的付酬标准支付报酬。此外，出版者、表演者、录音录像制作者、广播电台、电视台等使用他人作品，不得侵犯作者的姓名权、修改权、保护作品完整权和获得报酬的权利。

②著作权的转让。

著作权的转让是指著作权人将自己著作权中的财产权全部或者部分转让给他人的法律行为。转让著作财产权，应当订立书面合同。权利转让合同包括下列主要内容：作品的名称；转让的权利种类、地域范围；转让价金；交付转让价金的日期和方式；违约责任；双方认为需要约定的其他内容。

著作权的受让人行使的权利，是合同中明确规定的，著作权人明确转让哪一种权利，受让人就取得何种权利。例如，小说的著作权人只转让了小说出版的权利，如果受让人将小说改编成剧本出版，就侵犯了著作权人的权利，依法应承担相应的法律责任。

（2）著作权的限制。

基于公共利益和文化进步的考虑，著作权行使也受到一定的限制。这就是著作权的合理使用与法定许可。

著作权的合理使用是指在特定条件下，法律允许他人自由使用享有著作权的作品，而不必征得权利人的许可，不向其支付报酬的合法行为。但应当指明作者姓名、作品名称，并且不得侵犯著作权人依照著作权法享有的其他权利。我国的著作权法，共规定了因个人学习、教学与科研、陈列或保存、新闻报道等 12 种合理使用的情形。

　　某高校文学院 2001 级学生田某创作了一篇中篇小说《大地》，于 2002 年 10 月起，被某著名中篇小说期刊连续两期连载发表，但田某没有声明不得转载、摘编。2003 年 6 月，田某偶然在另一本文学杂志《青苗》中发现，自己发表的《大地》在其 2003 年第 5 期杂志上全部转载，而且根本没有注明作者和转载处。在接到田某的投诉后，经双方多次协商，《青苗》杂志最终向田某赔礼道歉并支付了稿酬。

　　法定许可是对著作权的另一种限制。法定许可，又称非自愿许可，是指根据法律的直接规定，以特定的方式使用已发表的作品，可以不经著作权人的许可，但应向著作权人支付使用费，并尊重著作权人依法享有的其他权利的制度。上述案例中的"转载"，就是一种法定许可方式。所谓转载，最高人民法院《关于审理著作权民事纠纷案件适用法律若干问题的解释》中界定为报纸、期刊登载其他报刊已经发表作品的行为。该案中，田某虽然没有声明不得转载自己的作品，但转载毕竟不是重新创作，必须尊重和保护原作品的著作权人。上述司法解释进一步规定，"转载未注明被转载作品的作者和最初登载的报刊出处的，应当承担消除影响、赔礼道歉等民事责任"。因此，《青苗》杂志的转载行为已经侵犯了田某的著作权，应当承担赔礼道歉等责任。

　　我国著作权法明确规定，其他报刊转载或者作为文摘、资料刊登已刊登作品的，"应当按照规定向著作权人支付报酬"。因此，《青苗》杂志必须向田某支付相应的稿酬。在接到田某的投诉后，《青苗》杂志辩称自己并不清楚田某的联系方式，在无法支付稿酬的情况下才没有作出相应的注明。这种理由也是不能成立的。我国 1993 年专门成立了"中国著作权使用报酬收转中心"，其基本职能之一，是针对报刊转载后作者地址不明的作品的稿酬收转。《青苗》杂志即便不知道田某的地址，也应在一个月内将稿酬送至该收转中心转交。

目前，中国著作权使用报酬收转中心的著作权使用报酬收转工作，已经转交中国版权保护中心管理的中华版权代理总公司负责，而且改变了原转付稿酬的模式，以接受著作者和作品使用者委托转付的方式开展著作权使用报酬收转工作。

除上述案件中的转载外，教科书中汇编作者没有禁止使用的作品、录音制作者使用他人没有禁止使用的音乐录音制品、电台电视台播放已经出版的录音制品，均属我国著作权法中规定的法定许可情形。

5. 著作权的保护及期限

除了确定著作权人利用著作权的途径和方式外，我国著作权法还明确规定了侵犯著作权的法律责任，从而实现对著作权人权利的有效保障。

（1）著作权侵权行为及责任。

著作权侵权行为，是指未经著作权人同意，违法擅自使用著作权的行为。主要包括：违法发表他人作品的；违法单独发表合作作品的；在他人作品上署名的行为；歪曲、篡改他人作品的；剽窃他人作品的；未支付报酬使用他人作品的；违法使用他人作品的；侵犯出版专有权的行为；其他侵犯著作权以及与著作权有关的权益的行为，等等。

2008 年 7 月 10 日，由中国电影集团公司等联合出品的电影《赤壁》上映。当日，中影集团就委托律师通过电子邮件致函著名视频网站酷 6 网，明确中影集团对于涉案影片的权利，要求酷 6 网严格管理网站，不得非法传播涉案影片的全部或者片段。7月 18 日，中影集团发现酷 6 网依然有《赤壁》视频在播放。随后，中影集团电影营销策划分公司以侵犯著作权为由，诉被告酷 6 网（北京）信息技术有限公司，称其未经许可在酷 6 网提供电影《赤壁》的视频，请求判令被告停止侵权，赔偿经济损失 50

万元，承担诉讼费等。

随着互联网的飞速发展，互联网著作权侵权案件也日益增加。最典型的，就是针对文学作品、影视作品、音乐作品和软件作品的侵权行为。酷6网是国内最大的视频分享网站之一，也是中国最大的视频媒体平台，免费提供视频播客、视频分享、视频搜索等服务，可以在线观看影视作品等各类视频。"中影诉酷6网案"的核心争议，是被告提供电影《赤壁》的视频是否侵犯原告的著作权。我国《信息网络传播权保护条例》第22条，规定了网络服务商的"避风港规则"的免责条款。该条例规定，网络服务提供者为服务对象提供信息存储空间，供服务对象通过信息网络向公众提供作品、表演、录音录像制品，在"不知道也没有合理的理由应当知道服务对象提供的作品、表演、录音录像制品侵权"的情况下，不承担侵权赔偿责任。被告认为，被告提供的只是空间和平台，注册网友上传视频是否侵权，网站并不知情，而且根据网站公示的版权协议，上传者应对所传内容的权属负责，其他同类型网站均采取相似做法。但是，"避风港规则"的适用是有严格要求的。按照最高人民法院《关于审理涉及计算机网络著作权纠纷案件适用法律若干问题的解释》的规定，"提供内容服务的网络服务提供者，明知网络用户通过网络实施侵犯他人著作权的行为，或者经著作权人提出确有证据的警告，但仍不采取移除侵权内容等措施以消除侵权后果的"，应被追究与该网络用户的共同侵权责任。在本案中，原告认为，自己在电影首映日已经致函被告，要求被告不得非法传播影片的全部或片段，但被告网站在7月18日仍有大量相关视频存在并被播放。因此，被告未尽审查义务，并以分享收益诱惑网友上传作品，系共同侵权。2009年4月，法院一审判决确定被告应停止在其经营的酷6网传播电影《赤壁》视频，并赔偿原告经济损失5万元，支付诉讼合理开支5000元。

目前，网络成为大学生的一种生活方式，广大高校学生通过网络获取资源、分享信息已成为生活常态。但是，许多学生在网络上传、下载、复制、粘贴的传播中，很可能有意无意便成为著作权的侵权者。因此，高校学生一定要注意遵守相关法律和网站管理章程的规定，防止侵权行为的发生。

依照我国法律规定，对著作权的侵权不仅要承担民事责任，还可能承担行政责任甚至刑事责任。其中，民事责任主要包括停止侵害、消除影响、赔礼道歉、赔偿损失等；行政责任主要包括责令停止侵权行为，没收违法所得，没收、销毁侵权复制品，罚款以及没收用于制作侵权复制品的材料、工具、设备等；侵权人构成犯罪的，会依法被追究刑事责任。

（2）著作权的保护期限。

本着既考虑著作权的保护又考虑有利于作品传播及有利于科学、文化事业发展的基本精神，著作权的保护具有一定期限。

我国著作人身权中的署名权、修改权、保护作品完整权的保护期不受限制；著作权其他的权利中，公民作品的发表权、使用权和获得报酬权的保护期，为作者终生及其死亡后 50 年，截至作者死亡后第 50 年的 12 月 31 日。如果是合作作品的发表权、使用权和获得报酬权的保护期，截至最后死亡的作者死亡后第 50 年的 12 月 31 日。法人或其他组织的作品、著作权（署名权除外）由法人或其他组织享有的职务作品，其发表权、使用权和获得报酬权的保护期为 50 年，截至作品首次发表后第 50 年的 12 月 31 日，但作品自创作完成后 50 年内未发表的，不再给予保护。

（三）大学生著作创作与法律保护

一般而言，著作权通常属于作者。但是，大学生在著作创作过程中，涉及许多方面的关系，存在一些较为复杂模糊的情况，容易产生著作权纠纷。对此，应加以分析厘清。

1. 大学生创作作品"一稿多投"是否侵权

"一稿多投"是指作者把自己的同一作品同时或者先后投给不同的报刊、出版社或其他媒介发表的行为。这种多次使用同一作品的行为，可能会带来同一作品被同时或者先后发表的结果。

杨某是某高校经管学院 2009 级本科生，科研能力较强，时有论文在报刊上发表。2011 年 3 月，杨某向某报社投稿学术论文一篇。一个月过后，报社还没有通知杨某论文是否采用。同年 6 月，杨某将该论文投稿至某高校学报并即刻发表。随后，某报社致函杨某，以"一稿多投"为由要求其承担法律责任。

按照我国《著作权法》的规定，著作权人一般是不能一稿多投的。但为确保著作权人的发表权，著作权法明确规定了"一稿多投"的期限。著作权人向报社、期刊社投稿的，如果自稿件发出之日起 15 日内未收到报社通知决定刊登的，或者自稿件发出之日起 30 日内未收到期刊社通知决定刊登的，可以将同一作品向其他报社、期刊社投稿。双方另有约定的除外。本案中，杨某在向某报社投稿后，一个多月没有收到报社是否刊用的通知，双方也没有关于稿件的另外约定。因此，杨某再将论文投稿至某高校学报，不构成侵权。

"一稿多投"现象的产生，归根结底还是利益的驱使。"一稿多投"使作者的作品具有更早、更多的出版机会，但出版者的权益却可能受到损害。尤其是报刊，作品的新颖性往往决定了报刊的利益。高校中"一稿多投"的现象较为普遍。因职称评定、攻读学位等学术评议制度的硬性要求，为提高论文产出率，部分学生乃至教师往往"一稿多投"。在学术界，"一稿多投"被认为是一种学术失范行为，各类学术期刊一般都禁止"一稿多投"。

2. 大学生在校期间利用学校的物质技术条件创作的作品是职务成果还是个人成果

公民为完成法人或者其他组织工作任务所创作的作品是职务

作品。著作权一般由作者享有，但法人或者其他组织有权在其业务范围内优先使用。如果主要是利用法人或者其他组织的物质技术条件创作，并由法人或者其他组织承担责任的工程设计图、产品设计图、地图、计算机软件等职务作品，作者享有署名权，著作权的其他权利由法人或者其他组织享有，法人或者其他组织可以给予作者奖励。那么，在校大学生在创作作品过程中利用了学校一定的物质技术条件，所完成作品的著作权如何归属呢？这一问题要具体情况具体分析，不可一概而论，主要有以下几种情况：

第一，作品归属大学生个人成果。这种情况主要是指，在校大学生基于自己的创作意志，利用了学校提供的诸如图书馆里的图书资料、学习场所等一般的学习条件，进行创作而产生的作品，不能认定为职务作品，这类作品的著作权由学生完全享有。如前所述，职务作品是受法人或其他组织安排而履行职责或工作而完成的成果，它是与公民所担任的职务紧密联系在一起的。大学生显然不是学校的工作人员，而是处于受教育对象的地位，为他们提供必要的学习条件是学校应尽的义务，因此他们在创作过程中利用学校所提供的物质条件而创作的作品，不应认定为职务作品。同时，对于所创作的作品所带来的收益，学生一般情况下不用给予学校补偿。

第二，作品归属职务成果。此类情况概括说来主要表现为以下两种情形：其一，大学生主要利用了学校提供的物质技术条件，完成了学校所布置的工作任务，所创作的作品属于职务作品。例如，某高校为了迎接校庆的到来，为学生提供专门的设备、资料或资金等物质技术条件，让学生参与校庆纪念册的制作、组织学生编排文艺节目等。这些作品的责任由学校承担，依我国《著作权法》的规定应当认定为职务作品。对这类作品，学生享有署名权，著作权的其他权利由学校享有。其二，创作活动是由学校主持或立项，大学生代表学校意志创作，并由学校承担所创作作品的责任。在这种情况下，学校视为作者，拥有作品的著作权。大学生对此类作品一般不能享有著作权，但是可以享有其他方面的民事权利，比如获得报酬权。

3. 大学生在教师指导下完成的成果是个人成果还是共同成果

两人以上合作创作的作品，著作权由合作作者共同享有。没有参加创作的人，不能成为合作作者。合作作品是产生著作权共有关系的前提，共同创作作品的事实则是确认合作作品和合作作者的前提。通常，确认合作作品应该具备如下一些条件：其一，合作作者之间应有共同创作某一作品的意思表示。其二，在创作过程中合作作者之间始终贯彻合作创作的意图，有意识地调整各自的创作风格和习惯，以便使他们的创作成果相互照应、衔接、协调和统一，达到整体的和谐。其三，每个合作作品所完成的文学艺术形式，应当达到著作权法所要求的作品的标准。也就是说，合作作者所完成的作品，应是作品整体构成的有机组成部分。

因此，对大学生在教师指导下完成的成果的著作权归属不能一概而论，要具体情况具体分析。

首先，属于大学生的个人成果。著作权法所称"创作"，依照《著作权法实施条例》的规定，是指直接产生文学、艺术和科学作品的智力活动。为他人创作进行组织工作，提供咨询意见、物质条件，或者进行其他辅助工作，均不视为创作。如果大学生在创作作品的过程中，教师只是为学生创作的作品提供过写作意见或部分素材、资料等辅助性的工作，在这种情况下，教师不能被视为合作作者，学生完成的作品属于个人成果，独自享有著作权。

其次，属于师生的共同成果。如果教师与学生之间对所要创作的作品具有共同创作的意思表示，且对创作结果有明确认识且目标一致，在创作过程中不仅提供资料、素材等，而且实际参与了创作，依据我国《著作权法》的规定，此作品属于合作作品。合作作品的著作权，由合作作者共同享有，其权利的分配和行使，可以由合作作者协议确定。如果没有协议，或者协议没有约定的权利，则由合作作者共同行使。

此外，有些学生为了增加论文发表的可能性，在自己的作品上署上教师的名字，这种行为既违背了学术道德，也违反了我国《著作权法》的规定。被署名的教师在得知此种情况后，应当明确反对学生的这种做法。如果学生是在教师不知情的情况下，擅自在自己创作的作品上署上教师的名字加以发表，则对教师的姓名权构成了侵犯。

4. 大学生在实习期间所创作作品的著作权归属

对于大学生在实习过程中完成或参与完成的作品的著作权的归属，主要分为以下几种情况：

第一种情况是大学生利用实习单位提供的包括薪资在内的物质技术条件完成单位交付的工作任务而创作的作品，此类作品应认定为职务作品。如果是属于工程设计图、产品设计图、地图、计算机软件等职务作品，完成该作品的大学生享有署名权，著作权的其他权利由实习单位享有，实习单位可以对作品的作者进行奖励。

第二种情况是大学生利用实习单位提供的不包括薪资在内的物质技术条件完成单位交付的工作任务而创作的作品。对于此类包括工程设计图、产品设计图、地图、计算机软件在内的作品，应认定为职务作品。在一般情况下，实习单位享有作品的著作权。但是，如果能认定完成作品的过程中，大学生本人的付出起主要作用，实习单位提供的物质技术条件仅占次要作用，实习单位就不能享有作品的著作权。

第三种情况是在实习单位未提供任何物质技术条件的情况下，大学生为完成单位交付的工作任务而创作的作品。该类作品为职务作品，创作作品的大学生享有著作权，而且完成该作品所产生的所有费用可以要求实习单位承担。但是，此类著作权的行使要受到实习单位的相关限制。如职务作品完成两年内，未经单位同意，作者不得许可第三人以与单位使用的相同方式使用该作品。

第四种情况是大学生受实习单位委托所创作的作品。即大学生在实习时受实习单位的委托，通过利用实习单位的或自己的物质技术条件而创作的作品。委托作品的著作权属于受托人享有，双方另有约定的除外。委托人可以在约定的使用范围内享有使用作品的权利；如果双方没有约定使用作品范围的，委托人可以在委托创作的特定目的范围内免费使用该作品。

5. 大学生在应聘时所创作作品的著作权归属

对于大学生在应聘时所创作的作品，主要分为两种情况：一种是应用人单位要求而在应聘过程中创作的。这类作品的著作权属于创作的大学生，即使所创作的作品的主题或有关要求是由用人单位对大学生进行考核时提供的也不例外。如果用人单位对此类作品创作提供了一定的物质技术条件，对于该作品的著作权所产生的收益，用人单位有权要求补偿。另一种是大学生在应聘之前已经创作好的作品，在应聘之时主动提交给用人单位，目的是向用人单位展示自己的水平和能力。此种情况下，作品的著作权理所应当归创作的大学生所有。

二、商标法律问题

美国可口可乐公司有一段话流传甚广："即使现在把我所有的厂房烧毁，所有的技术资料销毁，我仍有信心在 10 年之内重建可口可乐帝国；但我无法想象没有'可口可乐'商标，我的企业如何维系和生存。"这就是商标的力量！商标作为知识产权的一部分，已日益成为企业保护自身利益、积聚无形财产、拓展市场的利器。一个国家或企业要在国际贸易中立于不败之地，尤其要重视商标权的获得与行使。

（一）商标权与商标法

商标，俗称品牌、牌子，是指商品的生产者、经营者或者服务的提供者在其商品或服务上使用的，由文字、图形或其组合图案构成的，具有显著性，便于识别商品或服务来源的标志。

商标权是商标法的核心内容。所谓商标权，是指商标所有人依法对其注册商标所享有的专有权。而调整因商标的注册、使用、管理和保护而产生的各种社会关系的法律规范，就是商标法。商标法的核心内容是对商标权的保护，并以此为杠杆建立商标管理法律制度。

我国负责商标权注册管理工作的行政机关是国家商标局，隶属于国家工商行政管理总局。我国《商标法》于1983年起正式实施，并分别于1993年、2001年、2013年、2019年做了四次重大修订。与之相适应，《商标法实施细则》也于2002年施行。

（二）商标法的内容

1. 商标权的主体与客体

商标权主体是商标所有人，或称商标注册人，是指依法享有商标专用权的人。我国的商标权主体主要包括：一是获准商标注册的自然人、法人或其他组织，如果两个以上的自然人、法人或者其他组织共同向商标局申请注册同一商标，共同享有和行使该商标专用权；二是在中国获准商标注册的外国人或者外国企业；三是注册商标转让后的受让人；四是注册商标所有人是自然人的继承人。

商标权的客体是指经国家商标局核准注册的注册商标，包括商品商标、服务商标和集体商标、证明商标；商标注册人享有商标专用权，受法律保护。未经注册的商标也可以使用，但是不能对抗其他人使用。使用未注册商标不得和他人的注册商标相混同，即不得在同种或近似的商品上，使用和他人相同或近似的商标，否则构成商标侵权行为，要承担相应的法律责任。

2. 商标权的内容与限制

商标权的内容包括商标权人的权利和义务两方面的内容。注册商标所有人对其依法注册的商标享有的权利，主要包括专有使用权、商标权人禁止他人未经许可使用其注册商标的禁止权、许可权与转让权。此外，还包括续展权、使用注册的标记权、质押融资权等。注册商标所有人依法履行依法使用注册商标、保证商品或服务质量、缴纳商标费用的义务。

商标权在本质上是一种合法的垄断权，如果商标权人滥用权力，不合理限制他人使用其注册商标标志，可能会损害社会公益。对商标权进行限制就是为了防止商标权人滥用商标权。对商标权的限制，主要包括合理使用、商标权利用尽和非商业性使用。

（1）合理使用。

合理使用是指他人在经营活动中以善意、正当的方式使用描述性商标的，不被视为侵犯商标专用权的行为。所谓描述性商标，就是商标的内容或含义表述了该商标使用的商品，或者该商品的成分、性质、用途、功能、特点、质量、重量、数量或其他的特点。大多数企业经营者或者销售人员喜欢使用描述性商标，因为这种商标更为接近他们宣传与推销该产品的目标。

描述性商标是表明某类商品所共有的特点的标志，经营该类商品的经营者都可以使用，不能由某个经营者独占。例如，"金华火腿"商标中的地名"金华"的使用判定就是很好的例证。2004年国家工商行政管理总局商标局在《关于"金华火腿"字样正当使用问题的批复》中认为，"金华特产火腿…××（商标）金华火腿"和"金华××（商标）火腿"属于《商标法实施条例》第49条所述的正当使用方式，并要求在实际使用中，这些使用方式应当文字排列方向一致，字体、大小、着色也应相同，但不得突出"金华火腿"字样。该批复在一定程度上规定了有关"金华火腿"商标的合理使用问题。

（2）商标权利用尽。

商标权利用尽是指经商标所有人或其本人同意将带有商标的产品投放市场后，任何人使用或销售该产品，商标权人无权禁止。商标权利用尽的意义在于保障商品正常流通，保证交易安全。

（3）非商业性使用。

商标可以被用于非商业性使用，即与商品或服务无关的使用，这类使用通常不属于商标侵权行为。比如，新闻报道及评论对商标的使用，一般不视为对商标权的损害。如果媒体的报道严重失实，批评不当，构成新闻侵权的，商标所有人可依法维护自己的名誉权。再有，滑稽模仿中对商标的使用。滑稽模仿是对一部严肃作品荒唐可笑的模仿。从滑稽模仿的特征来看，意欲突出的是模仿与被模仿对象不同，强调二者之间的差别。同时，被模仿商标用于表达性使用而非商标意义上的使用，使用的领域也并非商品交易。这就决定了商标滑稽模仿一般不存在混淆的可能，也就不存在侵权的可能。

3. 商标权的取得与保护期限

商标权的取得，是指特定主体按照法定方式获得商标专用权，成为商标权人。商标权的取得分为原始取得和继受取得，原始取得又有使用取得和注册取得两种方式。我国实行的是注册取得。

（1）商标注册的申请。

就商标权的原始取得而言，我国采用的是注册原则，并在注册原则基础上，采用适当灵活的方式确认商标权的归属。这些原则包括：第一，自愿注册原则。自愿注册原则是指商标使用人是否申请商标注册取决于自己的意愿。在自愿注册原则下，商标注册人对其注册商标享有专用权，受法律保护。未经注册的商标，可以在生产服务中使用，但其使用人不享有专用权，无权禁止他人在同种或类似商品上使用与其商标相同或近似的商标，但驰名商标除外。在实行自愿注册原则的同时，我国对烟草制品实行强制注册原则。目前，必须使用注册商标的商品，包括卷烟、雪茄烟和有包装的烟丝的烟草制品。未经核准注册的烟草制品，禁止生产和销售。

第二，优先权原则。优先权原则是《保护工业产权巴黎公约》所确定的商标权取得程序中的一项重要原则。我国商标注册申请程序中的优先权制度表现在两方面：其一，商标注册申请人自其商标在外国第一次提出商标注册申请之日起6个月内，又在中国就相同商品以同一商标提出商标注册申请的，依照该外国同中国签订的协议或者共同参加的国际条约，或者按照相互承认优先权的原则，可以享有优先权。其二，商标在中国政府主办的或者承认的国际展览会展出的商品上首次使用的，自该商品展出之日起6个月内，该商标的注册申请人可以享有优先权。

第三，申请在先原则。申请在先原则又称注册在先原则，是指两个或者两个以上的商标注册申请人，在同一种商品或者类似商品上，以相同或者近似的商标申请注册的，申请在先的商标，其申请人可获得商标专用权，在后的商标注册申请予以驳回。

我国商标法在坚持申请在先原则的同时，还强调使用在先的正当性。申请商标注册不得损害他人现有的在先权利，也不得以不正当手段抢先注册他人已经使用并有一定影响的商标。

商标的注册申请，是取得商标权的前提。申请注册的商标，要符合下列规定，才能取得注册：申请商标注册的，应当按规定的商品分类表填报使用商标的商品类别和商品名称；商标注册申请人在不同类别的商品上申请注册同一商标的，应当按商品分类表提出注册申请；注册商标需要在同一类的其他商品上使用的，应当另行提出注册申请；注册商标需要改变其标志的，应当重新提出注册申请；注册商标需要变更注册人的名义、地址或者其他注册事项的，应当提出变更申请。此外，商标申报的事项和所提供的材料应当真实、准确、完整。

（2）商标注册申请的审查与核准。

我国对商标注册申请和商标复审申请实行实质审查制度。商标注册审查主要包括形式审查、实质审查与核准阶段。

第一，形式审查。商标局收到商标注册申请文件后，应当首先进行形式审查。形式审查主要是对申请手续是否齐备、申请文件的填写是否符合规定、申请人是否具备申请资格、申请规费是否缴纳等形式问题进行审查。申请手续齐备并按照规定填写申请文件的，予以受理，并书面通知申请人。申请手续不齐备或者未按照规定填写申请文件的，不予受理，书面通知申请人并说明理由。申请手续及申请文件基本符合规定，但需要补正的，通知予以补正，在规定期限内补正的，保留申请日期；未在规定的期限内补正手续或者文件的，视为放弃申请，由商标局书面通知申请人。

第二，实质审查。实质审查是指对申请注册的商标的构成要素是否符合法定条件，以及商标是否混同等进行的审查。实质审查是商标申请能否取得授权的关键环节。实质审查的内容主要有：商标的种类和显著特征是否符合商标法的规定，否则驳回申请，不予注册；商标的构成要素是否违背商标法规定的禁用条款，违者予以驳回；商标是否与他人在同一种或类似商品上注册的商标相同或类似。

申请注册的商标，凡符合商标法有关规定的，由商标局初步审定，予以公告；不符合商标法有关规定而驳回申请的，发给申请人"驳回通知书"，不予公告。对初步审定的商标，自公告之日起 3 个月内，任何人均可以提出异议。公告期满无异议的，予以核准注册，发给商标注册证，并予公告。

（3）商标权的保护期限。

各国法律一般都对注册商标的效力在时间上加以限制，但期限不尽相同。根据国际惯例，商标权续展的次数没有限制，即商标权人可以不断申请续展，持续地、永久地拥有注册商标专用权。我国注册商标的有效期为 10 年，自核准注册之日起计算；注册商标有效期满，需要继续使用的，应当在期满前 6 个月内申请续展注册；在此期间未能提出申请的，可以给予 6 个月的宽展期。宽展期满仍未提出申请的，注销其注册商标。每次续展注册的有效期为 10 年。续展注册经核准后，予以公告。

4. 驰名商标的特殊保护

驰名商标是指经过长期使用，在市场上享有较高信誉并为公众熟知的商标。一个商标要成为驰名商标，必须经过有关机构依照一定的程序进行认定，一种是由商标主管机关认定；另一种是由法院认定。我国认定驰名商标时会考虑多方面因素，包括相关公众对该商标的知晓程度，该商标使用的持续时间，该商标的任何宣传工作的持续时间、程度和地理范围，该商标作为驰名商标受保护的记录与该商标驰名的其他因素。

驰名商标保护的特征在于特殊保护，这种特殊性体现在：如果是注册的驰名商标，商品或服务的范围可扩大到不相同不类似的商品或服务上，即跨类保护。标志的范围可延伸到商标外的其他商业标志。如果是未注册的驰名商标，特殊保护体现为给予注册商标同样的保护，保护范围限定在相同或类似商品上。驰名商标所有人的禁止权，不仅包括禁止类似商标上的近似使用和非类似商标的使用，而且包括有权禁止非商标商业标志的使用。第三人不得将驰名商标注册为企业名称、域名或作为商品名称使用。

此外，对驰名商标的特殊保护还表现在商标注册程序、商标无效程序和商标使用等方面。如，对相同或者类似商品申请注册的商标是复制、摹仿或者翻译他人未在中国注册的驰名商标，容易导致混淆的，不予注册并禁止使用；对不相同或者不相类似商品申请注册的商标是复制、摹仿或者翻译他人已经在中国注册的驰名商标，容易误导公众，致使该驰名商标注册人的利益可能受到损害的，不予注册并禁止使用。如果已经注册，自注册之日起5年内，驰名商标注册人可以请求商标评审委员会予以撤销，但恶意注册的不受5年时间的限制。

(三) 大学生创业商标的注册与法律保护

虽然在校大学生享有商标权的情况极少，但大学生在创业过程中还是会涉及商标的使用、管理、收益与处分。其中，对大学生创业影响较大的就是商标的抢注、商标的续展、注册商标的变更与撤销。商标的续展在前面已经论述，这里不再赘述。了解这方面的商标知识可以帮助创业大学生有预见地避免创业过程中可能产生的不必要的商标纠纷，并在纠纷产生时能以法律途径合理解决。

1. 大学生创业与商标抢注

杨锐是成都西华大学经济管理学院2007级的学生。从2009年3月初创立"单身派"光棍T恤后，杨锐的创业之路十分顺利，曾经创下月销售T恤2500多件、纯利润万元的销售记录。杨锐的最大梦想，就是占领单身文化衫市场。但是，他向国家工商行政管理总局商标局申请注册的"dsp"和"单身派"商标组合中的"dsp"英文商标部分，已经被广州一家服装生产企业在他申请注册之前抢注，而且该"dsp"商标注册的类别也是他申请注册的25类（服装类）。所幸的是，杨锐注册的"dsp"和

"单身派"组合中的"单身派"汉字商标部分还是获得商标局的受理，注册的门类也是 25 类（服装）。

由于对商标相关知识缺乏了解、经验不足等，大学生对在创业过程中使用的商标，往往不会采取申请注册等防护措施。这很容易使自用商标被别的商家或公司抢注，使自己的商标利益受到侵犯，进而影响创业的顺利开展。因此，大学生有必要了解在创业过程中，如何防范商标抢注及商标被抢注后如何救济。

（1）什么是商标抢注。

商标抢注，是一种在原商标所有者之前注册该商标进而通过商标获取利益的竞争行为。商标抢注行为主要有以下几种表现形式：

第一，抢注未注册商标。我国商标注册，采用的是自愿注册与申请在先的原则。因此，未注册商标的使用人没有任何排他权，该使用人无权阻止他人在同一种商品、服务上使用与自己相同或近似的商标，也无权阻止他人先申请商标注册。

杨锐案就是这种情况的真实体现。

第二，抢注驰名商标。抢注驰名商标比抢注使用的未注册商标、已注册的非驰名商标更复杂。驰名商标在他国或地区被他人抢先注册后，该驰名商标的原所有人商标专用权能否在该国或地区获得保护，完全取决于被请求保护的国家或地区的主管机关根据其本国法律的认定。认为他人的抢注注册正当的，原商标所有人将在其管辖区内失去该商标的所有权；反之，如认为注册不正当的，则能获得保护。

第三，抢注其他在先权利。在知识产权保护方面，目前存在一个比较突出的矛盾，就是权利冲突问题，一些在后权利人利用法律的空隙，恶意将他人已取得的外观设计专利权或者著作权、企业名称权等其他权利注册为商标，也给日后出现权利冲突埋下伏笔。

（2）如何应对商标抢注。

我国商标法自愿注册、申请在先的突出优点，体现在能够尽快明确商标专用权，便于对注册商标进行管理。但目前的实践表明，一些企业或个人大量申请注册商标，而这些企业或个人既不打算使用这些注册商标，其自身也根本不具备使用这些注册商标的能力。比如，据报载，一家私营企业提出注册申请的商标近千个，目前已经获得商标专用权的有 400 多个。该企业已经成功地将其获得商标专用权的一个商标以 200 万元的价格转让，还正在同另外一家美国公司商讨转让其注册的另一个商标。据说，美方愿意出价 150 万美金，该企业认为不满意，双方尚未达成协议。

1984 年 4 月，天津汽车工业公司与日本大发汽车株式会社签订了引进微型面包车的技术合同。天汽公司投入巨资对 "大发" 进行宣传，使 "天津大发" 的市场知名度不断提高。但是，日方却抢先在中国将 "大发" 商标进行注册。1991 年双方合同期满，天汽公司痛失 "大发" 的商标专用权，不得不重新注册了 "华利" 及后来的 "夏利" 作为自己的商标。此类案例给正在创业或有创业意向的大学生敲响了警钟。在创业过程中，大学生应及时申请注册自己使用的商标，尽量在别人抢注商标之前自己注册商标，真正做到 "市场未动，商标先行"，给自己使用的商标筑起一道法律的防护墙，防患于未然。

（3）商标被抢注后的救济。

大学生在创业中使用的商标如果确系被别人恶意抢注，可以通过两种法律途径来主张权利。其一，是对初审公告的商标向商标局提出异议。对初审公告的商标，任何人都可以自公告之日起 3 个月内提出异议。权利人认为自己的商标被他人恶意抢先申请注册的，如果在该商标初步审定公告期内及时发现，可以向商标局提出异议，请求商标局不予核准注册。其二，是对已经注册的商标向商标评审委员会提出争议。权利人认为自己的商标被他人恶意抢先注册的，可以自该商标注册之日起 5 年内，向商标评审委员会申请撤销。

　　当事人在向商标局或商标评审委员会申请异议或争议、主张权利时，应当结合上面所分析的商标抢注行为的构成要件来陈述理由、提供相应的证据。这些证据应侧重于两个方面：一方面是商标注册人在主观上具有恶意的证据，例如双方当事人之间与争议商标有关的商品购销合同、往来函电，商标注册人向权利人索要不合理的高额"商标转让费"的书面证据；另一方面，是权利人在先使用、宣传争议商标的证据，例如权利人与商标设计、商标标识印刷单位之间的委托合同及相应单据，有关商标的广告制作、发布合同，刊登商标广告的报纸、杂志，有关商标商品的购销合同及发票等。

　　需要注意的是，当事人在向商标局或商标评审委员会提交申请书件时，应当符合规定的要求。例如，应在法律规定的时限内提出异议、争议裁定申请，尽可能在期限内一次性提交有关证据材料。为了使自己的主张得到有力的支持，当事人应尽量提交那些有较高公信力的证据，例如国家机关依职权制作的公文书证、由专门机构保管的历史档案、在具有较大影响的新闻媒体刊登的有关商标的宣传材料等。

　　2. 注册商标的变更

　　随着生产经营活动的变化，注册商标的有关事项有可能发生变化，但注册商标的变更，仅指商标注册人的名义、地址或者其他注册事项的变更，不包括商标注册人的变更，商标所使用的商品或服务的变更以及商标的改变。商标注册人即商标所有人的变更需要办理转让手续；变更商品或服务项目或改变商标需要重新提出申请。

　　注册商标变更注册人名义、地址或者其他事项的，应当提出变更申请。办理注册商标的变更手续，可以避免出现名实不符等情况，方便商标所有人主张权利，取得对抗第三人的法律效力。一个商标注册人可能同时拥有多个注册商标。为此，我国《商标法实施条例》规定，变更商标注册人名义或者地址时，商标注册人应当将其全部注册商标一并变更。

3. 注册商标的撤销

对于已经获得注册的商标，如果出现以下情况，则会被撤销，从而导致商标权利的丧失。因此，大学生在创业过程中要加以注意，尽量避免此类情况的发生。

第一，商标停止使用。商标的使用包括将商标用于商品、商品包装或者容器以及商品交易文书上，或者将商标用于广告宣传、展览以及其他商业活动中。注册商标连续3年停止使用的，任何人均可以向商标局提出申请撤销该注册商标。

第二，商标使用不当。包括自行改变注册商标文字、图形或者其组合的；自行改变注册商标的注册人名义、地址或者其他注册事项的；自行转让注册商标的；以及使用注册商标，其商品粗制滥造，以次充好，欺骗消费者的。有上述行为之一的，由商标注册人所在地工商行政管理机关报请商标局撤销其注册商标。

第三，注册不当商标。注册不当商标可以分为两种情况：一是商标本身不具备注册条件，违反了商标禁用条款和禁注条款等商标注册的绝对条件；二是注册商标侵犯了他人的合法权益，即违反了商标注册的相对条件。对于违反绝对条件的不当注册，可由商标局依职权撤销，也可应任何人请求由商标评审委员会撤销。对于侵犯他人在先权利的不当注册，应由利害关系人自商标注册之日起5年内请求商标评审委员会裁定撤销。恶意注册的，驰名商标所有人不受5年时间的限制。

第四，注册商标的争议。注册商标的争议，是指在后注册的商标与在先注册的商标相同或近似，注册在先的商标所有人对注册在后的商标提出反对意见。请求撤销相同或近似商标的申请人必须是商标注册人，其注册商标在先。申请撤销的时间为争议商标注册之日起 5 年内。

三、专利法律问题

专利制度的实施，有利于国家的科技创新、科技进步与科技发展。随着高校科技创新体制的日趋完善，越来越多的大学生积极投入到发明创造与专利开发之中。因此，加强大学生的专利权法律教育与法律保护，有利于形成激励大学生发明创造产生、传播和应用的制度环境。

（一）专利权与专利法

专利权是指专利权主体对其专利依法享有的在一定期限内的专有权利。专利权的核心内容是独占实施权。

专利制度是国际上通行的一种利用法律的和经济的手段推动技术进步的管理制度。专利制度的主要特征是法律保护、科学审查、技术公开、国际交流，即依据专利法，对申请专利的发明，经过审查和批准授予专利权，同时把申请专利的发明内容公之于世，以便进行发明创造信息交流和有偿技术转让。

专利法，是指调整因确认发明创造的所有权和因发明创造的实施而产生的各种社会关系的法律规范的总称。各国专利法虽然存在一定的差异，但主要内容基本相同，包括专利权的主体、客体和内容；授予专利权的条件；专利申请和审批程序；专利权的期限、终止和无效；以及专利权的保护等。我国主管专利工作和统筹协调涉外知识产权事宜的是国家知识产权局。我国《专利法》自 1985 年起施行，国务院据此颁布实施了《专利法实施细则》。继 1984 年专利法的颁布，我国专利局相继颁布了《中国单位和个人向外国申请专利的办法》《专利代理条例》等部门规章，以配合《专利法》的贯彻执行。最高人民法院也针对司法过程中存在的问题，作出了一系列的司法解释。我国也分别于 1992 年、

2000年、2008年、2020年对《专利法》进行了修改，并相应修改了实施细则，从而形成了较为完整的专利制度法律保护体系。

（二）专利法的主要内容

在我国，授予专利的发明和实用新型，应当具备新颖性、创造性和实用性；授予专利权的外观设计应当具备新颖性。所谓新颖性，主要是指该发明创造不属于现有发明创造，也没有任何单位或者个人就同样的发明创造在申请日以前向国务院专利行政管理部门提出过申请，并记载在申请日以后公布的专利申请文件或者公告的专利文件中。所谓创造性，是指与现有技术相比，该发明具有突出的实质性特点和显著的进步，该实用新型具有实质性特点和进步。所谓实用性，是指该发明或者实用新型能够制造或者使用，并且能够产生积极效果。针对专利权的授予条件，我国专利法具体规范了专利权及相关制度的基本内容。

1. 专利权的主体与客体

（1）主体。

专利权的主体，即专利权人，是指依法享有专利权并承担相应义务的自然人、法人或其他组织。任何单位或个人取得专利权的基础都是"发明创造"。在通常情况下，发明创造者可以直接将其独立完成的发明创造依法申请专利并获得专利权，其角色转换过程是"发明创造人—专利申请人—专利权人"。

具体而言，我国专利权人的认定分为以下几种情况：第一，非职务发明人。非职务发明创造，申请专利的权利属于发明人或者设计人。申请被批准后，该发明人或者设计人为专利权人。第二，职务发明人。主要是指执行本单位的任务或者主要是利用本单位的物质技术条件所完成发明创造的人。职务发明创造申请专利的权利属于该单位；申请被批准后，该单位为专利权人。第三，共同发明人。两个以上单位或者个人合作完成的发明创造，除另有协议的以外，申请专利的权利属于共同完成的单位或者个人；申请被批准后，申请的单位或者个人为专利权人。第四，发明的合法受让人，即通过合同转让等各种合法形式获得发明所有权的人。

（2）客体。

专利权的客体，也称专利法保护的对象，是指能取得专利权、可以受专利法保护的发明创造。我国专利权的客体——发明创造，包括发明、实用新型和外观设计。

第一，发明。发明，是指对产品、方法或者其改进所提出的新的技术方案。发明最常见的分类，是专利法上产品发明和方法发明的分类。二者在授予专利后，其权利效力范围有所不同。按照我国专利法，如果专利权是就产品授予，则专利权人有权禁止他人未经许可为生产经营目的制造、使用、许诺销售、销售、进口其专利产品；如果专利权是就方法授予，则专利权人有权禁止他人未经许可为生产经营目的使用其专利方法以及使用、许诺销售、销售、进口依照该专利方法直接获得的产品。第二，实用新型。实用新型，也称作"小发明"，是指对产品的形状、构造或者其结合所提出的适于实用的新的技术方案。第三，外观设计。外观设计，是指对产品的形状、图案或者其结合以及色彩与形状、图案的结合所作出的富有美感并适于工业应用的新设计。

根据我国《专利法》的规定，以下六种智力成果不授予专利权：①科学发现。例如：发现卤化银在光照下有感光特性，这种发现不能被授予专利权。②智力活动的规则和方法。如交通行车规则、时间调度表等。③疾病的诊断和治疗方法。④动物和植物品种，但其产品的生产方法除外。⑤用原子核变换方法获得的物质。⑥对平面印刷品的图案、色彩或者二者的结合作出的主要起标识作用的设计。此外，违反法律、社会公德或者妨害公共利益的发明创造，不受专利法保护。

2. 专利权的内容与限制

（1）专利权的内容。

专利权的内容，是指专利权法律关系中的权利主体与义务主体之间的权利与义务关系。专利权的内容具体地体现为专利权人的权利和义务。

专利权人的权利指专利权人对其发明创造依法享有的专有权。其包括两方面的内容：①专利人身权利，是指与发明人或设计人人身不可分割且没有直接财产内容的权利。该权利基于发明人或设计人特定的身份产生，不可转让或继承。当专利权人是发明人或设计人时，该权利体现为专利权人有权在专利文件中写明自己是发明人或设计人。即使在职务发明中，发明人或设计人也依法享有该项权利。②专利财产权利，是指具有经济内容，能为专利权人带来直接经济或物质利益的权利，一般包括制造权、使用权、许诺销售权、销售权、进口权、转让权、许可权等。

专利权人的义务是指专利权人依法必须为一定行为或不为一定行为的总和。专利权人在享受权利时，必须承担相应的义务，以保障专利权的实现。专利权人的义务在不同国家的专利法中有不同的关系，根据我国《专利法》的规定，专利权人的义务主要表现为缴纳专利年费以及不得滥用专利权。

（2）专利权的限制。

专利权是一种具有排他性的独占权，但并不意味着专利权是一种绝对的、无限制的权利。在我国，专利权的限制主要表现为不构成侵权的使用行为、强制许可和指定许可。

第一，不视为侵犯专利权的情形。主要包括在专利用尽后的使用和销售、先用权人的利用、临时过境的外国运输工具的使用、非生产经营目的的利用、医疗审批的使用等五个方面。此外，对于善意使用或销售的，即为生产经营目的使用、许诺销售或者销售不知道是未经专利权人许可而制造并售出的专利侵权产品，如果当事人能证明该产品具有合法来源的，不承担赔偿责任。

第二，强制许可。也称非自愿许可，是国家专利行政部门根据具体情况，不经专利权人许可，授权他人实施发明或实用新型专利的一种法律制度。强制许可有以下几种类型：①专利权人不履行实施义务或者构成限制竞争情况下的强制许可。例如，专利权人自专利权被授予之日起满3年，且自提出专利申请之日起满4年，无正当理由未实施或者未充分实施其专利的；专利权人行使专利权的行为被依法认定为垄断行为，为消除或者减少该行为对竞争产生的不利影响的。②为公共利益的强制许可。在国家出现紧急状态或者非常情况时，或者为了公共利益的目的，国务院专利行政部门可以给予实施发明专利或者实用新型专利的强制许可；为了公共健康目的，对取得专利权的药品，国务院专利行政部门可以给予制造并将其出口到符合中华人民共和国参加的有关国际条约规定的国家或者地区的强制许可。③从属专利的强制许可。一项取得专利权的发明或者实用新型比已经取得专利权的发明或者实用新型具有显著经济意义的重大技术进步，其实施又有赖于前一发明或者实用新型的实施的，国务院专利行政部门根据后一专利权人的申请，可以给予实施前一发明或者实用新型的强制许可。

第三，指定许可。专利的指定许可，在有些国家的专利法中也称作"国家征用"，它是国家行政机构在全面考虑国家利益的情况下，对某些重大发明创造有目的、有计划地安排实施，以迅速推广先进的专利技术。在我国，国有企业事业单位的发明专利，对国家利益或者公共利益具有重大意义的，国务院有关主管部门和省、自治区、直辖市人民政府报经国务院批准，可以决定在批准的范围内推广应用，允许指定的单位实施，由实施单位按照国家规定向专利权人支付使用费。

3. 大学生如何申请专利

专利权具有授权性特点，不能自动取得。大学生要使自己的发明创造成果获得专利权，必须依专利法的规定向国务院专利行政部门提出专利申请，并接受审查。对经审查合格的专利申请，国务院专利行政部门才授予专利权。专利权的取得，主要包括专利申请、审查、批准和授权的全部过程。

（1）专利申请。

专利权的取得可以是原始取得，也可以是继受取得。专利权的原始取得是专利权取得的基本途径，主要遵循三方面原则：一是先申请原则，是指两个以上申请人分别就同样内容的发明创造申请专利时，专利权授予最先申请的申请人。二是优先权原则。优先权原则是指在一国提出专利申请的人，从最初的申请日（优先日）起，在一定期限内又在他国提出同样内容的专利申请的，享有优先权。优先权的实际意义是，以其第一次提出申请的日期为判断新颖性的时间标准。三是一发明一申请原则，是指一件发明或实用新型专利的申请应当限于一项发明或实用新型，一件外观设计专利的申请应当限于一种产品所使用的外观设计。

专利申请要严格按照专利法要求提交申请文件：首先，申请发明或者实用新型专利的，应当提交请求书、说明书及其摘要和权利要求书等文件。其中，请求书应当写明发明或者实用新型的名称，发明人的姓名，申请人姓名或者名称、地址，以及其他事项；说明书应当对发明或者实用新型作出清楚、完整的说明，以所属技术领域的技术人员能够实现为准；必要的时候，应当有附图；摘要应当简要说明发明或者实用新型的技术要点；权利要求书应当以说明书为依据，清楚、简要地限定要求专利保护的范围。此外，依赖遗传资源完成的发明创造，申请人应当在专利申请文件中说明该遗传资源的直接来源和原始来源；申请人无法说明原始来源的，应当陈述理由。其次，申请外观设计专利的，应当提交请求书、该外观设计的图片或者照片以及对该外观设计的简要说明等文件。申请人提交的有关图片或者照片应当清楚地显示要求专利保护的产品的外观设计。

申请人可以在被授予专利权之前随时撤回其专利申请，也可以对其专利申请文件进行修改。但是，根据我国《专利法》的规定，对发明和实用新型专利申请文件的修改，不得超出原说明书和权利要求书记载的范围，对外观设计专利申请文件的修改，不得超出原图片或者照片表示的范围。

（2）专利审查、批准和授权。

国务院专利行政部门收到发明专利申请后，经初步审查认为符合本法要求的，自申请日起满18个月，即行公布。国务院专利行政部门可以根据申请人的请求早日公布其申请。发明专利申请自申请日起3年内，国务院专利行政部门可以根据申请人随时提出的请求，对其申请进行实质审查；申请人无正当理由逾期不请求实质审查的，该申请即被视为撤回；国务院专利行政部门认为必要的时候，也可以自行对发明专利申请进行实质审查。

国务院专利行政部门对发明专利申请进行实质审查后，认为不符合本法规定的，应当通知申请人，要求其在指定的期限内陈述意见，或者对其申请进行修改；无正当理由逾期不答复的，该申请即被视为撤回；发明专利申请经申请人陈述意见或者进行修改后，国务院专利行政部门仍然认为不符合本法规定的，应当予以驳回；发明专利申请经实质审查没有发现驳回理由的，由国务院专利行政部门作出授予发明专利权的决定，发给发明专利证书，同时予以登记和公告。发明专利权自公告之日起生效。

根据我国《专利法》的规定，实用新型和外观设计专利申请经初步审查没有发现驳回理由的，由国务院专利行政部门作出授予实用新型专利权或者外观设计专利权的决定，发给相应的专利证书，同时予以登记和公告。实用新型专利权和外观设计专利权自公告之日起生效。

4. 专利权的法律保护

法律对专利权的保护，一般都规定有合理的保护期。这一方面可以鼓励发明人、专利权人发明创造的积极性，促进科学技术水平迅速提高；另一方面也可以保障专利权人更多地回收在开发、研制发明创造过程中的风险投资，取得相应的经济效益。我国《专利法》规定，发明专利权的期限为 20 年，实用新型专利权和外观设计专利权的期限为 10 年，均自申请日起计算。超过法定保护期限，任何人都可以无偿使用相关专利。

如果不经专利权人许可就实施其专利，即构成侵犯其专利权的行为。发生专利权纠纷后，由当事人协商解决；不愿协商或者协商不成的，专利权人或者利害关系人可以向人民法院起诉，也可以请求管理专利工作的部门处理。侵犯专利权的诉讼时效为 2 年，自专利权人或者利害关系人得知或者应当得知侵权行为之日起计算。

侵犯专利权给专利权人带来损失的，侵权人必须承担赔偿责任。假冒专利的，除依法承担民事责任外，由管理专利工作的部门责令改正并予公告，没收违法所得，可以并处违法所得 4 倍以下的罚款；没有违法所得的，可以处 20 万元以下的罚款；构成犯罪的，依法追究刑事责任。

（三）大学生专利发明与法律保护

黄某系某高校计算机学院 2009 级本科生。在校期间，在该校电气工程学院办公室从事勤工俭学工作，主要进行计算机及网站维护。黄某从小就喜欢发明创造，而且对绝缘技术颇有兴趣。黄某常在勤工俭学之余，在该院实验室利用他人实验的边角废料，进行自己感兴趣的实验。在这一过程中，黄某发明了一项新的绝缘技术产品。黄某申请并获得该项产品的专利权后，该高校提出异议，认为黄某的发明是利用学院实验室完成的，学校应是该产品的专利权人。

如果一个大学生利用课余时间，依靠自身的物质技术条件完成一件发明创造并获得专利，这件发明创造的专利权毫无疑问属于该大学生本人。但是，由于受自身条件的限制或学习任务的要求，在校大学生的大多数发明创造都与学校有着千丝万缕的关系。在创作过程中，他们或是利用了学校的物质技术条件，或是与学校资助的科研项目紧密相关。如果大学生申请专利权，就涉及对该发明创造是否为职务发明创造的甄别判断。上述案件的争议焦点，就在于此。

职务发明创造，主要是执行本单位的任务或者主要是利用本单位的物质技术条件所完成的发明创造。判断是否为职务发明创造，主要有两个标准：一是是否为"执行本单位的任务"；二是是否"利用本单位的物质技术条件"。"执行本单位的任务"的发明创造，主要包括"在本职工作中"作出的发明创造；"履行本单位交付的本职工作之外的任务"所作出的发明创造；以及"退休、调离原单位后或者劳动、人事关系终止后1年内作出的，与其在原单位承担的本职工作或者原单位分配的任务"有关的发明创造。"本单位的物质技术条件"，则是指本单位的资金、设备、零部件、原材料或者不对外公开的技术资料等。而"本单位"，也包括临时工作单位。

根据上述标准，在校大学生发明创造的专利权归属，主要有以下几种情况：

第一，大学生主持的研发项目。如果大学生只是利用了学校所提供的一般条件，如学校的图书资料、学习场所等，所完成的作品不能认定为职务作品。或者在事先已经缴纳使用费的前提下，使用学校的技术资料、实验设备等非一般提供的物质技术条件进行项目的研发所完成的发明创造，也属于非职务发明创造。

前述案件中的大学生黄某，在该校电气工程学院勤工俭学期间的本职工作是进行计算机及网络维护。利用该院实验室进行发明创造，既不是黄某的本职工作，也不是该院交付给他的维护工作以外的任务，完全是出于黄某个人的爱好。黄某从事绝缘技术产品的实验，也不是学校或学院交付的课题，可以视为自己主持的科研项目。在整个实验过程中，黄某并没有全部占用该院的实验室，只是利用业余时间使用，而且使用的是他人实验留下的边角废料，不构成专利权法中"本单位的物质技术条件"的标准。因此，该项专利是非职务发明，黄某完全享有该绝缘技术产品的专利权，学校不享有任何形式的专利权，也无免费使用权。

第二，大学生主持的研发项目和学校项目相关，但只是基于自己的兴趣与爱好进行研究，不受学校组织与领导，也没有学校的资金、设备等物质技术条件支持的，所完成的发明创造系非职务发明创造。

第三，如果大学生自己选择的研发项目，经过学校立项同意，并提供主要的项目资金、设备和技术资料等支持，大学生所完成的发明创造就属于职务发明创造。即使此类发明创造是大学生利用课外时间加以完成的也不能例外。

第四，大学生参与所在高校组织的研发项目所完成的发明创造，为职务发明创造。教育部颁布的《高等学校知识产权保护管理规定》中要求，"在高等学校学习、进修或者开展合作项目研究的学生、研究人员，在校期间参与导师承担的本校研究课题或者承担学校安排的任务所完成的发明创造及其他技术成果，除另有协议外，应当归高等学校享有或持有。"

第五，大学生从事学校资助和组织的某项研究时出国，后在国外完成的发明创造。根据《高等学校知识产权保护管理规定》的精神，该学生应当与原高等学校签订协议，确定其发明创造及知识产权的归属。如果学生拒绝签订，对于原所在高校因此受到的损失应承担赔偿责任。

此外，对于大学生所完成的发明创造，如果出现了难以确定其是职务发明还是非职务发明的情况，可以以有利于学生为原则进行认定。这样做实际也是对大学生从事发明创造的支持和鼓励。

参考文献

［1］最高人民法院中国应用法学研究所．人民法院案例选［M］．北京：人民法院出版社，2002．

［2］韩玉胜．刑法各论案例分析［M］．北京：中国人民大学出版社，2000．

［3］常见纠纷法律手册编写组．常见纠纷法律手册——人身伤害实用法律手册［M］．北京：中国法制出版社，2010．

［4］郎胜．中华人民共和国刑法解读［M］．北京：中国法制出版社，2009．

［5］周叶中．大学生实用法律读本［M］．北京：高等教育出版社 2013．

［6］王馨馥．大学生法律基础案例与实务［M］．北京：北京理工大学出版社，2010．

［7］王赛华．婚姻问题的法律理论与实务［M］．北京：知识产权出版社，2008．

［8］杨思斌，陈步雷．劳动法案例教程［M］．北京：中国法制出版社，2009．

［9］石先广．劳动法律问题与实务操作［M］．北京：中国法制出版社，2009．

［10］法律出版社法规中心．中华人民共和国消费者权益保护法案例解读本［M］．北京：法律出版社，2009．

［11］李齐全，吴万群．大学生权利法律保护研究［M］．合肥：

安徽人民出版社，2010.

［12］曾惠燕. 高校学生的权利与义务［M］. 北京：中国社会科学出版社，2006.

［13］刘和平，邢金岭. 大学生法律教育与权益保护［M］. 天津：天津大学出版社，2001.

［14］陈本寒. 商法新论［M］. 武汉：武汉大学出版社，2009.

［15］周燕. 高校学生案件实录与评析［M］. 北京：北京航空航天大学出版社，2003.

［16］王利明. 民法学［M］. 北京：法律出版社，2011.

［17］湛中乐. 公立高等学校法律问题研究［M］. 北京：法律出版社，2009.